Éduquer son chien pour LES NULS

Jack Volhard

Wendy Volhard

Corinne Crolot
Vétérinaire, pour l'adaptation française

Éduquer son chien pour les Nuls
Titre de l'édition américaine : Dog Training for Dummies

Publié par
Wiley Publishing, Inc.
111 River Street
Hoboken, NJ 07030 – 5774
USA

Copyright © 2005 Wiley Publishing, Inc.

Pour les Nuls est une marque déposée de Wiley Publishing, Inc.
For Dummies est une marque déposée de Wiley Publishing, Inc.

© Éditions First, 2006 pour l'édition française. Publié en accord avec Wiley Publishing, Inc.

Tous droits réservés. Toute reproduction, même partielle, du contenu, de la couverture ou des icônes, par quelque procédé que ce soit (électronique, photocopie, bande magnétique ou autre) est interdite sans autorisation par écrit des Éditions First.

Le Code de la propriété intellectuelle interdit les copies ou reproductions destinées à une utilisation collective. Toute représentation ou reproduction intégrale ou partielle faite par quelque procédé que ce soit, sans le consentement de l'auteur ou de ses ayants cause est illicite et constitue une contrefaçon sanctionnée par les articles L335-2 et suivants du Code de la propriété intellectuelle.

ISBN 2-75400-152-2
Dépôt légal : 1er trimestre 2006
Nous nous efforçons de publier des ouvrages qui correspondent à vos attentes et votre satisfaction est pour nous une priorité. Alors, n'hésitez pas à nous faire part de vos commentaires :

Éditions First
2 ter, rue des Chantiers
75005 Paris – France
e-mail : firstinfo@efirst.com
Site internet : www.efirst.com

Traduction : Karine Descamps
Production : Emmanuelle Clément
Mise en page : KN Conception
Imprimé en France

En avant-première, nos prochaines parutions, des résumés de tous les ouvrages du catalogue. Dialoguez en toute liberté avec nos auteurs et nos éditeurs. Tout cela et bien plus sur Internet à www.efirst.com

Sommaire

Introduction 1
    À propos de cet ouvrage 2
    Conventions utilisées dans cet ouvrage 2
    Ce que vous n'avez pas (forcément) besoin de lire 2
    Idées reçues 3
    Comment s'organise cet ouvrage 3
        Partie I : Les bienfaits de l'éducation 4
        Partie II : Se donner toutes les chances de réussir 4
        Partie III : S'entraîner pour les concours 4
        Partie IV : Au-delà de son éducation :
        comprendre les besoins de votre chien 4
        Partie V : La partie des Dix 4
    Les icônes utilisées dans cet ouvrage 5
    Et maintenant ? 5

Première partie :
L'éducation canine pour vous et votre chien 7

Chapitre 1 : Pourquoi est-il important d'éduquer son chien ? 9

    Qu'est-ce qu'un un chien bien éduqué ? 10
    Connaître les cinq ordres de base 11
        « Assis » 11
        « Au panier » 11
        « Couché » 12
        « Au pied » 12
        « Doucement » 12
    Qui éduque qui ? 13
    Comprendre VOTRE rôle 14
        Définir vos attentes 14
        Adopter la bonne attitude 16
    Définir le « schéma de pensée » de votre chien 17
        « Lire dans les pensées » d'Oscar 18
        Que faire si vous n'anticipez pas
        les « bêtises » de votre chien à temps ? 18
        Obéir malgré les distractions 19
    Le chien au service de l'homme 20

Chapitre 2 : Comment bien se préparer ? 21
Choisir une méthode éducative 22
L'éducation classique 23
La méthode du « clicker » ou « clic » 26
Établir une relation de confiance avec votre chien 28
Ordres et intonation de voix : l'importance d'être constant 29
Persévérance est le maître mot 30
Éviter le « Non » 30
Ne pas répéter les ordres 31
Le respect de la hiérarchie 31
Assumer son rôle de chef de meute 32
Placer Oscar dans la position assise et couchée 33
Les exercices « Assis, pas bouger » et « Couché » :
la recette pour devenir le chef 34

Chapitre 3 : Quand le chiot grandit 37
Le point de départ : la socialisation 38
La période de sevrage : de 3 à 7 semaines 38
Apprendre à connaître tout le monde :
entre la 7e et la 12e semaine 39
Il se met à avoir peur : entre la 8e et la 12e semaine 41
Passé la première année, il veut découvrir le monde 41
La période de la puberté 43
S'adapter aux comportements excentriques de la puberté 43
Quand les hormones s'en mêlent… 44
Castrer ou stériliser le chiot 45
Quel est le bon moment pour castrer son chien ? 46
Les inconvénients de la castration ou de la stérilisation 46
Petit chien deviendra grand 47

Chapitre 4 : L'apprentissage de la propreté 49
Le parc à chiot 49
Trouver le bon parc 50
Habituer Oscar à son parc 51
Aider Oscar à se familiariser avec son parc 51
Les bases de l'acquisition de la propreté 52
Un emploi du temps pour les petits besoins 52
Un endroit régulier pour ses besoins 53
Où peut-il faire ses besoins ? 54
Soyez attentif aux signes 54
Un accident est un accident 55
Préparez-vous à ce qu'il régresse 56
Que faire si vous prenez Oscar sur le fait ? 56
L'acquisition de la propreté chez le chien adulte 56
Que faire lorsqu'on vit en appartement ? 56
Utiliser un parc à exercice pour son éducation 57

Comment empêcher le chiot de marquer son territoire ? 58
Et quand vous emmenez Oscar en voiture ? 60

Chapitre 5 : Comprendre votre chien 61
Les comportements instinctifs du chien 61
    L'instinct de chasse 62
    L'instinct de meute 63
    L'instinct de protection 65
    L'influence des instincts sur l'éducation de votre chien 66
    Comment déterminer le « profil psychologique »
    de votre chien ? 67
Qu'attendez-vous exactement d'Oscar ? 70
    Réveiller ses instincts 72
    Passer d'un instinct à l'autre 72
    Appliquer la théorie des instincts quand vous travaillez avec lui....74

Chapitre 6 : Bien choisir son équipement .79
Comment choisir votre équipement 79
    Quelle laisse choisir ? 80
    Quel collier choisir ? 80
    Un collier d'un nouveau genre : le « halti » 85
Friandises et autres jouets : un sérieux atout pour réussir
votre éducation 86
    Trouver la bonne friandise 86
    Que faire si mon chien boude les friandises ? 87

Chapitre 7 : Les règles élémentaires du savoir-vivre 89
Première étape : la promenade en laisse 90
Les ordres de base 90
    « Assis, pas bouger » 91
    Pas bouger 92
    Le jeu du « Assis, pas bouger » 95
    Le mot magique pour libérer votre chien 96
    Apprendre à votre chien à se coucher 96
    Au panier ! 97
Lui faire perdre l'habitude de se ruer vers les portes 99
    Apprendre les bonnes manières dans les escaliers 99
    Quand les invités arrivent 100
Bien se tenir à table 102

Chapitre 8 :
En promenade : la marche, le rappel et le « Pas toucher » 103
La promenade d'Oscar 104
    C'est vous qui le promenez, pas lui 104
    Marcher au pied en laisse 105
    Changer de direction 108
    Changer de cadence 109

Le rappel 110
    Apprendre à Oscar à venir quand on l'appelle 111
    Quelques distractions pour corser la difficulté 112
    La cerise sur le gâteau : sans laisse dans un lieu animé 113
Maîtriser l'ordre « Laisse, pas toucher » 114

Deuxième partie : Se donner toutes les chances de réussir 117

Chapitre 9 : Votre savoir-faire au service de son éducation 119

Un environnement adapté 120
    Partir du bon pied 120
    Votre chien a besoin du contact des autres 120
    Comprendre les besoins « affectifs » de votre chien 121
    Bien nourrir son chien 121
Chaque chien est unique ! 122
    À chaque race son tempérament 122
    Le tempérament 124
    Le chien a sa propre « sensibilité » 124
    Ses réactions aux stimuli visuels 125
    La sensibilité auditive 126
    La sensibilité tactile 126
Stressés, les chiens ? 127
    Qu'est-ce que le stress ? 127
    Les origines intrinsèques et extrinsèques du stress 128
    Relier le stress à l'apprentissage 129
    Comment gérer le « stress » en présence de distractions ? 131
Gérer le « stress » lié à l'éducation 131
    Maîtriser le « stress positif » 132
    Maîtriser le « mauvais stress » 132

Chapitre 10 : Comment gérer les principaux troubles du comportement chez le chien ? 133

Un chien, comment ça marche ? 134
À quoi sont dus les principaux troubles du comportement ? 135
    De l'exercice 135
    Avoir une vie sociale 136
    Être en bonne santé 136
    Une bonne alimentation 137
    Occupez votre chien ! 137
Comment remédier à ces comportements inacceptables ? 137
    Tolérer certains troubles du comportement de votre chien 138
    Comment résoudre les troubles du comportement ? 138
    Trouver un nouveau foyer pour le chien 139
    L'aller simple dans un refuge animalier 140

Les fouilles 140
Pourquoi le chien aboie-t-il ? 141
    Aboyer pour répondre 142
    Le chien aboie sans aucun mobile apparent 142
Il mâche, mais pas sa nourriture 143
    Le besoin physiologique de mâchouiller 143
    Le besoin psychologique de mâchouiller 143
Comment traiter l'anxiété de séparation ? 144
    La méthode de désensibilisation 145
    Traiter avec les phéromones 145
La maison souillée 146
Les pertes urinaires liées à la soumission 147
Le mal de voiture 147

Chapitre 11 : Gérer l'agressivité 149

Qu'est-ce qu'un comportement agressif ? 149
    Les morsures peuvent parfois être graves 150
Agression et hiérarchie sont étroitement liés 151
    Qui et pourquoi un chien mord-il ? 152
Il y a plusieurs types d'agression 152
Maîtriser l'agressivité du chien – Instincts de chasse,
de meute, de protection et de fuite 153
    Agressivité d'un chien dont l'instinct de chasse est développé 154
    Agressivité d'un chien dont l'instinct de protection est développé ...155
    Que dit la loi sur les « chiens dangereux » ? 158
Un cadre légal à respecter au quotidien 159
    Agressivité des chiens dont l'instinct de meute est développé 160
Le chien et sa gamelle 161
La morsure due à la peur – les chiens à l'instinct de fuite prononcé 162
Que faire si votre chien est agressé par un autre chien ? ...163
Les clôtures électriques sont-elles efficaces ? 163

Chapitre 12 : Le concours du bon citoyen canin 165

Les différentes épreuves 165
    Êtes-vous prêt à passer le test ? 170
Le jour J 172
    À faire et à ne pas faire le jour des épreuves 172

Troisième partie : S'entraîner pour les concours.............175

Chapitre 13 : Préparez-vous pour les concours 177

En France, qu'est-ce qu'un concours d'obéissance ? 177
    Quels sont les critères pour concourir ? 177
    Le maître est le « conducteur » 178
    Trois classes sont définies 178
    Quel est le programme de ces concours ? 178

S'entraîner pour les concours : Prélude à l'exercice 1 :
Lui inculquer l'ordre « Prêt ! » « On y va » 179
  La position de contrôle 179
  Savoir retenir son attention 180
  Lui inculquer l'ordre « Prêt ! » 180
  Le faire obéir à l'ordre « Prêt ! » 181
  Récompenser Oscar 182
  Renforcer l'ordre « Prêt ! » 182
  Apprendre à Oscar à ignorer les distractions 183
La marche au pied avec distractions 184
  La marche pied dans de nouveaux endroits 184
  Apprendre à rester concentré coûte que coûte 184
  Les responsabilités du chien pendant la suite au pied 185
Ce que l'on attend d'Oscar et vous 185
  La marche en laisse 185
  Marquer un temps d'arrêt 187
  Changements de cadence et de direction 187
Faire un 8 189
  Préparer Oscar au grand huit 189
  Lui apprendre à faire un 8 190
  Le 8 parfait 191
Le rallye 191
Votre chien n'est pas un éléphant (renforcement) 192

Chapitre 14 : Le titre de chien de compagnie 195

Lui apprendre à se tenir tranquille 195
  Comment procéder ? 196
  Apprendre à Oscar à ne pas bouger : avec les mains 197
  Apprendre à Oscar à ne pas bouger : sans les mains 197
  Apprendre à Oscar l'ordre « Debout, pas bouger » 198
  Laisser Oscar en position « Debout, pas bouger » 198
  Apprendre à Oscar à passer derrière lui 199
  Simuler un vrai concours 199
Le passage à la marche sans laisse 200
La marche sans laisse 201
Le rappel 202
  Pas bouger 203
  Lui apprendre à venir vers vous dans un endroit animé 203
  Devant 204
  Final 205
Les exercices en groupe 206
  Introduire des distractions spontanées 207
  Augmenter le degré de difficulté 207

Chapitre 15 : Rapporter un objet 209

Les différentes étapes pour rapporter correctement un objet 209
  Rapporter sur commande 211

Introduire l'objet à rapporter 211
Aider le chien à rapporter l'objet 213
Savoir garder l'objet dans la gueule 214
Apprendre à récupérer l'haltère 215
Marcher avec l'haltère 216
Ramasser l'haltère 217
Aller chercher l'haltère 218
Mettre sa patience à l'épreuve 218
Rapporter un objet entouré de distractions 219

Chapitre 16 : Le titre d'excellence du chien de compagnie 223

Suite au pied sans laisse et figure 8 223
Couché sur rappel 224
    Apprendre à Oscar à obéir à l'ordre « Couché » 224
    Apprendre à Oscar à se coucher alors qu'il marche 225
    Apprendre à Oscar à se coucher sans vous arrêter de marcher 225
    Apprendre à Oscar à se coucher immédiatement
    en pleine course 226
    Apprendre à Oscar à s'arrêter et se coucher quand il vient
    vers vous : la méthode en laisse 226
    Apprendre à Oscar à s'arrêter et s'allonger quand il vient
    vers vous : sans laisse 227
    Apprendre à Oscar à ne pas prêter attention aux distractions
    qui l'entourent 227
Le rapport d'objet 228
Rapporter un objet en sautant un obstacle 229
    La cible : un bon outil pour le guider 229
    Les différentes étapes du saut 230
Le saut en longueur 233
    Familiariser Oscar avec le saut en longueur 233
    Apprendre à Oscar à sauter sur commande 234
    Apprendre à Oscar à effectuer un tour 234
    Apprendre à Oscar à se concentrer malgré les distractions 235
Les absences assis ou couché 235

Chapitre 17 : Le concours de chien d'utilité 237

Donner un signal au chien 237
    Le signe de la main pour la suite au pied 237
    Apprendre à Oscar à se lever au signal 238
    Apprendre à Oscar à se coucher alors qu'il est debout : 239
    Lui apprendre à rester concentré 241
    Les signes « Viens » et « Final » 242
Reconnaître un objet parmi plusieurs 242
    Apprendre à Oscar à rapporter des objets en métal et en cuir 242
    Apprendre à Oscar à utiliser son flair 243
    Familiariser Oscar avec les objets 243
    Apprendre à Oscar à reconnaître un objet à son odeur 243

Apprendre à Oscar à distinguer votre odeur de celle
de quelqu'un d'autre 244
Déshabituer Oscar de la planche 244
Apprendre à Oscar à faire demi-tour pour aller chercher l'objet 245
Le rapport dirigé 245
Apprendre à Oscar à tourner à droite sur place 246
Apprendre à Oscar à faire un demi-tour sur place 246
Apprendre à Oscar à tourner à gauche sur place 246
Apprendre à Oscar à rapporter les gants 247
S'arrêter en marchant 248
Le saut dirigé 249
Apprendre à Oscar l'ordre « Vas-y » 249
Apprendre le saut dirigé à Oscar 251
Associer l'ordre « Vas-y » et les sauts 252

Quatrième partie : Au-delà de l'éducation : comprendre les besoins de votre chien 255

Chapitre 18 : L'alimentation de votre chien 257

Qu'est-ce que la nutrition ? 257
Apprenez les bases de la nutrition chez le chien 257
Quels sont les nutriments essentiels à l'alimentation du chien ? 258
N'avalez pas n'importe quoi ! 259
Une alimentation adaptée à chaque type de chien 261
L'alimentation du chiot 262
Tous les chiens sont différents 262
Tous les conseils pour bien nourrir votre chiot 264
Qu'est-ce qu'un chien « à l'entretien » ? 265
Comment bien nourrir Oscar ? 265
La composition optimale d'une ration pour un chien
de format moyen adulte, à l'entretien 265
Que donner à Oscar s'il est âgé ? 265
Une belle peau ! 266
Un sourire Ultra-brite 266
En résumé 266
Et quand Madame Oscar attend des petits… 266
… ou allaite ? 267
Que donner comme alimentation si Oscar est malade ? 267
Quel type d'alimentation choisir ? 267
L'alimentation « maison » 268
L'alimentation industrielle 268
Comment Oscar se nourrit-il « dans la nature » ? 270
Et à la maison ? 271
Mmm… Ça sent bon ! 271
Que faire si votre chien ne mange pas ? 271

Et si Oscar mange « trop » ? 272
    Attention à l'obésité ! 272
    Pourquoi Oscar est-il obèse ? 272
    Mon chien mange n'importe quoi… 273

Chapitre 19 : La santé de votre chien 275

Entretenir le pelage d'Oscar 275
    Au bain, Oscar ! 275
    Comment le laver ? 276
    À quelle fréquence ? 276
    Couper les griffes du chien 276
    L'hygiène des yeux du chien 277
    L'hygiène des oreilles 277
    Des belles dents ! 278
La prévention : vaccins et anti-parasitaires 278
    Comment vacciner Oscar ? 279
    Sachez reconnaître quand votre chien est malade 282
    Les « médecines douces » chez le chien 283
    Méfiez-vous des intoxications ! 283
    Quand Oscar meurt… 284

Chapitre 20 :
Comment trouver un professionnel de l'éducation canine ? 285

Les cours d'obéissance et d'éducation 287
    Les cours d'éducation pour chiots 289
    Les cours de perfectionnement 290
Comment trouver un éducateur particulier ? 290
Les joies des stages d'éducation pour chiens 290

Cinquième partie : La partie des Dix 293

Chapitre 21 : Dix (enfin, presque) activités sportives amusantes ...295

Les concours d'agility 296
    Qu'est-ce que l'agility ? 296
    Comment se déroule une épreuve d'agility ? 297
    Le parcours d'agility 298
    Le jugement 299
Les concours de pistage 301
Les concours pour chiens de chasse ou concours de field-trial 302
Le concours campagne 302
Les concours de déterrage 302
Les courses de lévriers 303
La poursuite à vue sur leurre 303
Les concours RCI (Règlement de concours international) 304
Le flyball 305
    Des atouts indéniables 306

Le freestyle ou doggy dancing 307
Le ski-jöring 307
Les courses de traîneau 307
Le ski-pulka 308
Le cani-cross ou « 4Pat'Cross » 308
Le vélo-cross 309
La cani-rando 309
Des activités à la fois utiles et amusantes pour le chien 310
    Les chiens d'utilité 310
    Les chiens de détection 310
    Les chiens d'assistance 310
    Les chiens de compagnie 312

Chapitre 22 : Les 10 commandements du chien 313

Assis – un ordre de sécurité 313
Assis – un ordre de commodité 313
Pas bouger 314
Au panier 314
Viens 314
Doucement 315
Donne 315
Va-t-en 315
Pas toucher 316
Non au « Non » 316

Chapitre 23 : Les petites manies des chiens 317

Pourquoi les chiens ont-ils cette manie de sauter sur les gens ? 317
Pourquoi les chiens ont-ils la fâcheuse manie de renifler
certaines parties de notre anatomie ? 318
Pourquoi les mâles lèvent-ils aussi souvent la patte ? 318
Pourquoi les chiens se chevauchent-ils ? 318
Pourquoi les chiens ont-ils cette manie de courir
après tout ce qui bouge ? 319
Pourquoi les chiens se roulent-ils dans la saleté ? 319
Pourquoi les chiens mangent-ils des choses dégoûtantes ? 320
Pourquoi certains chiens traînent-ils leur derrière sur le sol ? 320
Pourquoi les chiens tournent-ils en rond avant de se coucher ? 320

Chapitre 24 : Dix petits jeux (ou presque) pour s'amuser 321

Le truc pour réussir ses trucs 321
Tope là ! 322
L'autre 324
Rouler 324
Fais le mort 326
Cherche 327
Sauter à travers les bras ou un cerceau 329

Ne franchis pas cette ligne 331
Tu as une friandise sur le museau 332
Fais la révérence 333

Annexe **335**
Pour tout renseignement sur une race, une exposition,
un concours… 335
Vous avez perdu ou trouvé un animal ? 335
Vous voulez adopter un chien ou vous êtes témoin
d'une maltraitance ? 336
Allergies, piqûres ou empoisonnement ? 336
Les écoles vétérinaires en France 337
Vous recherchez un vétérinaire comportementaliste ? 337
Vous souhaitez en savoir plus sur l'intégration de l'animal
en ville ? 338

Index alphabétique **339**

Éduquer son chien pour les Nuls

Les auteurs

Jack et Wendy Volhard partagent leur vie avec deux labradors, un terre-neuve, trois teckels à poils durs et un chat. Les chiens sont plus ou moins bien éduqués et le chat en fait à sa guise. Tous sont autorisés à monter sur les canapés, mais ils en descendent dès qu'on leur demande. Les Volhard sont des spécialistes de l'éducation canine, et ils ont gagné plus de cinquante titres avec leurs chiens.

Au travers de leurs cours, de leurs conférences et séminaires et de leurs camps d'éducation aux États-Unis, au Canada et en Angleterre, les Volhard ont appris à une foule de gens à communiquer de manière efficace avec leur animal de compagnie. Des particuliers venus de tout le pays et de l'étranger ont participé à leurs camps d'éducation. Des vétérinaires, des éleveurs, des éducateurs et des propriétaires de chiens comme vous, les consultent régulièrement sur le comportement, la santé, l'alimentation et l'éducation du chien. Reconnus au plan international en tant qu'*éducateurs d'éducateurs*, ils ont publié jusqu'ici neuf ouvrages plébiscités et traduits dans trois langues.

Jack a été récompensé à cinq reprises par la Dog Writer's Association of America (DWAA). Il est également juge des concours d'obéissance organisés par l'American Kennel Club depuis trente ans. Il a rédigé plus d'une centaine d'articles pour des magazines consacrés aux chiens et il est l'auteur de *Teaching Dog Obedience Classes : The manual for Instructors*, reconnu comme étant « la bible » par les éducateurs, et de *Training Your Dog : The Step-by-Step Manual*, élu meilleur ouvrage d'éducation canine de l'année en 1983 par la DWAA.

Wendy a reçu quatre récompenses de la DWAA. Elle publie de nombreux articles et rédige une rubrique dans l'*American Kennel Gazette*. Elle est par ailleurs co-auteur de cinq ouvrages, parmi eux le *Canine Good Citizen : Every Dog Can be One*, élu meilleur ouvrage d'éducation canine de l'année en 1995 par la DWAA, et le *Holistic Guide for a Healthy Dog*, dont il s'agit de la deuxième édition.

Wendy, qui aide au mieux les propriétaires de chiens à comprendre leur animal, a également mis au point le profil psychologique du chien. Son film *Puppy Attitude Testing* a été élu meilleur film sur les chiens de l'année en 1980 par la DWAA. C'est une spécialiste du comportement et de l'alimentation ; elle a mis au point un régime équilibré pour les chiens.

Cet ouvrage est dédié à tous ceux qui aiment leur chien et qui le considèrent avant tout comme leur animal de compagnie.

Remerciements

Nous sommes tous le produit de nos expériences. Nous avons débuté dans les années 1960 au moment où nous avons rencontré certains des plus illustres comportementalistes de l'époque. Au fil de nos nombreuses lectures, nous avons puisé quantité d'informations auprès de grands spécialistes comme Konrad Most, Konrad Lorenz et Eberhard Trummler. Nous avons adopté une approche comportementaliste pour éduquer les chiens, une approche qui s'appuie sur la façon dont les chiens communiquent entre eux. Nous nous sommes appuyés à la fois sur le travail de John Fuller à Bar Harbor, dans le Maine et celui de Clarence Pfaffenberger, auteur du *Guide Dogs for the Blind*, de même que sur les expériences menées en Suisse par Humphrey et Warner pour montrer les capacités de travail des bergers allemands, pour mettre au point notre approche éducative basée sur la motivation.

Depuis les années 1960, neuf générations de chiens se sont succédé et tous ont été nos professeurs, à leur manière. Nous avons dirigé une école d'obéissance pendant vingt-cinq ans, et les chiens et leurs maîtres nous ont également beaucoup appris. Nous continuons notre travail sous forme de séminaires, de cours d'éducation et de camps, et nous avons la chance de relever un grand nombre de défis pour continuer à approfondir nos connaissances. Alors, nous remercions tous ceux qui sont passés entre nos mains de nous avoir donné envie de continuer.

Nous remercions tout particulièrement ceux qui nous ont aidés à rédiger cet ouvrage : Betsy Blackford, Sheila Hamilton-Andrews, Jane Kelso et les magnifiques labradors de Mountain Run Kenne, Desmond et Lise O'Neill, Hilary Schenk, Danny et Pauline Scott, Gary Wilkes et Mary Ann Zeigenfuse.

Nous remercions enfin nos éditeurs de Wiley Publishing : Tracy Boggier du département acquisitions, Michael Eldridge pour la révision des textes techniques, Nathalie Harris, chef de projet, et Chad Sievers et Trisha Strietelmeier, réviseurs. Ils ont tous fait preuve des deux qualités les plus importantes pour devenir un bon éducateur de chiens : patience et persévérance.

Introduction

Nous avons eu tous deux des chiens quand nous étions enfants. Bien que nous n'étions ni l'un ni l'autre leur véritable maître, c'était à nous de les promener.

Les attentes des enfants sont différentes de celles des adultes. D'abord, ils ne croient pas à la laisse. Et comme nous avons tous deux été élevés en ville, nous avons dû apprendre à nos chiens à rester à nos côtés pendant les promenades. Nous ne nous souvenons ni l'un ni l'autre de la façon dont nous y sommes parvenus. Nos chiens étaient sans doute plus malins que nous et il s'agissait pour eux de garder l'œil sur nous plutôt que l'inverse !

C'est à partir de 1968 que nous avons abordé l'éducation canine de façon plus structurée. Nous avions alors un terre-neuve et nous avons été encouragés à rejoindre le club d'éducation canine local. Très vite, ce passe-temps agréable est devenu un hobby, puis une véritable vocation et nous avons commencé à organiser des séminaires et des camps d'éducation de cinq jours qui nous ont fait traverser presque tous les États de l'Amérique du Nord, le Canada et l'Angleterre.

Trente années ont passé et nous faisons toujours partager ce que nous avons appris. À leur manière, nos chiens ont parfois été des professeurs plutôt que des élèves, et nous avons beaucoup appris à leur contact.

Il est difficile de devenir compétent dans un domaine donné si on ne reçoit aucune aide. Nous avons eu la chance d'être parfaitement entourés. Un chien bien éduqué est le fruit d'une éducation. Vous devez savoir ce qui fait d'un chien un chien, connaître son comportement, ses réactions, sa croissance, ses besoins. Une fois que vous serez parvenu à le comprendre, vous parviendrez à une relation de confiance mutuelle. Un chien n'est pas un bien de consommation, il s'agit d'un animal, et c'est justement ce qui rend notre travail si passionnant et stimulant.

À propos de cet ouvrage

Nous souhaitons que cet ouvrage soit pour vous un outil de travail utile. L'éducation de votre chien ne doit en aucun cas être une corvée qu'il faut accomplir. Il est donc structuré de façon à ce que vous puissiez passer indifféremment d'un chapitre à l'autre selon ce qui vous concerne. Par exemple, si votre chien est en partie éduqué, mais qu'il a besoin d'apprendre certaines petites choses, allez directement aux chapitres qui vous intéressent.

Tout au long de l'ouvrage, nous faisons des rappels et des recoupements pour que vous puissiez disposer d'informations sous les yeux sans avoir à le lire d'un bout à l'autre. Souvenez-vous, l'éducation de votre chien doit être source d'amusement, il ne s'agit pas de passer une série de tests, à moins que vous ne souhaitiez que votre chien intègre l'univers de la compétition.

Conventions utilisées dans cet ouvrage

Nous les utilisons afin de faciliter votre compréhension et de vous proposer un ensemble cohérent.

- Les termes nouveaux sont écrits en *italiques* et sont suivis d'une définition.
- Les titres, les mots-clés et le déroulement des exercices sont écrits en caractères **gras**.
- Quand nous nous référons à un ordre ou à un signal spécifique, il est écrit entre guillemets avec une majuscule. Par exemple, utilisez l'ordre « Viens ».
- Quand on se réfère à une position, on met une majuscule au terme. Par exemple, la position Au pied.
- Peu importe le nom de votre chien, nous l'avons appelé Oscar dans cet ouvrage.

Ce que vous n'avez pas (forcément) besoin de lire

Comme pour tout ouvrage de la série Pour les Nuls, nous avons écrit ce livre de façon à ce que vous puissiez trouver facilement l'information dont vous avez besoin. Vous avez peut-être un chien depuis des années et vous voulez seulement consulter quelques points précis pour vous aider à l'éduquer. Il y a de grandes chances pour que vous ne lisiez pas cet ouvrage dans son intégralité. Nous l'avons donc simplifié de manière à ce que vous puissiez identifier ce qui peut être mis de côté. Bien que ces informations soient intéressantes et qu'elles concernent le sujet qui vous occupe, il n'est pas essentiel pour vous de les connaître :

- **Les textes dans les encadrés en gris** sont de petites anecdotes amusantes, mais rien qui ne soit essentiel à l'éducation de votre chien.
- **Les icônes de notes techniques.** Il s'agit d'informations intéressantes que vous pouvez toutefois passer sans compromettre l'éducation de votre chien. (Consultez la rubrique « Icônes utilisées dans cet ouvrage » plus loin dans l'introduction.)
- **Les éléments figurant sur la page droits d'auteur.** Bon, vous pourrez trouver toute cette documentation captivante mais rien ne vous oblige à y jeter un œil.

Idées reçues

Nous avons écrit cet ouvrage en supposant que :

- Vous avez un chien ou vous envisagez d'en avoir un.
- Vous voulez que votre chien soit bien élevé, pour votre sécurité et la sienne.
- Vous ne connaissez pas grand-chose à l'éducation canine ou vous avez essayé par vous-même sans succès.

Même si vous avez un peu d'expérience dans ce domaine, cet ouvrage vous sera utile. Après avoir passé tant d'années à travailler avec une grande diversité de races, nous avons recueilli bon nombre d'astuces qui s'avèrent utiles, même aux éducateurs de chiens les plus aguerris.

Comment s'organise cet ouvrage

En élaborant cet ouvrage, nous sommes partis de l'éducation de base, pour passer à un niveau intermédiaire, puis avancé. Chaque partie contient toutes les étapes dont vous avez besoin, en y ajoutant quelques informations supplémentaires qui vous permettront de réussir. Vous pouvez tout utiliser ou uniquement les points qui vous intéressent.

Partie I : Les bienfaits de l'éducation

Cette partie vous aide à vous préparer l'éducation de votre chien. Certains chapitres traitent de l'importance d'éduquer son chien, les différents stades de la croissance du chien, l'acquisition de la propreté, comprendre ce qui se passe dans sa tête, choisir un équipement adapté et lui apprendre les ordres de base : s'asseoir, ne pas bouger, venir quand on l'appelle, marcher sans tirer sur la laisse, etc.

Partie II : Se donner toutes les chances de réussir

Dans cette partie, il s'agit de vous aider à gérer les comportements quelque peu gênants de votre chien. Nous vous proposons également un tour d'horizon des diverses manifestations canines qui existent, comme les concours d'obéissance.

Partie III : S'entraîner pour les concours

Cette partie vous introduit aux divers concours d'obéissance, du niveau débutant au niveau avancé, et vous aide à vous y préparer.

Partie IV : Au-delà de son éducation : comprendre les besoins de votre chien

Son régime alimentaire et sa santé exercent une grande influence sur son comportement. Il était donc important de consacrer une partie de ce livre à l'alimentation et à la santé du chien. Vous trouverez par ailleurs un chapitre qui vous aidera à faire le bon choix si vous souhaitez faire appel à un professionnel.

Partie V : La partie des Dix

Un ouvrage de la série *Pour les Nuls* ne serait pas complet sans cette section. Elle rassemble quelques conseils pratiques pour éduquer votre chien et d'autres sujets que vous pouvez lire en un clin d'œil. Rendez-vous également au chapitre qui aborde les différents jeux que vous pourrez partager ensemble.

_____ Introduction   **5**

Les icônes utilisées dans cet ouvrage

Cette icône en forme de cible est faite pour attirer votre attention sur les moyens d'économiser du temps, de l'argent, de l'énergie et de préserver votre équilibre.

Cette icône en forme de bombe est faite pour vous mettre en garde contre les dangers. Elle vous indique aussi ce qu'il ne faut surtout pas faire quand on éduque un chien. À vos risques et périls !

Cette icône vous renvoie à des points essentiels sur lesquels il faut insister.

Cette icône souligne des points que vous n'avez pas forcément besoin de connaître, mais qui peuvent améliorer vos connaissances en matière d'éducation canine afin de devenir un meilleur professeur.

Il s'agit de petites histoires ou anecdotes que des clients ou nous-mêmes avons vécues.

Et maintenant ?

Ce qui est important, c'est de vous y mettre dès aujourd'hui. Plus vite vous éduquerez votre chien, plus vite vous vivrez en harmonie, et moins votre chemin sera parsemé d'embûches. Alors, tournez la page (ou utilisez l'index pour trouver l'information dont vous avez impérativement besoin) et allez-y ! Votre chien vous en sera reconnaissant.

Première partie
L'éducation canine pour vous et votre chien

« Nous travaillons encore les ordres de base :
"Assis", "Pas bouger", "Ne jette pas les cravates de papa
dans les toilettes"... »

Dans cette partie…

Si vous ne montrez pas clairement vos attentes à votre chien, vous ne pouvez pas attendre de lui qu'il fasse ce que vous lui demandez. Et votre chien n'apprendra pas correctement si vous n'employez pas les bonnes méthodes d'apprentissage. Dans cette partie, nous décrivons comment vous préparer à l'éducation de votre chien : comment choisir la bonne approche, comment adapter vos méthodes à votre chien, et comment vous comporter en éducateur avisé avec lui.

Si votre animal est encore un chiot, nous vous expliquons ses besoins physiques et émotionnels spécifiques. Vous apprécierez le chapitre sur la préparation à l'éducation, essentielle pour tout propriétaire de chien. Nous vous aiderons aussi à choisir les meilleurs laisses et colliers pour les exercices. Enfin, nous terminerons par les exercices basiques comme s'asseoir, rester debout, venir quand on l'appelle – tout ce qu'un chien bien éduqué doit savoir.

Chapitre 1

Pourquoi est-il important d'éduquer son chien ?

....

Dans ce chapitre :
▶ Qu'est-ce qu'un chien bien éduqué ?
▶ Connaître les cinq ordres de base
▶ Qui éduque qui ?
▶ Quel est VOTRE rôle ?
▶ Comprendre votre chien
▶ Les diverses méthodes éducatives
▶ La relation homme/chien

....

L'éducation canine a pris une autre dimension depuis ces trente dernières années. On préfère d'ailleurs aujourd'hui ce terme au mot « dressage » dont l'objectif est de former des chiens à des tâches précises. Au début des années 1960, ils étaient encore tirés au bout de colliers à pointes et secoués de part et d'autre sans avoir la moindre idée de ce que l'on pouvait bien attendre d'eux. Les chiens étaient *éduqués* certes, mais la douceur n'était pas de mise.

Il fallait donc réagir au fait de « corriger » un chien qui ne savait absolument pas pourquoi, et trouver un moyen plus adapté de lui donner un ordre sans faire preuve d'une brutalité primaire.

À l'époque, il n'était pas question non plus d'utiliser de la nourriture pour éduquer le chien, cette pratique était taboue et sujette à controverse. Aujourd'hui, tout le monde utilise les friandises pour éduquer son chien et, du même coup, l'apprentissage est devenu plus agréable pour lui mais aussi pour nous.

Pour votre bien-être, celui de votre entourage et de votre chien, inculquez quelques règles de vie à votre chien. S'il y va de votre *sérénité* et de la sécurité de votre animal, vous recevrez aussi moult compliments des gens que vous rencontrerez. L'espérance de vie d'un chien est de huit à seize ans, aussi faut-il faire en sorte que ces années soient aussi agréables pour vous que pour lui. L'objectif de cet ouvrage est de vous expliquer comment faire de votre chien un animal bien éduqué et, croyez-nous, le jeu en vaut la chandelle !

Qu'est-ce qu'un un chien bien éduqué ?

C'est un chien que l'on a plaisir à avoir à ses côtés. Il est bien accueilli partout parce qu'il se montre sociable envers les êtres humains et envers ses semblables. Il sait rester à sa place et venir quand on l'appelle. On a plaisir à le promener et à le laisser se défouler sans laisse au parc. On peut l'emmener en voyage et en balade. Bref, il fait partie intégrante de la famille.

L'éducation est avant tout un gage de sécurité : la vôtre et celle de votre chien. Un chien qui écoute et qui fait ce qu'on lui demande ne pose que rarement de problèmes. Au lieu d'être au bout d'une laisse ou d'une corde tel un esclave, un chien dressé est un chien libre et capable de rester à sa place, sans bondir sur les gens ni le chat du voisin, et de venir quand on l'appelle.

Depuis plus de trente ans, nous organisons des cours de dressage, des séminaires et des week-ends consacrés à l'éducation canine. Nous écoutons attentivement nos participants pour comprendre leurs attentes dans ce domaine. Pour la plupart, leur souhait est que leur chien se comporte bien à la maison (voir chapitre 4). Ensuite, par ordre d'importance, un chien bien éduqué est selon eux un chien qui :

- Ne saute pas sur les gens
- Ne réclame pas de nourriture à table
- N'importune pas les invités
- Vient quand on l'appelle
- Ne tire pas sur la laisse

Remarquez que ces doléances, à l'exception de l'une d'entre elles, sont exprimées à la forme négative, c'est-à-dire « Ne fais pas ça ». En matière d'éducation, il faut avoir une démarche positive et formuler ses exigences de la même manière, de façon à obtenir exactement ce que vous voulez de votre chien (voir chapitre 10). Formulées autrement, ces doléances deviennent :

- Il s'assied quand je lui demande
- Il va où je lui demande et ne bouge pas d'un poil

Chapitre 1 : Pourquoi est-il important d'éduquer son chien ?

- Il se couche quand je lui demande et attend mon signal
- Il vient quand je l'appelle
- Il se promène sans laisse

Les ordres *Assis* et *Pas bouger* constituent les deux piliers d'une éducation réussie. Si Oscar les applique pleinement, vous n'aurez aucun mal à vivre avec lui. Bien entendu, il peut avoir besoin de quelques « raccords » qui sont plus de l'ordre de la maîtrise que du dressage proprement dit (voir chapitre 10). Par exemple, certains adorent creuser des trous dans le jardin avec une frénésie et une vitesse redoutables. À moins que vous ne nourrissiez de grands projets de fouilles archéologiques, il est préférable que votre chien dépense son énergie dans l'exercice, l'apprentissage et la surveillance plutôt que dans les travaux de forage. Autre passe-temps favori de nos compagnons : la fouille des poubelles. Dans ce cas précis, nous n'avons qu'un seul conseil : placez vos poubelles là où votre toutou ne pourra accéder.

L'un de nos teckels a appris à ouvrir la porte du réfrigérateur en tirant d'un coup sec sur le torchon que l'on avait noué autour de la poignée et à se servir allègrement de tout ce qu'il pouvait atteindre. Appliquant le principe de précaution, nous avons retiré le torchon !

Connaître les cinq ordres de base

Tous les chiens doivent connaître les cinq ordres de base : « Assis », « Au panier », « Couché », « Au pied » et « Doucement ». Considérez-les comme des ordres qui garantissent la sécurité de votre chien et votre bien-être.

« Assis »

On l'utilise pour inviter son chien à s'asseoir sagement pour se faire caresser au lieu de sauter sur tout le monde, à vous attendre assis à la porte au lieu de foncer sur vous, à rester en retrait lorsque vous posez sa gamelle à terre au lieu de le voir vous l'arracher des mains, et à chaque fois qu'il est nécessaire qu'il se contienne.

« Au panier »

On l'utilise (voir chapitre 7) pour envoyer son chien à un endroit précis, souvent au panier, où il restera le temps pour vous de manger en paix sans qu'il vous réclame une part, ou lorsque vous avez des invités et que vous ne souhaitez pas qu'ils les harcèlent.

Figure 1.1 : Les chiens et les chiots s'assoient naturellement, mais leur demander de le faire contribue à ce qu'ils soient bien élevés.

« Couché »

On utilise l'ordre « Couché » (voir chapitres 7 et 16) pour que le chien se couche sur commande et qu'il ne bouge pas jusqu'à ce que vous l'y autorisiez.

« Au pied »

Votre chien doit assimiler cet ordre (voir chapitres 8 et 14) de façon à ce que vous puissiez le rappeler quand vous êtes en promenade ou s'il s'apprête à courser un chat.

« Doucement »

Apprenez cet ordre à votre chien (voir chapitre 8) afin de pouvoir le promener au bout d'une laisse sans que cette balade ne devienne pour vous un marathon.

Portrait du chien non éduqué

C'est un chien à qui l'on accorde peu de privilèges… On l'enferme quand les invités arrivent parce qu'il est infernal. On fait de même ou on le met dehors au moment de passer à table pour éviter qu'il ne réclame de la nourriture. On ne le promène jamais sans laisse parce qu'il prend la poudre d'escampette et qu'il ne revient pas avant des heures. Enfin, personne ne veut le promener en laisse parce qu'il tire, ni l'emmener en balade (en voiture) parce qu'il est trop pénible.

Pourtant, le chien est un animal sociable et il n'est de châtiment plus cruel que de le priver du contact régulier des gens qui l'entourent. L'isoler des êtres humains n'est pas une solution acceptable, alors ne le privez surtout pas du contact de ses maîtres, au contraire, passez du temps avec lui en lui inculquant en douceur les quelques règles de vie qui lui permettront d'être un chien « parfait ».

Qui éduque qui ?

L'éducation vaut dans les deux sens : Oscar est aussi impliqué dans votre éducation que vous dans la sienne. Le problème, c'est que lui est déjà un expert en la matière et qu'il dispose de ce don depuis la naissance. En d'autres termes, un chien vient au monde en sachant ce qui est bon pour lui et ce qui ne l'est pas, et il fera tout pour obtenir ce qu'il veut. C'est à vous en revanche de découvrir les moyens de l'éduquer, et nous sommes passés par là nous aussi (voir chapitre 7).

Commencez par reconnaître quand vous récompensez par mégarde un comportement que vous ne souhaitez pas encourager. Prenez l'exemple du chien qui réclame à table. Quand Oscar vous sollicite et que vous lui glissez de la nourriture, il vous apprend à le nourrir à table. Vous devez alors vous demander « Dois-je encourager un tel comportement ? » Si la réponse est non, renoncez-y coûte que coûte (et jetez un coup d'œil au chapitre 7).

La plupart des chiens finissent par faire la sourde oreille aux ordres qui ne mènent à rien de concret pour eux. Alors, quand le vôtre obéit, félicitez-le. S'il refuse d'obéir à un ordre que vous lui avez pourtant appris, reprenez-le.

Prenons un autre cas de figure : Oscar s'est octroyé à votre insu une petite promenade dans le voisinage. Vous êtes en retard à un rendez-vous, mais vous ne voulez pas le laisser dans la nature alors vous l'appelez désespérément. Il finit quand même par réapparaître tout en trottinant de joie en vous rejoignant. Vous, c'est l'inverse, vous êtes au bord de la crise de nerfs et vous lui faites part sans ménagement de votre mécontentement.

Demandez-vous pourtant « Est-ce le genre d'accueil qui donnera envie à Oscar de venir vers moi ? » Si la réponse est non, renoncez-y (et jetez un œil au chapitre 8).

Voici deux exemples qui illustrent la façon dont votre chien vous éduque :

- Oscar pose sa balle sur vos genoux pendant que vous regardez la télévision, vous lui jetez.
- Oscar vous gratte le coude avec la patte ou le secoue avec le museau alors que vous êtes confortablement installé dans votre canapé, et vous le caressez.

Oscar vous a bien éduqué. Qu'est-ce qui cloche ? Rien du tout si vous êtes capable de l'envoyer à son panier ou de lui dire de se coucher si vous n'avez pas envie de jouer ou de le caresser.

Comprendre VOTRE rôle

Pour que votre chien soit bien éduqué, il faut réunir un certain nombre de facteurs. Si certains dépendent du chien, d'autres sont de votre ressort.

Les paramètres que vous devez prendre en compte :

- Vos attentes
- Votre attitude
- L'environnement de votre chien
- Ses besoins sociaux
- Ses besoins affectifs
- Ses besoins physiques
- Ses besoins nutritionnels

Pour parvenir à éduquer votre chien, vous devez comprendre que ces facteurs sont essentiels pour réussir. Cette section aborde les deux premiers : vos attentes et votre attitude. Nous reviendrons sur les suivants au chapitre 9.

Définir vos attentes

Les attentes que l'on peut avoir de son animal varient d'un individu à l'autre. Certaines d'entre elles sont tout à fait rationnelles, d'autres pas vraiment. Vous avez déjà entendu quelqu'un dire : « Mon chien comprend tout ce que je lui dis », et vous pensez d'ailleurs peut-être la même chose. En réalité, ci tout était aussi simple que cela, vous n'auriez pas besoin de dresseurs de chien ou d'ouvrages sur l'éducation canine.

Votre chien donne parfois l'impression de vraiment comprendre ce que vous dites. Mais comment se fait-il alors qu'il ne fasse pas ce que vous lui demandez ? Même s'il ne comprend pas les mots que vous utilisez, il comprend l'intonation de votre voix, voire votre intention.

Vos attentes sont-elles cohérentes ?

Vous pensez que votre chien obéit pour les raisons suivantes :

- Il vous aime
- Il veut vous faire plaisir
- Il vous est reconnaissant
- Il a le sens du devoir
- Il ressent une obligation morale

À notre avis, vous avez répondu *oui* aux deux premières questions, le doute s'est immiscé pour la troisième et vous avez fini par comprendre où nous voulions en venir.

Si votre approche de l'éducation s'appuie sur des considérations morales comme le châtiment, la récompense, l'obéissance ou encore le devoir, vous faites fausse route. Votre chien vous aime, cela ne fait aucun doute, mais il ne vous obéit pas pour cette raison. Il veut vous faire plaisir ? Pas vraiment, même s'il en donne parfois l'impression. En réalité, c'est à lui qu'il fait plaisir.

Qui plus est, Oscar n'a pas la moindre reconnaissance pour ce que vous faites pour lui et il n'obéira pas non plus dans ce sens. Une seule chose l'intéresse : ce qui est bon pour lui. Il n'a aucun sens du devoir ni sentiment d'obligation morale. Plus vite vous vous débarrasserez de ces convictions, mieux vous parviendrez à comprendre comment éduquer votre chien.

Sous-estimez-vous vos attentes ?

Vous pensez que votre chien n'obéit pas pour les raisons suivantes :

- Il est têtu
- Il est idiot
- Il passe ses nuits à se demander comment il pourrait mettre vos nerfs à l'épreuve

Si vous avez répondu oui à l'une de ces questions, vous êtes coupable d'anthropomorphisme, c'est-à-dire que vous prêtez des sentiments humains à un animal. Il faut donc abandonner cette tendance pourtant naturelle, car elle ne vous aidera pas. Le but est de comprendre votre chien sans faire preuve d'anthropomorphisme pour ne pas commettre d'erreurs de jugement.

Les chiens ne sont pas têtus, bien au contraire. Ils font même plutôt preuve d'intelligence lorsqu'il s'agit de savoir comment s'en tirer à bon compte. Enfin, ils ne passent pas leurs nuits à se demander comment vous exaspérer davantage, ils dorment… tout comme leurs maîtres !

Quelles devraient être vos attentes ?

En réalité, pourquoi votre chien obéit-il à un ordre ? En général, pour l'une de ces trois raisons :

- Il veut quelque chose
- Il trouve cela drôle, comme de rapporter une balle
- Il a été éduqué pour obéir

S'il obéit pour l'une des deux premières raisons, il le fait pour lui ; si c'est pour la dernière, il le fait pour vous. Cette distinction est importante, car il est ici question de confiance et de sécurité. Réfléchissez à cette question : si Oscar obéit seulement parce qu'il veut quelque chose ou parce que ça l'amuse, obéira-t-il nécessairement s'il n'attend rien en retour ou si ça ne l'amuse plus ? La réponse ne fait aucun doute.

Un chien obéit parce qu'il a été éduqué. Cela dit, l'apprentissage peut être amusant pour lui comme pour vous, à condition qu'il comprenne bien ce que l'on attend de lui. Si vous dites : « Au pied », il n'y a aucune alternative, surtout s'il y va de sa sécurité et/ou de celle d'autrui.

Adopter la bonne attitude

L'attitude que vous adoptez envers votre animal est primordiale. Au cours de son apprentissage, il est nécessaire d'adopter une attitude amicale et positive, mais les gens n'envisageant d'éduquer leur chien que lorsqu'il est devenu une véritable source de problème, c'est bien plus facile à dire qu'à faire. Le bon petit chien affectueux est devenu incroyablement rebelle, il fait tout de travers et il ne vous écoute certainement plus.

Renoncez à apprendre quoi que ce soit à votre chien si vous êtes fatigué ou irritable. Il faut que le dressage soit une expérience positive pour votre chien. Si vous vous sentez frustré au cours d'une séance, arrêtez et remettez-la à plus tard. Si vous êtes frustré, vous aurez tendance à adopter une attitude négative et à dire « Non, ce n'est pas bien. », ou « Va-t-en ». Résultat, vous n'êtes pas content et Oscar non plus parce qu'il sent votre mécontentement.

Il est préférable d'adopter une attitude à la fois ferme et douce pour votre bien-être à tous les deux. Une approche inamicale et hostile n'encouragera pas votre chien à vous obéir et vous risquez même de devoir prolonger inutilement votre séance. Votre frustration ou votre colère ne feront qu'attiser son anxiété et sa nervosité et il sera incapable d'apprendre (voir chapitre 9). Si vous êtes irritable, arrêtez et reprenez lorsque votre bonne humeur est revenue. Il faut que le dressage soit une expérience positive pour Oscar (et pour vous aussi).

Quel est l'âge idéal pour commencer son éducation ?

De sa naissance jusqu'à l'âge adulte, votre chien passe par plusieurs périodes de développements psychologique et physique. Ce qui se produit au cours de ces étapes a un effet à long terme sur votre animal. Son comportement s'en trouvera modifié.

L'âge auquel un chiot est séparé de sa mère et de ses frères et sœurs a une grande influence sur son comportement à l'âge adulte. S'il est enlevé trop tôt à sa mère, il risque de présenter des troubles du comportement plus tard et son éducation sera plus difficile, y compris pour l'acquisition de la propreté. Il risque également de rencontrer des problèmes dans ses relations avec les êtres humains et ses congénères. Par conséquent, quel est l'âge idéal pour qu'il quitte sa mère et qu'il intègre un nouvel environnement ? Toutes les études comportementales préconisent le 49e jour, à un ou deux jours près.

Ces études ont également révélé que les chiens commencent à apprendre vers l'âge de 3 semaines. À 7 semaines, leur cerveau est complètement développé d'un point de vue neurologique et tous les circuits sont connectés. Son esprit étant une page blanche, il n'y a plus qu'à le remplir avec les bonnes données. Il n'oubliera pas ce qu'on lui apprend dans les semaines qui vont suivre. Si on attend trop longtemps, il aura certainement pris quelques mauvaises habitudes, il faudra donc tout gommer et recommencer à zéro, et la tâche sera plus difficile que pour un jeune chiot.

Définir le « schéma de pensée » de votre chien

Votre chien pense-t-il ? Certainement. Mais il pense comme un chien, et pour quelqu'un qui vit parmi eux, c'est parfois étrange ! On a même parfois l'impression qu'il lit dans nos pensées. Mais est-ce dans nos pensées qu'il lit ou est-ce qu'il n'enregistre tout simplement pas notre façon de réagir et de nous comporter avec lui ?

 Si vous êtes suffisamment observateur, vous serez capable vous aussi de mieux le comprendre. L'orientation de ses yeux, sa posture, la position de sa queue, de ses oreilles, relevées ou baissées, mais aussi de ses moustaches, pointées vers l'avant ou ramenées vers le museau, sont autant d'indices qui permettent d'interpréter ses gestes. Plus vous parviendrez à établir une interaction, mieux vous le comprendrez.

« Lire dans les pensées » d'Oscar

Comme lui, vous pouvez également interpréter tel ou tel de ses comportements en l'observant. Vous connaissez sa fâcheuse tendance à sauter sur le plan de travail pour voir s'il n'y a pas quelque chose de bon à voler. Comme il l'a fait un certain nombre de fois, vous commencez à savoir à l'avance ce qu'il a l'intention de faire rien qu'à son regard – la tête et les oreilles baissées, les moustaches vers l'avant, le regard fixe – et à la façon dont il se déplace en direction de la table en remuant la queue.

Que faut-il faire ? Interrompre le processus de pensée d'Oscar en lui disant par exemple « Dis donc, pas si vite ! » d'un ton sévère. Vous pouvez également siffler ou taper dans les mains, enfin trouver quelque chose pour le distraire. Ensuite, envoyez-le à son panier pour qu'il oublie l'idée de voler de la nourriture.

Que faire s'il est sur le point d'agir ? Du genre, les pattes posées sur le plan de travail prêt à chiper votre steak. Utilisez les mêmes mots pour stopper son processus de pensée, enlevez-le du plan de travail en l'attrapant par le collier, emmenez-le vers son panier ou son endroit à lui et demandez-lui de se coucher. Pour plus de détails, rendez-vous au chapitre 5.

Que faire si vous n'anticipez pas les « bêtises » de votre chien à temps ?

Que faire si votre chien a déjà atteint son but ? Absolument rien ! Le réprimander ensuite est inutile, il est incapable de faire le lien entre votre réprimande et son geste.

 Ne le corrigez pas une fois le délit commis. Votre chien ne pourra pas faire le lien entre cette correction et son acte. Il aura l'air coupable, non pas parce qu'il comprend ce qu'il a fait mais parce qu'il sentira que vous êtes en colère.

Imaginez-vous en train de préparer un bon filet de bœuf pour le dîner. Vous quittez la cuisine pour répondre au téléphone et à votre retour, la viande a disparu. Vous connaissez le coupable et votre première réaction est de vous mettre en colère. Oscar prend immédiatement un air coupable et vous pensez que c'est parce qu'il sait qu'il a fait quelque chose de mal. Pourtant, il n'en est rien. Il réagit à votre colère et se demande pourquoi il est la cible de votre courroux.

Mettez-vous dans la peau d'Oscar. Il s'est régalé avec votre viande. Malheureusement pour vous, elle a disparu et vous ne pouvez pas la faire réapparaître. Vous ne pouvez non plus l'empêcher de se régaler. Si vous le corrigez à ce moment-là, il ne comprendra pas parce qu'il n'est pas en mesure de faire le lien entre cette sanction et la viande qu'il vient de manger. Il ne peut faire la relation qu'entre votre colère et votre réprimande.

Vous n'êtes pas convaincu ? Tentez cette expérience. À l'insu d'Oscar, jetez un morceau de papier froissé sur le sol. Appelez-le, pointez un doigt accusateur sur le papier en disant de votre voix la plus sentencieuse : « Qu'est-ce que tu as fait, vilain !? » Il prendra alors son air le plus coupable sans avoir la moindre idée de quoi il retourne.

Morale de l'histoire : ne laissez pas traîner vos affaires personnelles ou objets de valeur, comme vos chaussures, vos chaussettes, ou tout objet que vous affectionnez. Voyez-le plutôt sous cet angle : vous n'étiez pas un maniaque du rangement avant d'avoir un chien ? Désormais, vous serez peut-être un peu plus ordonné.

Si vous prêtez des qualités humaines à votre chien et que vous pensez qu'il est capable de raisonner, votre apprentissage sera voué à l'échec. Votre chien ne connaît pas le sentiment de culpabilité. Le réprimander parce qu'il « devrait faire » ou « ne devrait pas faire ça » n'améliorera pas son comportement. Il ne « comprend pas non plus tout ce que vous dites », il ne fait qu'interpréter l'intonation de votre voix et votre langage corporel.

Obéir malgré les distractions

Travailler seul avec son chien dans son jardin, c'est plutôt simple. Cependant, les choses se corsent une fois que le chien est confronté aux distractions qu'il rencontre dans la « vraie vie », tels que :

- Les joggers et les cyclistes
- Les nouveaux endroits
- Les autres chiens
- Les autres êtres humains
- Les gens en visite chez vous
- Les animaux

L'objectif est qu'il vous obéisse en toutes circonstances. Le profil de votre chien (voir chapitre 5) vous y aidera. Consultez également les chapitres 8, 13 et 14 sur les exercices avec distractions, mais aussi le chapitre 10 consacré entre autres aux comportements gênants.

Le chien au service de l'homme

L'homme a toujours côtoyé le chien et il n'a pas mis longtemps à découvrir à quel point il pouvait lui être utile. D'abord utilisé pour la chasse et la protection du foyer, puis pour garder le troupeau, l'homme lui a au fil du temps confié de nouvelles tâches. Aujourd'hui, il est devenu à la fois chien d'utilité, chien de détection, de sauvetage, chien-guide d'aveugle et surtout… chien de compagnie (voir chapitre 21 pour plus de détails).

Chapitre 2

Comment bien se préparer ?

Dans ce chapitre :
▶ Choisir un modèle éducatif
▶ Établir une relation de confiance avec votre chien
▶ S'imposer comme le chef de la meute

Le terme « éducation » renvoie à deux notions distinctes :

- **Apprendre à Oscar à faire quelque chose sur votre demande.** Par exemple, il sait s'asseoir et il le fait spontanément, mais vous souhaitez qu'il le fasse sur commande, chose qu'il ne peut réaliser de lui-même sans apprentissage.

  Cet apprentissage repose principalement sur des expériences agréables, comme d'inciter votre chien à s'asseoir en utilisant une friandise.

- **Apprendre à Oscar à renoncer à un comportement gênant.** Par exemple, il course les cyclistes, il aime ça et ne s'en prive pas, mais vous voulez qu'il arrête.

  Il s'agit en fait de lui faire renoncer à un comportement gênant. Cette technique repose essentiellement sur des expériences désagréables. Le chien apprend à les éviter en ne courant pas après les cyclistes. Exemple : pour apprendre à Oscar à ne pas tirer pendant la promenade, vous tirez d'un coup sec sur la laisse et relâchez immédiatement la tension. Le chien apprend que s'il ne tire pas, vous ne tirerez pas non plus. Autre exemple, l'ordre « Pas bouger ».

> ### Quand le chat éduque le chien
>
> Depuis plus de trente ans, nous avons plusieurs chiens et au moins un chat à la maison et avons observé ce phénomène de renonciation à maintes reprises. Notre ménagerie actuelle se compose de trois teckels, âgés de 2 à 16 ans, de deux labradors de 2 et 6 ans, d'un terre-neuve de 8 ans et Quasi, un chat mâle de 18 ans qu'on a trouvé devant notre porte alors qu'il n'avait que 6 semaines. Quasi est un expert pour apprendre à un chien à renoncer à un comportement. Voyez plutôt.
>
> Cece, notre plus jeune teckel, est arrivée à la maison à l'âge de 8 semaines. Elle se montrait naturellement respectueuse envers les chiens plus âgés, mais traitait Quasi comme un jouet en peluche. Ce dernier, qui avait élevé un certain nombre de très jeunes animaux, faisait preuve d'une étonnante tolérance à l'égard de Cece. Quand elle devenait un peu trop brutal, il grognait, feulait et donnait des coups de patte à la chienne. Si elle ne comprenait pas le message, il se dressait toutes griffes dehors en visant le museau. Cece criait en faisant un bon en arrière de terreur, le museau en sang.
>
> Cece a-t-elle été marquée à vie psychologiquement ? A-t-elle été vexée ? Est-elle partie bouder dans son coin ? A-t-elle gardé une certaine rancœur envers Quasi ? Pas le moins du monde. Au contraire, elle a tenu Quasi un peu plus en respect. Aujourd'hui, ils jouent et dorment toujours ensemble. En fait, Cece en a tiré une leçon importante : un comportement inacceptable ne résulte qu'en une expérience désagréable. Tous les autres chiens de la maison ont subi à un moment ou à un autre le même traitement.

Les chiens savent qu'il vaut mieux éviter les expériences désagréables, c'est ainsi qu'ils se débrouillent entre eux. L'éducation débute avec la mère. Les chiots ont de petites dents pointues qui la gênent quand elle les nourrit. Elle commence par grogner pour leur faire comprendre qu'il ne faut pas mordre si fort et finit par donner un coup de dents à ceux qui ne comprennent pas pour les faire arrêter. Le chiot va hurler, crier et se mettre sur le dos, preuve qu'il a compris la leçon. En général, la mère fait suivre cette expérience déplaisante d'un geste agréable, en frottant son museau contre le chiot, par exemple.

Ce *chapitre* met l'accent sur les différents modèles d'éducation canine existants, de la méthode classique au conditionnement opérant en passant par la méthode du clic ou clicker. Même si le chien n'a pas évolué, les techniques éducatives se sont perfectionnées. Nous vous proposons ici un aperçu des grandes théories et de leur terminologie.

Choisir une méthode éducative

Qu'elle soit élémentaire ou sophistiquée, vous avez le choix entre plusieurs méthodes éducatives. Même les nouvelles technologies jouent désormais un rôle dans l'éducation canine ! Les gens remplacent aujourd'hui les enclos grillagés par des clôtures invisibles qui dissuadent le chien de quitter son environnement au moyen d'une petite décharge électrique.

Ce qui est important, c'est que l'éducation de votre chien soit efficace pour lui comme pour vous. L'objectif de ce chapitre est de vous aider à choisir celle qui convient le mieux à votre personnalité et à vos besoins, et à ceux de votre compagnon. Pour savoir quelle est la meilleure approche à adopter avec votre chien, rendez-vous au chapitre 5.

Avant de choisir telle ou telle méthode, sachez exactement ce que vous attendez de votre chien et vérifiez que ce soit compatible avec la fonction pour laquelle il a été dressé. Nombreux sont les maîtres qui choisissent leur chien sur leur apparence physique sans se préoccuper des caractéristiques et du tempérament inhérents à la race. Les résultats ne sont d'ailleurs que trop souvent prévisibles, le joli petit chien grandit et ne correspond plus à ce que vous attendiez de lui.

Même si la plupart des chiens sont capables d'obéir aux ordres de base, certains traits de leur caractère, propres à leur race, permettent de savoir si la tâche sera aisée ou non. Un terre-neuve et un parson russell terrier sauront obéir à l'ordre « Couché/pas bouger », il vous faudra cependant beaucoup plus de patience et de détermination avec le second.

Les labradors sont des chiens robustes, ils sont gentils avec les enfants, dociles et faciles à éduquer, et ils n'ont pas vraiment besoin d'être toilettés. Ce que les acheteurs potentiels ignorent parfois en revanche, c'est qu'ils ont énormément besoin d'exercice. Qui plus est, il s'agit de retrievers (*retriever* signifie « rapporter »), ils aiment donc rapporter tout et n'importe quoi, même ce qui ne leur appartient pas forcément !

Le chien de compagnie : un phénomène récent

Les chiens étaient autrefois dressés pour des tâches bien précises : garder le troupeau, tirer le traîneau, chasser le gibier, etc. Le chien en tant qu'animal de compagnie est un phénomène récent, il doit son succès aux exploits héroïques des chiens utilisés pendant la Seconde Guerre mondiale, sans oublier les emblématiques Rintintin et Lassie. Conséquence de cette popularité, on a commencé à vouloir des chiens dits « de compagnie », faciles à éduquer, doux avec les enfants et gardiens de la maison.

L'éducation classique

Ce terme englobe les méthodes éducatives les plus répandues depuis près d'un siècle. Dans les premiers ouvrages consacrés à ce sujet, on expliquait que cette méthode s'appuie sur le principe que les comportements inacceptables conduisent à des conséquences désagréables et les comportements acceptables à des expériences agréables. Konrad Most, un dresseur de chiens allemand a développé cette théorie au début du XXe siècle. Sa méthode a été introduite aux États-Unis au début des années 1920 lorsque plusieurs étudiants de Most y ont émigré et ont formé les futurs dresseurs de chiens.

Most explique qu'éduquer un chien consiste en *stimuli* primaires et en *stimuli* secondaires. Les *stimuli* primaires consistent à faire renoncer un chien à un comportement, les *stimuli* secondaires consistent en ordres et en signaux. En associant les deux, on peut conditionner le chien de façon à ce qu'il réponde uniquement à des ordres et à des signaux, l'objectif de tout apprentissage.

Les *stimuli* primaires peuvent être des expériences agréables ou désagréables : les premières sont appelées *récompenses*. Il peut s'agir d'un objet qui suscite l'envie, de la nourriture, un compliment oral ou une marque d'affection, comme une caresse pour susciter le comportement voulu. Exemples courants : le propriétaire du chiot qui s'accroupit et ouvre les bras pour l'inviter à venir vers lui ou lui présenter une friandise pour que le chiot s'asseye.

Les expériences désagréables sont appelées corrections : un coup sec sur la laisse, une intonation de la voix, une position du corps menaçante ou le jet d'un objet en direction du chien. Pour éliminer le comportement gênant du chien, il faut que la correction soit suffisamment désagréable pour que le chien n'ait plus envie de recommencer. De plus, vous devez le corriger juste avant ou pendant que le chien présente ce comportement gênant. Ces expériences seront plus ou moins désagréables selon la race à laquelle le chien appartient et à sa personnalité (voir chapitre 5). Elle peut être perçue comme une véritable expérience désagréable ou juste comme un simple désagrément.

Le conditionnement classique

Cet apprentissage résulte de l'association des deux *stimuli*. Le plus connu d'entre eux : l'expérience menée par Ivan Pavlov qui consistait à déclencher un son de cloche avant de nourrir ses chiens. Après plusieurs jours, le son de la cloche finit par faire saliver le chien, même en l'absence de nourriture. En associant le son de la cloche à la présentation de nourriture, les chiens ont « appris » à saliver à ce son.

Nous avons tous déjà d'une manière ou d'une autre conditionné un chien. Pour certains, le bruit d'un couteau que l'on aiguise le fait surgir de nulle part. Ses expériences précédentes lui ont appris que ce son est associé à la nourriture et qu'il y a une chance pour qu'on lui donne un petit quelque chose. Si nos chiens réagissent au bruit du couteau, le chat est bien connu pour réagir au son de notre ouvre-boîtes électrique…

Le conditionnement opérant

B.F. Skinner, le célèbre comportementaliste ayant avancé la théorie du conditionnement du comportement, utilisait le terme de conditionnement opérant pour décrire les effets d'une action précise du dresseur sur le comportement à suivre d'un animal. Le tableau 2.1 présente les « Quatre Quadrants » du conditionnement opérant :

Tableau 2.1 : Les « Quatre Quadrants » du conditionnement opérant

	Ajouter quelque chose	*Enlever quelque chose*
Agréable	Quadrant 1 Renforcement positif qui renforce le comportement en offrant une récompense, une chose agréable pour le chien, pour un comportement exécuté	Quadrant 2 Punition négative qui suit un comportement en retirant quelque chose que le chien trouvait agréable et qui le fait progressivement renoncer
Désagréable	Quadrant 3 Punition positive qui suit un comportement avec quelque chose que le chien ressent comme désagréable pour réduire le comportement	Quadrant 4 Renforcement négatif qui suit un comportement en retirant quelque chose que le chien ressent comme désagréable pour réduire le comportement

Vous n'avez pas tout saisi ? Vous n'êtes pas les seuls. Et si vous pensez que la « sanction négative » est une redondance et que la « sanction positive » est un oxymore, vous n'êtes pas les seuls non plus. Qui plus est, nous avons déjà considéré que le terme « sanction » n'est pas approprié en matière d'éducation canine. On a tendance à comprendre qu'il s'agit d'une « pénalité pour méfait », or un chien, éduqué ou non, peut-il savoir s'il a fait quelque chose de mal ? Une réponse affirmative implique qu'un chien sait, d'un point de vue moral, faire la différence entre le bien et le mal, ce qui est fort improbable.

Cette parenthèse refermée, voici quelques exemples qui illustrent les « Quatre Quadrants » :

> ✔ **Quadrant 1 – Renforcement positif** : quand Diggy, l'un de nos trois teckels, était encore très jeune, elle s'asseyait sur le derrière pour demander quelque chose. Elle le faisait spontanément sans que l'on ait besoin de l'amadouer. Naturellement, nous avons trouvé cela mignon et lui avons donné une friandise, ce qui a renforcé ce comportement. Quatorze ans après, elle adopte toujours cette position en espérant obtenir quelque chose de bon à manger.

- **Quadrant 2 – Sanction négative** : vous regardez la télévision et votre chien pose sa balle sur vos genoux en espérant que vous la lancerez. Si vous vous levez et que vous partez, vous atténuez ce comportement.
- **Quadrant 3 – Sanction positive** : votre chien saute sur vous pour vous accueillir. Si vous l'aspergez d'eau, il renoncera progressivement à ce comportement.
- **Quadrant 4 – Renforcement négatif** : vous tirez sur le collier de votre chien jusqu'à ce qu'il s'asseye, puis vous relâchez le collier : en cela, vous renforcez le comportement.

Quelles informations doit-on retenir sur l'éducation traditionnelle et le conditionnement opérant ? En réalité, c'est très simple :

- Les comportements acceptables résultent en expériences agréables.
- Les comportements inacceptables résultent en expériences désagréables.
- Tout comportement a une conséquence.

Et pour vous aider à vous familiariser avec la terminologie éducative, voici le tableau 2.2 :

Tableau 2.2

	Conditionnement classique	*Conditionnement opérant*
Correction :	Tout ce qui laisse au chien une impression désagréable, comme de donner un coup sec sur le collier d'éducation, de hurler « Non », de prendre une intonation dure, d'adopter une position menaçante ou de jeter un objet en direction du chien (sans le blesser, bien entendu !).	Un stimulus répulsif, comme la sanction négative ou positive. Un stimulus répulsif : tout ce qui laisse au chien une impression désagréable, comme un coup sec sur le collier, d'entendre hurler « Non », ou une intonation dure, de voir une position menaçante ou de jeter un objet dans sa direction.
Récompense :	Tout ce que le chien ressent comme agréable, comme tout ce qu'il affectionne, une friandise, une balle, un bâton, un compliment, une caresse.	Renforcement positif : tout ce que le chien aime, une friandise, une balle, un bâton, un compliment, une marque d'affection ou une caresse.

La méthode du « clicker » ou « clic »

On doit cette méthode d'éducation canine moderne apparue au milieu des années 1940 aux États-Unis à Keller et Marian Breland. Il a fallu attendre le début des années 1990 pour qu'elle se développe.

Il s'agit d'un petit objet en plastique muni d'une lamelle en métal qui provoque le son « clic », d'où le nom donné à la méthode. Il ne s'agit pas d'un ordre mais d'un signal indiquant au chien qu'il a correctement exécuté un ordre.

La méthode du clic s'appuie sur la théorie du conditionnement opérant et du renforcement positif (voir section précédente dans ce chapitre). On apprend d'abord au chien à associer le son du clic à quelque chose de positif, comme une récompense. Une fois que le chien a compris, deux choix s'offrent au dresseur :

- **Option 1** : il peut attendre que le chien adopte de lui-même le comportement souhaité, comme de s'asseoir. Lorsque le chien s'assied, le dresseur actionne le clic, marquant ainsi la fin de l'action, et renforce le comportement en offrant une récompense au chien. Cette méthode fonctionne bien avec les chiens extravertis qui proposent tout une série de comportements dans l'espoir d'obtenir une récompense avec l'un d'entre eux. Un chien introverti peut ne pas montrer de réel intérêt pour ce type de jeu. L'approche « attendons de voir ce qui se passe », selon le chien, peut s'avérer un processus long et extrêmement stressant pour lui et il peut finalement renoncer à tout comportement et s'allonger.

- **Option 2** : le dresseur n'a ni le temps, ni la patience d'attendre que le comportement souhaité se produise, alors il le provoque. Il utilise une friandise pour faire asseoir le chien, et lorsqu'il prend la position, il déclenche le clic, qui indique qu'il a correctement exécuté le geste et lui offre sa récompense. De toute évidence, cette méthode est bien plus efficace que celle du dresseur qui attend que le chien fasse ce qu'on lui demande de lui-même.

Une fois que le chien a bien compris la première étape (Quadrant 1 renforcement positif), le dresseur ajoute une sorte d'indice, comme un ordre et/ou un signal. L'éducateur attend le moment où il pense que le chien va s'asseoir et dit : « Assis ». S'il s'exécute au signal, l'éducateur déclenche le clic et offre sa récompense.

Maintenant que le chien a assimilé le signal « Assis », l'éducateur élimine le clic et récompense lorsque le chien s'assied de lui-même (Quadrant 2 sanction négative). Si l'éducateur souhaite obtenir un autre comportement, il peut dire « Non » pour indiquer au chien qu'il veut en fait autre chose (Quadrant 3 sanction positive), mais en réalité un hybride signifiant « Essaie encore »).

Le clic qui signale la fin d'une situation souhaitée est plus efficace qu'un compliment verbal, il permet une communication plus claire avec le chien. Même s'il fait tout ce qu'on lui demande, cette méthode requiert toutefois un certain sens de l'observation et un *timing* à la seconde près pour signaler la fin du comportement souhaité, mais aussi beaucoup de patience.

Le but de cet exercice est que le chien réponde de manière fiable à vos ordres. Dans l'idéal, il obéira au premier. Il n'est rien de plus frustrant que de voir votre chien ignorer un ordre que vous lui donnez. Pensez à la réaction d'Oscar en terme de choix. Souhaitez-vous qu'il pense qu'il a le choix d'obéir ou non ? Pas vraiment. Il faut qu'il comprenne, une fois que vous l'avez éduqué, qu'il doit faire ce que vous lui demandez.

Établir une relation de confiance avec votre chien

Imaginez Oscar courant après un chat sur la route. Vous êtes paniqué à l'idée qu'il puisse se faire renverser. Lorsqu'il se décide finalement à revenir, vous êtes en colère et le réprimandez sans ménagement pour avoir couru après ce chat et lui avoir fichu une telle frousse. À votre avis, comment Oscar envisage-t-il la situation ? D'abord, il poursuit le chat, ce qui est plutôt amusant. Ensuite, il revient et on le réprimande, ce qui n'est pas drôle du tout. Ce que vous vouliez lui apprendre, c'est à ne pas courir après le chat, mais au final, vous lui avez appris en réalité que revenir vers vous n'est pas très agréable.

L'objectif, c'est que votre chien vienne quand vous l'appelez. Alors, chaque fois que votre chien s'approche de vous, soyez gentil avec lui. Ne faites rien qu'il puisse ressentir comme désagréable. Si vous voulez lui donner un bain ou un médicament, ne vous contentez pas de l'appeler, allez le chercher ou appelez-le en lui donnant une friandise avant.

Si vous l'appelez et que vous le punissez, vous perdez sa confiance. Il pense qu'il est puni parce qu'il vient vers vous. Mais vous vous demandez : « Comment puis-je être gentil avec lui s'il m'apporte les restes de mes chaussures toutes neuves ou s'il veut sauter les pattes pleines de boue, ou encore si je viens de découvrir un pipi sur la moquette ? »

Rassurez-vous, nous compatissons. Pour avoir souvent vécu ce type de situations, nous savons à quel point le comportement d'un chien peut être frustrant. Ce que nous avons découvert puis accepté c'est qu'à ce moment précis le chien ne comprend pas qu'il a fait quelque chose de mal. La seule chose qu'il comprenne, c'est votre colère, pas la raison. Aussi difficile que cela puisse être, vous devez sourire et l'accepter, au risque de saper cette relation de confiance mutuelle que vous essayez d'établir avec votre chien. (Consultez le chapitre 5 pour comprendre comment votre chien pense et le 4 sur la propreté à la maison.)

 Ne le corrigez jamais après une bêtise. Même si le comportement du chien change suite à la sanction, il se modifie malgré lui, mais pas parce qu'il a été puni. La réponse réside dans la prévention et l'éducation. Prévenir, c'est procurer au chien un grand nombre d'exutoires pour qu'il dépense son énergie : exercices, jeux, éducation. Cela implique également de ne pas mettre le chien en présence de vos chaussures neuves. Éduquer votre chien, c'est lui apprendre à s'asseoir sur commande de façon à ce qu'il ne saute pas sur vous (voir chapitre 7 pour les principes de l'éducation).

Ordres et intonation de voix : l'importance d'être constant

La première règle est d'être toujours cohérent avec votre chien. Il ne comprend pas les mots « parfois », « peut-être », ou encore « seulement le dimanche ». Il comprend « Oui » et « Non ». Vous le perturbez en l'encourageant à sauter sur vous quand vous portez des vieux vêtements et en vous fâchant quand il pose joyeusement ses pattes pleines de boue sur votre plus bel ensemble.

Autre exemple : Bill adorait jouer avec Brandy, son golden retriever. Un jour où notre grand-mère est venue nous rendre visite, le chien l'a littéralement renversée. Bill était furieux, Brandy toute confuse, persuadée que c'était une manière de lui témoigner son affection. Après tout, c'est Bill qui lui avait appris cela.

Les chiens nous observent et étudient nos habitudes, ils apprennent à anticiper nos actes. Comme ils communiquent entre eux au moyen du langage corporel, ils n'ont aucun mal à comprendre le vôtre.

 La première règle est de vous comporter de manière prévisible et cohérente avec votre chien. Si vous êtes plusieurs à la maison, tout le monde doit se conduire de la même façon avec lui pour ne pas le déstabiliser. En clair, ne lui refusez pas une chose que vous lui avez autorisé la veille, il risquerait de ne plus vous obéir du tout.

Cela veut-il dire que vous ne pouvez jamais laisser votre chiot sauter sur vous ? Non ! Il faut simplement lui apprendre à le faire uniquement quand vous lui dites *Oui*. Mais attention ! Lui apprendre à faire cette distinction est plus difficile que de lui apprendre à ne pas sauter du tout. Il comprendra plus facilement ce que vous voulez si votre attitude est cohérente.

Persévérance est le maître mot

En matière d'éducation, l'important est de savoir qui de vous deux est le plus persévérant. Votre chien maîtrisera certaines choses plus vite que d'autres, alors s'il ne parvient pas tout de suite à exécuter un ordre, soyez patient, restez calme et recommencez.

Un chien obéira plus ou moins vite à un ordre selon la race à laquelle il appartient et ce pour quoi il a été dressé, mais aussi en fonction de son tempérament. Le labrador, dressé pour rapporter le gibier de l'eau vers la terre, apprendra rapidement à aller chercher un bâton ou une balle dans l'eau. En revanche, le lévrier afghan, taillé pour la course et qui chasse à vue, mettra plus de temps avant de rapporter un objet à tous les coups. Le shetland, dont la tâche est de garder le troupeau, apprendra plus facilement à marcher au pied laisse non tendue qu'un beagle, dressé pour chasser les lièvres.

Éviter le « Non »

Commencez par vous demander si la communication passe entre Oscar et vous. Si votre démarche est suffisamment positive et si le chien la perçoit comme telle. Combien de fois prononcez-vous le mot « Non » et le mot « Bon chien » lorsque vous vous adressez à lui ? La plupart des chiens que nous avons rencontrés ces trente dernières années souffraient du *syndrome du non*. Tout ce que le chien fait n'obtient qu'un « Non » ferme, « Ne fais pas ça » ou « Non, sale chien ». Cette forme négative a elle aussi un effet négatif sur votre chien et sa volonté de vous obéir.

Lorsque vous travaillez avec lui, demandez-vous ce que vous attendez réellement de lui. Utilisez le plus souvent possible la forme affirmative « Fais ça » de façon à pouvoir le féliciter au lieu de le houspiller. Vous verrez que votre attitude influe sur sa volonté de coopérer. Débarrassez-vous de cette fâcheuse tendance à croire que si Oscar ne fait pas ce que vous lui demandez, c'est de sa faute. Il ne fait que ce qui lui vient naturellement. Plus important encore, sa conduite ne reflète que votre manière de l'éduquer. En clair, plus votre attitude sera positive, plus il se montrera enthousiaste.

Cela signifie-t-il que vous ne devez jamais utiliser le mot « Non » ? Dans l'urgence, faites ce que vous avez à faire mais n'oubliez pas, ne le prononcez que si c'est vraiment nécessaire.

Ne pas répéter les ordres

Lors d'une séance, prononcez le nom de votre chien avant de lui soumettre un ordre de façon à attirer son attention, du genre : « Oscar, viens ». Votre chien vous ignorera d'autant plus si vous prononcez invariablement son nom en changeant l'intonation de votre voix.

Prenez l'habitude de lui donner de temps en temps un ordre sur un ton normal, son ouïe est de toute façon bien plus développée que la vôtre… Lorsque vous répétez inlassablement un ordre, votre chien apprend qu'il peut ne pas y prêter l'oreille. Les écarts dans les intonations, suppliantes ou menaçantes, n'arrangeront pas les choses. Si votre chien n'obéit pas à un ordre, renforcez-le ou montrez-lui physiquement ce que vous attendez exactement de lui, mais ne le répétez pas plusieurs fois de suite.

Le respect de la hiérarchie

Les chiens sont des animaux de meute dont le principe fondamental est la hiérarchie. La meute se compose de plusieurs membres et d'un chef qui exerce au quotidien ses prérogatives.

Vue sous l'angle d'Oscar, la déclaration des droits d'un chef de meute ressemble à peu près à cela :

- Manger le premier et jusqu'à être rassasié
- Se lever, s'asseoir ou s'allonger où on veut
- Avoir accès aux endroits les plus en vue de la maison, y compris le canapé et les lits
- Contrôler les allers et venues de toutes les pièces de la maison
- Accéder le premier aux ouvertures étroites
- Exiger l'attention des membres de la meute quand bon lui semble
- Ignorer ou dissuader activement une attention non souhaitée
- Contrôler les mouvements des membres de la meute

Dans une maison où vivent plusieurs chiens, le chef du groupe exerce souvent ses prérogatives au quotidien. Oscar fait-il de même avec vous ?

Vous (et votre famille) faites maintenant partie de la meute d'Oscar, et il est capital qu'il trouve sa place au sein de votre famille et que quelqu'un la dirige. Les principes démocratiques ne s'appliquent pas chez les animaux. Par nature, votre chien a besoin de pouvoir respecter quelqu'un et d'être orienté. Rien ne vous empêche d'être amis ou partenaires, mais pour son bien-être et son équilibre, vous devez vous imposer comme le chef.

Peu de chiens cherchent vraiment à dominer, ils sont au contraire ravis que vous jouiez ce rôle pour lui, pour autant que vous l'assumiez. Il le faut car le chien le plus docile qui soit cherchera par nature à toujours prendre le dessus. Souvenez-vous, il n'est pas question de choix, pour sa sécurité et votre sérénité, vous devez être le dominant.

Comment savoir qui domine l'autre ? Voici quelques indices qui vous aideront :

- Oscar monte sur le canapé et grogne si vous lui demandez de partir.
- Oscar exige votre attention, et vous la lui donnez.
- Oscar vous ignore quand vous lui demandez de se pousser pour qu'il ne reste pas dans le chemin, lorsqu'il est devant une porte ou une armoire.
- Oscar se précipite le premier vers la porte d'entrée.

Si vous avez répondu oui à plus de deux questions, vous devez impérativement changer et imposer votre autorité. Dans la prochaine section, nous allons vous montrer comment y parvenir d'une manière positive et sans rapport de force.

C'est vous le chef !

La théorie du « dominant » laissait Debbie perplexe. Elle voulait être l'amie de Thor, son labrador. Après tout, il l'avait toujours écoutée et elle n'avait jamais eu aucun ennui. Elle a changé d'avis le jour où Thor a décidé de courir après un chat sur la route juste au moment où une voiture arrivait. Debbie s'est rendu compte que son chien devait apprendre qu'elle était le chef et que c'était elle qui décidait, si elle voulait profiter encore de lui quelques années.

Assumer son rôle de chef de meute

Rester dans la position *assis* ou *couché* est l'un des exercices les plus difficiles qui soient. Au-delà de l'aspect purement pratique, cet exercice a des répercussions psychologiques importantes.

Un chien exerce sa domination sur un autre en contrôlant ses déplacements ou en le maintenant à sa place. Nous avons vécu un incident plutôt cocasse avec notre yorkshire terrier, Angus. Des amis de passage avaient amené Blue, leur doberman de 6 mois. Tout semblait bien se passer entre les deux chiens jusqu'à ce que l'on remarque que Blue était assis dans un coin et qu'Angus était allongé devant lui à quelques centimètres. Chaque fois que Blue tentait de se déplacer, Angus retroussait les babines, et Blue retournait dans son coin. Angus avait vraisemblablement profité de son « avantage du territoire » et convaincu Blue qu'il en était le chef.

Apprendre à son chien à ne pas bouger quand on lui demande est l'un des exercices les plus difficiles qui soient. Vous pourrez non seulement l'empêcher d'être dans vos pieds mais aussi renforcer votre autorité, car vous êtes le chef du groupe.

Appliquant le même principe, nous sommes parvenus à faire de nos propriétaires de chien des chefs de groupe, et ce sans brutalité ni rapport de force. Dès que votre chien arrive chez vous, enseignez-lui ces exercices d'autorité. S'il s'agit d'un chiot, votre tâche sera plus facile, à cet âge le chien est plus malléable qu'un chien adulte. Vous devez d'abord lui apprendre à s'asseoir et à se coucher et lui montrer ce que vous attendez de lui.

Placer Oscar dans la position assise et couchée

Pour la position assise, accroupissez-vous à la droite d'Oscar en regardant tous les deux dans la même direction. Si Oscar est petit, vous pouvez le mettre sur une table pour ce type d'exercices. Suivez les étapes suivantes :

1 **Posez la main droite contre sa poitrine et la gauche sur ses épaules.**

2 **Parcourez son dos avec votre main gauche, jusqu'aux genoux et en appuyant de la même façon avec les deux mains et sans rien dire, faites-le asseoir.**

3 Gardez les mains en place jusqu'à 5, félicitez-le et dites : « C'est bien ».

4 Puis libérez-le en lui disant : « Ok, fini ».

Il s'agit d'un exercice d'autorité, le but n'est pas de lui inculquer l'ordre « Assis ». Vous trouverez cette méthode au chapitre 7.

Pour la position couchée, faites comme suit :

1 **Agenouillez-vous à la droite d'Oscar en regardant tous les deux dans la même direction.**

2 **Placez votre main gauche derrière sa patte arrière gauche, placez la droite derrière la patte arrière droite.**

3. Gardez les pouces en l'air de façon à ne pas faire pression sur les pattes d'Oscar, il n'aimerait peut-être pas et cette pression pourrait le faire résister.
4. Soulevez les pattes avant d'Oscar et sans dire un mot, placez-le en position allongée (voir figure 2.1).
5. Comptez jusqu'à 5 avant de retirer les mains et félicitez-le.
6. Libérez-le d'un « Ok fini ».

Il s'agit d'un exercice d'autorité, le but n'est pas de lui inculquer l'ordre « Couché » que vous trouverez au chapitre 7.

Figure 2.1 : Soulevez les pattes avant d'Oscar.

Les exercices « Assis, pas bouger » et « Couché » : la recette pour devenir le chef

L'objectif de cet exercice est d'apprendre à Oscar que vous êtes le chef du groupe sans faire usage d'une force quelconque. Ce précieux commandement est primordial pour poursuivre son éducation. Elle relèvera de l'impossible s'il ne vous accepte pas en tant que chef. Il vous faudra environ quatre semaines avant que ces exercices ne deviennent routiniers. Procédez ainsi :

✔ **Semaine 1** : cinq fois par semaine, pratiquez l'exercice « Couché, pas bouger » à raison de 30 minutes par séance en procédant ainsi :

1. Asseyez-vous par terre à côté de votre chien.
2. Sans dire un mot, placez-le en position couchée (voir figure 2.2).
3. S'il se lève, remettez-le dans la position couchée sans dire un mot.
4. Retirez vos mains lorsqu'il est couché.
5. Ne bougez pas.
6. Libérez-le au bout de 30 minutes.

Figure 2.2 : Placez votre chien en position couchée.

En général, plus le chien voudra vous dominer, plus il essaiera de se lever. Comme cet exercice est très important pour établir votre autorité, ne perdez pas votre sang-froid et chaque fois qu'il se lève, replacez-le dans la position voulue.

Si votre chien a tendance à sauter, mettez-lui une laisse et asseyez-vous sur une chaise et la laisse de façon à ce que vous ayez les mains libres pour le repousser.

Certains chiens vous accepteront d'emblée comme chef de meute, pour d'autres, il faudra être plus persuasif. Si le vôtre fait partie des récalcitrants, c'est la première séance de l'exercice du couché long qui sera la plus difficile mais aussi la plus déterminante. Quand il se fera à cette idée, les séances suivantes seront plus faciles.

Pratiquez l'exercice dans les conditions suivantes :

- Quand votre chien est fatigué
- Après une séance d'exercice
- Quand vous êtes certain de ne pas être interrompu
- Quand vous êtes en forme

Si les conditions sont réunies, vous pouvez regarder la télévision ou lire, pour autant que vous ne bougiez pas.

✔ **Semaine 2** : un jour sur deux, enchaînez une séance « Couché » de 30 minutes et une « Assis » de 10 minutes assis sur une chaise à côté de votre chien.

✔ **Semaine 3** : un jour sur deux, enchaînez une séance « Couché » de 30 minutes et une « Assis » de 10 minutes assis dans la pièce en vous tenant à distance du chien.

✔ **Semaine 4** : un jour sur deux, enchaînez une séance « Couché » de 30 minutes et une « Assis » de 10 minutes en vous déplaçant dans la pièce et de façon à ce que le chien vous voie.

Après la semaine 4, pratiquez les deux exercices au moins une fois par mois.

En suivant toutes ces étapes à la lettre, votre chien vous acceptera comme chef de meute.

Chapitre 3
Quand le chiot grandit

Dans ce chapitre :
- La socialisation du chiot
- Les bienfaits d'un environnement épanouissant
- Les différents cycles de croissance du chiot
- Relever les défis que votre chiot vous lance
- Dois-je castrer ou stériliser mon chiot ?
- Mon chiot va-t-il grandir un jour ?

On voudrait tous avoir le chiot idéal, celui qui ne fait pas de bêtises et qui écoute tout ce qu'on lui dit, un Lassie ou un Beethoven. Si l'hérédité joue effectivement un rôle, un apprentissage précoce et un environnement épanouissant contribueront à parvenir à cet idéal. De sa naissance à l'âge adulte, votre chien traverse plusieurs phases de développement. Tout ce qui se produit au cours de ces périodes exerce une influence à long terme sur la façon dont il se comportera à l'âge adulte, qu'il s'agisse de sa capacité à apprendre, de son regard sur la vie ou de son comportement.

Toutes les études menées sur ces phases de développement montrent à quel point cette période est cruciale pour l'avenir social du chiot, et notamment pour son apprentissage. On dit ces périodes *critiques*, car elles peuvent avoir des conséquences irréversibles sur son comportement à l'âge adulte.

Première période critique : de la naissance à 7 semaines, le chiot a besoin de sa mère et du contact de ses frères et sœurs. Il s'agit d'une période d'imprégnation. Il a également besoin du contact avec l'homme. Même si ces périodes ne vous concernent pas directement, ce chapitre vous explique succinctement ce qui se produit au cours de la période du sevrage lorsque le chiot *apprend à apprendre*. Il décrit également les périodes qui suivent et en quoi elles peuvent influer sur l'éducation.

Le point de départ : la socialisation

Au bout de 7 semaines, lorsque le cerveau du chien est parfaitement développé d'un point de vue neurologique, cet attachement particulier entre le chien et son propriétaire, débute. C'est pour lui le moment venu de quitter sa mère et de rejoindre son nouveau foyer afin que la socialisation puisse avoir lieu dans son nouvel environnement.

La phase de socialisation sera d'autant plus difficile si le chiot reste trop longtemps au contact de sa mère ou des autres membres de la portée. Il sera également plus difficile de l'éduquer. Chaque jour qui passe, il perd un peu de sa faculté d'adaptation à un nouvel environnement.

En outre, des troubles du comportement risquent d'apparaître :

- Le chiot grandira en devenant trop « chien »
- Le chiot n'aura pas de réel intérêt pour les êtres humains
- Le chiot aura du mal à apprendre à accepter les responsabilités
- Il sera difficile à éduquer, y compris pour l'acquisition de la propreté (voir chapitre 4 pour l'apprentissage de la propreté)

La période de sevrage : de 3 à 7 semaines

Si votre chiot est issu d'un élevage, assurez-vous qu'il n'a pas été retiré trop tôt à sa mère. Il risque de ne pas avoir appris certaines leçons essentielles et présenter des troubles du comportement plus tard.

Entre la 3e et la 7e semaine, la chienne inculque à ses chiots certaines règles de savoir-vivre. Ils apprennent notamment ce qu'est un comportement acceptable ou inacceptable. Par exemple : une fois que les dents des chiots ont poussé, l'allaitement devient un moment douloureux pour la mère. Elle leur apprend donc à y aller doucement : elle grogne, retrousse les babines, voire donne un coup de dents pour que son chiot comprenne qu'il doit cesser de mordiller la mamelle. Il faut peu de temps avant que le chiot ne comprenne le message et qu'il réagisse à un simple regard ou une babine retroussée. Ce faisant, le chiot apprend le langage du chien et apprend par sa mère ce que l'on appelle la « morsure inhibée », autrement dit, il apprend à ne pas mordre !

Les chiots tirent également des enseignements du contact avec sa fratrie. En jouant, les esprits peuvent s'échauffer lorsque l'un d'eux mord trop fort. Ils découvrent ce que l'on ressent en étant mordu et ils apprennent à jouer sans mordre (voir figure 3.1). Ceux qui n'auront pas reçu cet apprentissage auront peut-être plus de difficultés à accepter la discipline en grandissant.

Figure 3.1 : Les chiots tirent de précieux enseignements en jouant.

Un chiot séparé de sa « famille chien » avant qu'il n'ait pu vivre ces expériences s'identifiera davantage aux êtres humains qu'à ses semblables. Pour simplifier, il ne sait pas qu'il est un chien, il ne sait pas à quelle espèce il appartient et il risque de rencontrer des problèmes si on ne l'aide pas à se situer par rapport à son entourage. Pour en citer quelques-uns :

- Agressivité envers les autres chiens
- Difficultés pour l'apprentissage de la propreté
- Refus de rester seul
- Aboiements excessifs
- Montrer les dents et mordre son propriétaire
- Nervosité
- Hyper attachement à l'homme

Apprendre à connaître tout le monde : entre la 7ᵉ et la 12ᵉ semaine

Votre chien est un animal social. Pour devenir un animal de compagnie agréable, il doit apprendre à vivre avec vous et votre famille, mais aussi avec les autres êtres humains et les chiens, et ce, entre la 7ᵉ et la 12ᵉ semaine qui suivent sa naissance. Si on le prive de ce contact, son comportement peut devenir imprévisible en présence de chiens ou de personnes. Le chien peut devenir craintif, voire agressif. Si on ne l'habitue pas à fréquenter des enfants au cours de cette période, il risque de se sentir mal à l'aise ou d'être imprévisible en leur présence et donc dangereux.

La socialisation de votre chiot est essentielle pour son avenir social. Au cours de son développement, mettez-le en présence de personnes différentes, y compris des enfants et des personnes âgées. Faites-lui rencontrer d'autres chiens. Vous tirerez d'incontestables bénéfices de ces expériences précoces quand votre chien sera adulte.

Offrez à votre chiot diverses expériences avec les gens qui l'entourent, elles joueront un rôle dans sa vie. Voici quelques cas de figure :

- Vos petits-enfants viennent vous rendre visite de manière occasionnelle, alors mettez-les le plus souvent possible en contact avec votre chiot.
- Vous vivez seul mais vous avez souvent la visite de vos amis. Faites un effort pour que votre chiot puisse les rencontrer, et plus particulièrement des personnes du sexe opposé.
- Si vous envisagez d'emmener votre chien en voyage, familiarisez-le avec la voiture.

Nous avons la chance de pouvoir emmener nos chiots à tous nos stages. Cette proximité avec d'autres chiens et d'autres personnes pendant une semaine a été particulièrement bénéfique pour pouvoir emmener ensuite nos chiens un peu partout. Ils s'entendent bien avec les personnes et leurs semblables.

On a pour habitude de dire bonjour à un chien en le caressant sur la tête. En réalité, ils n'aiment pas ça, les enfants non plus d'ailleurs. Le chiot se recroqueville immédiatement et prend un air malheureux surtout si vous vous penchez vers lui par-dessus le marché. Au lieu de cela, placez la paume de la main sous son menton quand vous lui dites bonjour, tenez-vous droit et souriez-lui. Lorsque vous rencontrez un chien ou un chiot pour la première fois, tendez doucement la paume de la main vers lui et laissez-le vous sentir.

La socialisation avec les autres chiens est tout aussi capitale. Il faut également qu'il ait un contact régulier avec eux. Dans l'idéal, un chiot a une sorte de mentor, un chien plus âgé qui lui enseigne les rudiments.

Le chiot apprend au contact de ses semblables, mais uniquement s'il passe du temps avec eux. Alors, présentez-le régulièrement à d'autres chiots ou des chiens adultes. Emmenez-le faire des balades en forêt ou dans des parcs et jardins autorisés, il y rencontrera d'autres chiens avec qui communiquer et s'amuser. Si vous envisagez de l'emmener à des cours d'obéissance ou de l'inscrire à des concours ou lui faire faire un peu de « sport canin », il doit être habitué à la présence d'autres chiens. Vos efforts seront récompensés si vous lui consacrez un peu de votre temps maintenant : il aura rencontré ses semblables et vous aurez plus de facilité à l'éduquer.

Souvenez-vous : vous voyez Oscar comme une personne à quatre pattes et vous êtes pour lui un animal à deux pattes. Si vous pouvez changer votre façon de voir les choses, pas lui. C'est également la période où il vous suivra à la trace, alors encouragez ce comportement en le félicitant, en le caressant ou en lui offrant une friandise de temps à autre.

Il se met à avoir peur : entre la 8ᵉ et la 12ᵉ semaine

C'est la période pendant laquelle la crainte peut définitivement s'installer. Une douleur ou une expérience très effrayante peut être plus marquante qu'à une autre période de sa vie. Si elle est vraiment traumatisante, elle peut marquer le chiot à vie.

Au cours de cette période, évitez de soumettre votre chiot à des expériences traumatisantes. Si vous l'emmenez chez le vétérinaire, prévenez ce dernier que c'est sa première visite et il saura adapter son comportement à son nouveau patient ! Même si vous devez éviter les situations stressantes, continuez son apprentissage de manière positive en évitant toute forme de sanction.

Au cours de sa première année, il risque de se mettre à avoir peur. Ne réagissez pas en le traînant vers l'objet qui a occasionné sa peur. À l'inverse, ne le caressez pas et ne le rassurez pas, vous pourriez lui donner l'impression que vous approuvez ce comportement. Essayez de le distraire avec un jouet ou une friandise pour qu'il oublie ce qui lui a fait peur et passez à quelque chose d'agréable, par exemple une promenade, ou répétez certains ordres que vous lui avez appris pour qu'il se concentre sur une expérience positive. Ce comportement craintif disparaît généralement après quelques semaines.

Passé la première année, il veut découvrir le monde

Entre 4 et 8 mois, Oscar s'aperçoit qu'un monde gigantesque l'entoure. Jusqu'ici, chaque fois que vous l'appeliez, il venait vers vous spontanément. Il semble maintenant préférer flâner et renifler tout ce qu'il trouve. Il grandit et il est train de « couper le cordon », c'est normal. Il n'est ni rancunier ni désobéissant, il « grandit », tout simplement !

Au cours de cette période, tenez Oscar en laisse ou dans un endroit clos jusqu'à ce qu'il apprenne à venir quand on l'appelle. S'il prend l'habitude de ne pas obéir, il risque de vous poser des problèmes et de se mettre en danger (et/ou de mettre en danger d'autres personnes). Et comme il est difficile ensuite de lui faire renoncer à cette habitude de fuguer, le mieux est de prendre les devants et lui apprendre tout de suite à venir quand on l'appelle. Pratiquez cet exercice chez vous, dans le jardin, en ayant toujours une petite friandise sur vous pour renforcer le comportement souhaité.

Si Oscar n'a pas du tout envie de venir quand vous l'appelez, ne jouez surtout pas au jeu du chat et de la souris. Au contraire, courez dans le sens inverse pour qu'il coure vers vous. Si ça ne marche pas, agenouillez-vous et faites semblant d'avoir trouvé quelque chose d'incroyablement intéressant, en espérant que sa curiosité le ramène à vous. S'il le faut, approchez-vous de lui doucement en vous tenant bien droit et en lui parlant de votre voix la plus neutre jusqu'à ce que vous parveniez à agripper son collier.

C'est également la période où Oscar a besoin de mâchouiller tout ce qu'il trouve. Il ne peut pas s'en empêcher. Si l'une de vos chaussures est déchiquetée, essayez de garder votre sang-froid, les chiots ont la fâcheuse habitude de s'attaquer aux chaussures, qui plus est une seule par paire... Que cela vous serve de leçon ! La prochaine fois, rangez vos affaires là où il ne peut les trouver. Le gronder ne servira à rien sinon à ce qu'il se mette à avoir peur de vous.

Votre tâche consiste à lui trouver des exutoires en lui offrant des os ou des jouets à mâcher. Ce qu'il préfère, ce sont les os à moelle. Il passera des heures à les mâchouiller et en prime il aura les dents propres. Vous pouvez également vous procurer des jouets en caoutchouc résistant, quasiment indestructibles dans les supermarchés et les animaleries.

Il en existe de toutes tailles, adaptées à celle de votre animal (il en existe même en forme de chaussure). Assurez-vous seulement que le jouet choisi ne soit pas trop petit afin qu'il ne l'avale pas accidentellement.

Évitez les jouets mous et rembourrés, votre chien risque de les dévorer et d'avaler des morceaux. Nous ne sommes pas partisans des jouets à mâcher en cuir brut qui ont été traités avec des produits chimiques ou qui ramollissent et deviennent collants à force d'être mâchés : les morceaux avalés peuvent se coincer dans les intestins.

À cet âge, vous pouvez envisager de le mettre dans un parc (le même que celui pour les bébés) quand vous le laissez seul pour éviter qu'il ne se fasse mal ou qu'il abîme vos affaires. Chacun y trouvera son compte. L'usage d'un parc peut également être utile pour l'acquisition de la propreté. Avec tout ce qu'il mâche au moment où ses dents poussent, vous n'êtes pas à l'abri d'accidents regrettables pour vous (rendez-vous au chapitre 4 pour plus d'informations sur la propreté à la maison).

La période de la puberté

Selon la race à laquelle il appartient, la puberté du chien intervient vers l'âge de 4 mois et peut se terminer pour certains à l'âge de 2 ans au moment de la maturité sexuelle. En principe, elle est plus précoce chez les chiens de petite taille. Les grands chiens sont un peu plus lents.

Il s'agit de la période où le joli chiot se transforme en affreux jojo. Il perd ses dents de lait et son beau poil doux.

La vitesse de croissance d'un chiot dépend de la race à laquelle il appartient. Les petites races ont une croissance très rapide qui se termine entre 8 et 10 mois. Les races moyennes atteignent leur taille adulte vers 12 mois et les chiens de grande taille ne terminent leur croissance qu'entre 18 et 24 mois pour les races les plus grandes. S'il s'agit d'une grande race de chien, éduquez-le maintenant, avant qu'il ne soit trop grand et que vous ne puissiez plus le maîtriser. En grandissant, Oscar a parfois des comportements curieux. Si certains sont tout à fait normaux, d'autres sont pour le moins discutables.

S'adapter aux comportements excentriques de la puberté

On utilise ce terme car il décrit parfaitement ce que l'on appelle dans le jargon technique la période de *seconde imprégnation de la peur* (voir « Il se met à avoir peur » dans ce chapitre). Il s'agit d'appréhensions ou de comportements de peur qui disparaissent rapidement.

On ne peut pas les prévoir aussi précisément que pour la première période. Même s'il se montrait sociable et confiant jusqu'alors, votre chien peut devenir craintif, hésiter à s'approcher de quelqu'un ou de quelque chose de nouveau et de peu familier, voire de se mettre à avoir peur d'objets qu'il connaît, y compris des autres chiens.

La peur de l'inconnu trouve ses racines dans l'évolution. Dans une meute sauvage, les chiots sont autorisés à participer à la chasse vers l'âge de 8 à 10 mois. La première leçon qu'on leur inculque, c'est de rester au sein du groupe. S'ils s'éloignent, ils risquent de se perdre et par conséquent de se mettre en danger. Ils doivent également développer des techniques de survie, la peur en faisant partie. Le message est le suivant : « Si tu vois ou que tu sens quelque chose d'inconnu, enfuis-toi ».

Soyez patients !

Un jour, notre teckel Manfred alors âgé de 6 mois est entré dans la cuisine après un petit tour dans le jardin. Il a repéré par terre un sac en papier marron, tout près de sa gamelle d'eau. Il s'est aplati comme s'il venait de voir un fantôme et s'est enfui en courant vers le jardin.

Si Manfred était sujet à une poussée de croissance à ce moment-là, ce qui était normal vu son âge, ce comportement était peut-être lié à une carence en calcium qui provoquait à son tour une réaction de peur.

Ce n'était pas la première fois qu'il voyait ce genre de sac, mais celui-là ne lui inspirait rien de bon. Nous nous sommes souvenus qu'il était sujet à de petites excentricités, nous avons donc fait comme si de rien n'était et tout est rentré dans l'ordre quelques heures après.

Si votre chiot adopte un comportement identique, n'essayez pas de le tirer vers l'objet en question afin de lui « apprendre » à l'accepter. Si vous faites trop de cas de cet incident, vous donnez l'impression au chien qu'il a une bonne raison d'avoir peur. Laissez le chiot dans son coin en feignant de n'avoir rien remarqué et attendez que cela passe.

Quand les hormones s'en mêlent...

De 4 mois à 1 an, la production d'hormones d'un chiot mâle peut être quatre fois supérieure qu'à l'âge adulte, et cette surproduction peut avoir un impact décisif sur son comportement. Vous n'aurez aucun mal à vous en apercevoir. D'abord, il ne vous écoute plus et il cherche parfois à dominer les autres chiens de la maison ou ceux qu'il rencontre dans la rue. Fort heureusement, il ne s'agit que d'une crise passagère.

Les propriétaires de chien découvrent que leur animal devient difficile à maîtriser au cours de ces périodes, et ils cherchent les conseils de professionnels, voire les inscrivent à un stage d'obéissance (voir chapitre 20). Vous pouvez aussi envisager de castrer votre chien, en suivant les conseils de votre vétérinaire (voir section suivante).

Si vous ne souhaitez pas la faire reproduire, la femelle doit être maintenue enfermée pendant son cycle de chaleurs, cycle qui intervient en gros tous les six mois et dure environ trois semaines. Elle a alors un tel pouvoir d'attraction sur les mâles qu'il vous arrivera d'apercevoir quelques prétendants rôder près de chez vous, certains auront même parcouru des kilomètres pour arriver jusque-là !

Nous en avons fait l'expérience avec Heidi, notre landseer. En revenant de notre travail, nous avons découvert un basset hound assez imposant sur le seuil de notre porte qui attendait patiemment Heidi. Quand nous nous sommes approchés, il nous a clairement fait comprendre qu'il protégeait Heidi et la maison.

Nous avons été contraints de rentrer chez nous par-derrière et l'avons finalement amadoué avec quelques biscuits le temps d'agripper son collier. Nous avons appris avec surprise que notre soupirant avait parcouru près de 6 kilomètres pour rendre visite à Heidi !

Une triste réalité

La majorité des chiens sont placés en chenil vers l'âge de 8 mois, lorsqu'ils ne sont « plus gentils », et qu'ils « n'écoutent plus ». Des millions de chiens sont ainsi tués chaque année parce que leur maître n'a pas jugé bon de leur accorder 10 à 15 minutes par jour pour les éduquer quand ils étaient jeunes.

Castrer ou stériliser le chiot

À moins de vouloir faire participer votre chien à des concours ou d'envisager un élevage, pensez sérieusement à le castrer si c'est un mâle ou le stériliser s'il s'agit d'une femelle.

Vous verrez qu'il y a généralement plus d'avantages que d'inconvénients à envisager la chose. Voyez plutôt pour le mâle :

- Il est plus calme, moins stressé quand il rencontre une femelle en chaleur.
- Les fugues se font plus rares.
- Les chevauchements sont moins fréquents.
- Il est plus facile à éduquer.
- Il est de meilleure disposition, surtout avec les autres chiens.
- Il est moins exposé aux problèmes de prostate en vieillissant.

En résumé, il est plus facile à vivre et à éduquer. Et qui plus est moins fugueur. Si vous avez laissé la porte ouverte par inadvertance, il ne parcourra pas des kilomètres pour rejoindre une femelle en chaleur, à l'instar de notre ami le basset dont nous avons parlé précédemment.

Attention, la castration ne permet pas de « transformer » un chien dominant en dominé en un simple coup de bistouri ! Elle n'a aucun effet sur le caractère dominé ou dominant du chien.

Si vous faites stériliser votre femelle, elle sera également plus casanière et vous bénéficierez en outre des avantages suivants :

- Vous n'aurez pas à gérer tout ce cérémonial pendant sa période de chaleurs.
- Vous n'aurez pas à vous inquiéter des visiteurs qui campent devant votre maison et lèvent la patte contre n'importe quelle surface verticale.
- Vous n'aurez pas à craindre l'arrivée accidentelle de chiots qu'il est difficile ensuite de placer.
- Votre chienne sera moins exposée aux tumeurs mammaires et aux infections de l'utérus.

Quel est le bon moment pour castrer son chien ?

Si vous envisagez de faire opérer votre chiot, mâle ou femelle, prenez conseil auprès de votre vétérinaire.

Selon la race et la taille de votre chienne, ses premières chaleurs interviendront peu après 7 mois. Elles peuvent débuter à 6 mois chez les petites races, plus précoces, et ne se déclarer que vers 15 ou 18 mois pour les plus grandes.

Les inconvénients de la castration ou de la stérilisation

Une prise de poids et/ou une incontinence urinaire peuvent être observées chez la femelle stérilisée après l'intervention. Si c'était le cas, votre vétérinaire saura vous conseiller un régime et/ou un traitement adapté. N'hésitez pas à lui demander conseil !

Ces inconvénients mis à part, nous vous recommandons de castrer votre chien si vous n'envisagez pas sa reproduction, tout simplement parce qu'il sera plus facile à vivre. Les mâles sont moins agités quand les femelles sont en chaleur, on les éduque plus facilement et ils sont moins fugueurs.

Petit chien deviendra grand

Quand bien même vous aimeriez garder cette jolie boule de poils, votre chien va grandir, et ce jusqu'à au moins 1 an et peut-être 4 ans (selon la race). Tout au long de ces années, il va se transformer physiquement et son comportement va évoluer. Le plus important pour vous est de lui montrer que vous êtes le chef de meute.

La grande question de la reproduction

En général, il est préférable de ne pas l'envisager sauf si :

- votre chien est de pure race et enregistré au Livre des origines françaises (LOF)
- vous n'avez pas adopté votre chien dans un chenil ou une animalerie
- il dispose d'un pedigree sur au moins trois générations
- ses aïeuls et/ou lui-même ont obtenu des titres à des concours de beauté
- votre chien ne souffre d'aucune tare génétique transmissible détectée par votre vétérinaire (dysplasie de la hanche, atrophie rétinienne progressive, etc.)
- votre chien est conforme aux standards de sa race
- votre chien a un tempérament stable

Élever des chiens pour le seul plaisir de montrer à vos enfants le miracle de la naissance n'est pas une bonne idée. Il y a déjà assez de chiens abandonnés dans le monde, qui plus est, vous aurez beaucoup de mal à placer les chiots.

Chapitre 4
L'apprentissage de la propreté

Dans ce chapitre :
▶ Le parc à chiot
▶ Établir un emploi du temps pour les besoins
▶ Les alternatives au parc
▶ Pourquoi votre chien marque-t-il son territoire ?
▶ Emmener son chien en voiture

L'éducation d'un chien commence par l'acquisition de la propreté. Et comme dans tout apprentissage, certains comprennent plus vite que d'autres. Les chiens de petite taille se montrent les plus retors dans ce domaine.

La majorité des chiens ne posent toutefois pas de problème, à condition que vous remplissiez votre rôle. Pour accélérer le processus, nous vous recommandons vivement d'utiliser un parc ou un petit enclos du même genre.

À première vue, l'idée vous semble cruelle et inhumaine ? C'est pourtant loin d'être vrai. Non seulement, le chiot aimera son parc, mais vous aurez aussi l'esprit tranquille.

Le parc à chiot

Lorsque Jim et Laura sont venus chercher leur chiot, l'éleveur leur a posé cette question qui leur a paru incongrue : « Avez-vous utilisé un parc quand vos enfants étaient jeunes ? » « Bien sûr, je ne sais pas ce que j'aurais fait sans lui », a répondu Laura. « Eh bien, un parc à chiot, c'est exactement la même chose. »

Peu importe ce que vous pensez des parcs, les chiens en raffolent. Ils leur rappellent leur nid/tanière, un endroit synonyme de confort, de bien-être, de sécurité et de chaleur (voir figure 4.1).

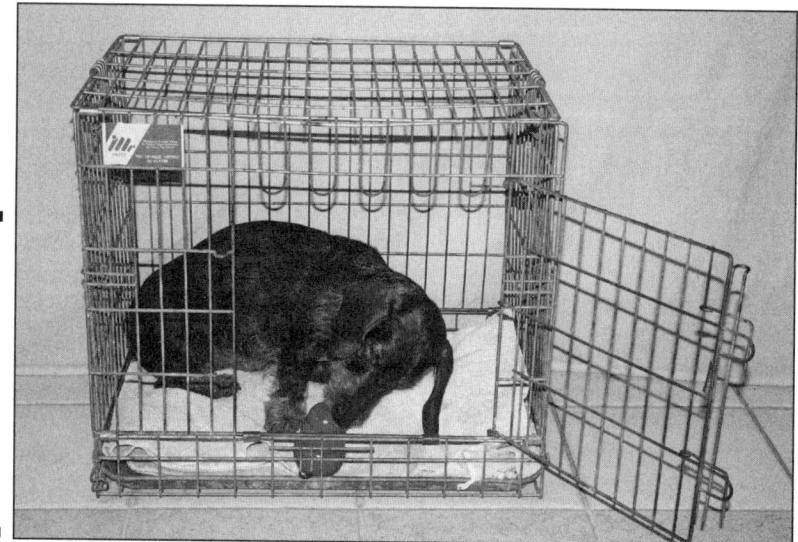

Figure 4.1 : Pour apprendre à votre chiot à être propre, utilisez un parc où il se sentira comme chez lui.

Les chiots, et bon nombre de chiens adultes, dorment pratiquement toute la journée et ils apprécient le confort de leur nid. Alors, pour votre bien-être, mais aussi celui de votre chien, pensez à vous procurer un parc.

Voici quelques avantages parmi tant d'autres :

- Un parc est utile si vous ne pouvez pas garder l'œil sur votre chien tout en voulant être certain qu'il ne lui arrivera rien.
- Un parc est particulièrement utile quand il doit se tenir tranquille, s'il vient d'être opéré et doit se reposer par exemple.
- C'est un endroit où il peut se mettre à l'écart du brouhaha ou de l'effervescence de la maison ou se mettre à l'abri quand les enfants le sollicitent un peu trop.

Un parc, c'est un petit chez-soi pour le chien. Douillet, réconfortant, c'est son endroit à lui où il peut se réfugier. Veillez à ce qu'il puisse toujours aller et venir, quand il a envie de faire une sieste ou de se dégourdir. Selon l'endroit où vous le placerez, c'est aussi là qu'il dormira la plupart du temps.

Trouver le bon parc

Il doit être suffisamment grand pour que votre chien puisse se retourner, se lever, ou s'allonger. S'il s'agit d'un chiot, choisissez un parc suffisamment grand pour qu'il puisse y grandir confortablement.

Vous pouvez vous procurer un parc à chiot dans des magasins spécialisés, comme les animaleries, sur commande éventuellement.

Vous pouvez aussi le fabriquer vous-même si vous êtes un peu bricoleur.

Habituer Oscar à son parc

Voici quelques conseils :

1 **Installez le parc, et laissez le chien le découvrir.**

   Placez-y une couverture ou un coussin pour panier.

2 **Choisissez un ordre comme « Au parc » ou « Au panier ».**

   S'il se montre réticent pour y entrer, glissez-le vous-même en énonçant l'ordre.

3 **Fermez la porte, dites-lui ô combien il est un bon chien, donnez-lui une petite friandise ou un objet avec lequel il aime jouer, puis laissez-le sortir.**

4 **Utilisez une friandise (placée dans le parc) pour l'encourager à entrer dans le parc.**

   S'il ne se dirige pas vers la friandise, placez-le vous-même et donnez-lui.

5 **Fermez de nouveau la porte, flattez-le et donnez-lui un petit morceau de friandise.**

6 **Laissez-le sortir.**

   Ne donnez pas nécessairement un biscuit pour chien, un jouet qu'il affectionne fera l'affaire.

7 **Continuez l'exercice, en énonçant l'ordre et en récompensant Oscar, jusqu'à ce qu'il décide d'y aller de lui-même, sans votre aide.**

 Si votre chiot craint le parc, utilisez ses repas pour qu'il surmonte sa peur. Placez d'abord sa gamelle devant le parc, puis au bord. Les repas suivants, placez-la plus à l'intérieur, puis complètement, le temps que le chiot y entre sans réticence.

Aider Oscar à se familiariser avec son parc

Demandez à Oscar d'aller dans son parc, donnez-lui une friandise, fermez la porte, félicitez-le, puis laissez-le sortir. Au fur et à mesure, gardez-le dans le parc, porte fermée, un peu plus longtemps, en n'oubliant pas de lui donner une mini-friandise et de le complimenter.

En dernier lieu, mettez-le dans son parc, donnez-lui une friandise ou son jouet, et quittez la pièce ; d'abord 5 puis 10, 15 minutes, etc. Chaque fois que vous revenez, félicitez-le avant d'ouvrir la porte.

Combien de temps le chiot peut-il rester seul dans son parc ? Cela dépend du chien et de votre emploi du temps, mais pour un chien adulte, pas plus de 3 heures.

Il ne faut pas que le parc soit une punition. Il ne voudra plus y aller et il perdra de son utilité. Le but est qu'il le considère comme son petit endroit à lui.

Les bases de l'acquisition de la propreté

Pour qu'Oscar devienne propre, respectez ces quelques règles :

- Prévoyez un parc (ou un petit espace clos).
- Établissez un emploi du temps pour les repas et les exercices.
- Tenez-vous à cet emploi du temps, même le week-end, du moins jusqu'à ce qu'il soit parfaitement propre.
- Soyez très vigilant jusqu'à ce qu'il soit propre.

Le parc est le moyen le plus efficace pour parvenir à vos fins. Qui plus est, c'est le plus simple, car par nature, le chien aime que son abri soit propre. Si vous vous tenez à un emploi du temps strict et que vous faites preuve de vigilance, vous y parviendrez plus vite (voir « utiliser un parc » dans ce chapitre).

Le chiot fait ses besoins plus fréquemment que le chien adulte. Il parvient à contrôler ses sphincters avec l'âge et gagne en gros 1 heure par mois. En journée, s'il est actif, il ne peut se retenir que sur de courtes périodes. Vers l'âge de 6 mois, n'espérez pas trop qu'il puisse attendre plus de 2 heures. Quand ils dorment, la plupart des chiots peuvent se retenir toute la nuit. S'il s'agit d'une femelle et que vous constatez des accidents fréquents (urine), il peut s'agir d'une cystite (une infection de la vessie) qui nécessite une visite chez le vétérinaire.

Un emploi du temps pour les petits besoins

Les chiens aiment la routine. Alors, si vous le nourrissez et le promenez à peu près à la même heure chaque jour, il y a de fortes chances pour qu'il fasse aussi ses besoins à ce moment-là.

Chapitre 4 : L'apprentissage de la propreté 53

Prévoyez 1 heure qui vous convient pour ses repas, à conditions que ce soit toujours la même. Jusqu'à 4 mois, il a besoin de quatre repas par jour ; de 4 à 7 mois, trois suffisent. Ensuite, nourrissez-le deux fois par jour.

Les repas du chiot :

- De 7 semaines à 4 mois : 4 repas par jour
- De 4 à 7 mois : 3 repas par jour
- À partir de 7 mois : 2 repas par jour

Veillez à lui fournir une quantité équilibrée de nourriture : les selles vous renseigneront à ce sujet : trop molles ou trop sèches, c'est que l'alimentation n'est pas adaptée ou que votre chien est malade. Enlevez-lui sa gamelle au bout de 10 minutes et ne lui donnez rien entre les repas. Respectez aussi les transitions alimentaires si vous décidez de changer le régime alimentaire de votre chien, étalez le changement sur plusieurs jours en prenant conseil auprès de votre vétérinaire. Des changements brutaux dans l'alimentation peuvent occasionner des troubles digestifs qui ne faciliteront pas son apprentissage (voir chapitre 18 pour les conseils nutritionnels).

Vous trouvez sans doute plus commode de mettre la nourriture d'Oscar dans sa gamelle et de la laisser par terre pour qu'il mange quand bon lui semble, ce qu'on appelle *l'alimentation en libre-service*. Même si ça vous semble plus pratique, ne le faites pas car vous ne saurez pas quand ni ce qu'il a mangé. Vous ne saurez pas anticiper les besoins de votre chien en fonction de ce qu'il a mangé.

Votre chien doit toujours avoir de l'eau fraîche à sa disposition dans la journée. Si vous le laissez plus de 2 heures dans son parc, laissez-lui un petit bol d'eau. Après 20 heures, retirez-lui pour qu'il puisse apprendre à se retenir toute la nuit.

Un emploi du temps strict est un atout essentiel pour l'acquisition de la propreté. Si vous le nourrissez et le promenez aux mêmes heures chaque jour, il fera également ses besoins à ce moment-là. Une fois que vous aurez établi cet emploi du temps, vous saurez à peu près quand l'emmener au bon endroit à la bonne heure.

Un endroit régulier pour ses besoins

Commencez par lui trouver un endroit où vous l'emmènerez chaque jour faire ses besoins. Choisissez de préférence un lieu qui ne soit pas trop éloigné de la maison. Portez votre chiot ou emmenez-le en laisse. Sur place, laissez-le se concentrer sur ce qu'il fait, sans bouger. Laissez-le renifler tranquillement autour de lui. Une fois les petits besoins terminés, félicitez-le et jouez avec lui quelques minutes. N'oubliez pas de ramasser ses déjections si vous habitez en ville, sous peine d'amende ! Ne le ramenez pas tout de suite chez vous sinon il s'imaginera qu'il sort uniquement pour ses besoins et il risque de retarder le processus pour rester plus longtemps dehors.

Vous trouverez toutes sortes de ramasse-crottes dans les animaleries et magasins spécialisés, dans votre mairie éventuellement ou chez votre vétérinaire. Dans la plupart des villes en France, ramasser les déjections de son chien sur le trottoir est une obligation, sous peine d'amende !

Il est très important que vous assistiez à ses petits besoins et que vous jouiez avec lui ensuite pour qu'il devienne propre chez vous. Vous saurez de toute façon très vite que vous ne passez pas suffisamment de temps dehors s'il arrive un accident à la maison. Ne le laissez pas non plus seul dehors tant que son emploi du temps n'est pas parfaitement réglé.

Où peut-il faire ses besoins ?

Selon l'endroit où vous vivez, vous adopterez une stratégie différente. En ville, où les chiens ne sont pas autorisés à faire leurs besoins n'importe où, vous devrez tenir Oscar en laisse. Et vous devrez en prime ramasser ce qu'il a laissé par terre, que vous le promeniez au parc ou dans le voisinage. Ne le laissez pas non plus faire sa petite affaire dans le jardin du voisin, même si vous avez une dent contre lui…

À moins de posséder plusieurs hectares de pelouse, ramassez aussi ses excréments dans votre jardin pour des raisons d'hygiène. S'il s'agit d'un jardin clos qui ne craint rien, laissez-le y aller seul, sinon, emmenez-le en laisse et ramassez derrière lui.

Soyez attentif aux signes

Emmenez Oscar faire ses besoins dans son endroit habituel au réveil, juste après avoir mangé ou bu, ou après une séance de jeux. S'il a besoin de sortir, il vous le fera comprendre en reniflant le sol et en tournant sur lui-même.

Mary emmène son chiot de 12 semaines faire ses besoins dans son petit coin habituel dès le réveil. Elle y retourne 15 minutes après son repas du matin puis la replace dans son parc et file au travail.

Elle revient chez elle au déjeuner pour que Colette puisse s'aérer et lui accorde quelques minutes de jeu. Elle la nourrit et la sort de nouveau au cas où. Colette passe ensuite l'après-midi dans son parc. À son retour, Mary la promène puis la nourrit et elle passe le reste de la soirée dans la maison sous l'œil vigilant de sa maîtresse. Avant de se coucher, elle l'emmène pour une dernière promenade puis l'installe dans son parc pour la nuit.

Si votre chiot tourne en rond en reniflant le sol, attention ! Il vous fait savoir qu'il cherche un endroit pour faire ses besoins. Alors, pas de temps à perdre, emmenez-le là où il en a l'habitude avant qu'il ne soit trop tard.

Soyez particulièrement vigilant si votre chien ne raffole pas de la pluie ou du grand froid et veillez à ce qu'il ait fait tous ses besoins avant de revenir de votre promenade.

Un accident est un accident

Vous aurez beau être consciencieux et vigilant, il y aura tôt ou tard un petit « accident ». S'il peut s'agir d'une simple erreur, il peut aussi indiquer un problème de santé réel. Les chiens étant généralement à cheval sur la propreté, vous n'aurez pas de mal à vous en rendre compte.

Si Oscar a un jour un accident, ne l'appelez pas pour le punir ensuite, il sera trop tard. Votre attitude le fera hésiter à venir vers vous quand vous l'appellerez par la suite.

On pense souvent que le chien sait qu'il a fait une bêtise à cause de son air coupable. C'est faux ! C'est parce qu'il se souvient d'une expérience désagréable, d'un jour où vous étiez furieux après lui à cause d'un petit accident. Et il a appris à l'associer à votre réaction. Il ne peut en aucun cas faire le lien entre le fait qu'il a déjà sali la maison et votre colère. Le corriger après l'acte est le meilleur moyen de détériorer la relation que vous tentez d'établir avec lui.

Les chiens sont des animaux intelligents, mais ils ne connaissent pas le lien de cause à effet. Quand vous rentrez du travail et que vous hurlez après votre chien parce qu'il a uriné dans le salon, vous ne l'encouragez pas à utiliser son endroit à lui. Tout ce qu'il retient, c'est que vous êtes du genre lunatique. Ne lui écrasez pas le papier journal sale contre le museau, c'est cruel et tout ce que vous y gagnerez, c'est qu'il aura peur de vous et des feuilles de journal roulées. Qui plus est, c'est sale et peu ragoûtant. Si le chien devient propre malgré de telles pratiques, ce n'est certainement pas grâce à elles.

Votre chiot a eu un petit accident ? Gardez votre sang-froid et mettez-le dans un endroit où il ne vous verra pas nettoyer le sol. Utilisez du vinaigre ou un nettoyant classique, à condition qu'il ne contienne ni ammoniaque ni eau de Javel qui ne masquent pas les odeurs d'urine, le chiot risquerait de recommencer au même endroit.

Il ne s'agit que d'un accident. Le pire que vous puissiez faire dans ce cas, c'est le punir, car il ne l'a en aucun cas fait exprès. On ne punit pas un chien pour ce qu'il a pu faire quelques heures avant, il ne peut pas comprendre.

Préparez-vous à ce qu'il régresse

Les régressions sont possibles au fur et à mesure de la croissance de votre chiot. Après l'âge de 6 mois, il ne faut cependant pas écarter la possibilité d'un problème de santé. Alors si les accidents persistent, consultez un vétérinaire.

Que faire si vous prenez Oscar sur le fait ?

Si vous le prenez sur le fait, appelez-le sèchement et tapez dans les mains. S'il s'arrête, emmenez-le à son endroit habituel. Sinon, laissez-le terminer sans vous énerver. Évitez de le traîner pour l'éloigner, vous risquez d'avoir une plus grande surface à nettoyer… Enfin, tant que vous n'êtes pas sûr de lui, ne le laissez pas se promener dans la maison sans surveillance.

L'acquisition de la propreté chez le chien adulte

Il arrive qu'un chien adopté dans un chenil ou ailleurs n'ait pas appris à être propre dans une maison. C'est le cas notamment des chiens attachés en permanence au bout d'une chaîne à l'extérieur.

Les règles sont les mêmes pour eux que pour les chiots, si ce n'est que l'apprentissage est moins long, un chien adulte parvenant à se contrôler plus facilement qu'un chiot.

Que faire lorsqu'on vit en appartement ?

Quand on vit dans un appartement, ce n'est pas très commode de sortir le chien, il faut souvent prendre l'ascenseur ou l'escalier.

Petit ou grand chien, le meilleur moyen d'aider votre compagnon à devenir propre, c'est de commencer par utiliser un parc ou une caisse, puis un parc d'apprentissage (voir section suivante).

Choisissez pourquoi pas un substrat bien absorbant : un grand bac à litière (comme pour les chats, mais adapté à la taille du chien), plusieurs feuilles de papier journal, une serpillière, etc. Enfin, un endroit où il se rendra naturellement pour faire ses besoins.

Utiliser un parc à exercice pour son éducation

Même si un chiot peut dormir toute la nuit dans son parc, il ne peut y tenir plus de 2 heures dans la journée sans faire ses petits besoins, et il risque de le salir.

Vous pouvez utiliser un parc ou un enclos d'apprentissage. Il s'agit d'un mode d'apprentissage proche de celui de la caisse, si ce n'est qu'il est plus spacieux et ouvert. On peut également l'utiliser à l'extérieur. Pour les athlètes de haut niveau qui ont tendance à sauter par-dessus le parc ou à l'escalader, pensez à couvrir le haut.

La première chose, c'est de choisir un enclos correspondant à la taille de votre chien. Installez-le là où votre chiot sera enfermé pendant votre absence.

Figure 4.2 : L'enclos pour chien.

Pour que votre chien se sente à l'aise dans son enclos, suivez la même procédure que pour le parc (voir « amadouer votre chien... »). Quand Oscar est « chez lui » dans son enclos au moment de votre départ, recouvrez le tiers de la surface de journaux pour qu'il puisse y faire ses besoins (ou lire la page des sports...). Placez une couverture en prenant soin de laisser un espace vide. Par nature, votre chien aime que son espace de repos soit propre.

Oscar a besoin de boire dans la journée, alors placez sa gamelle à l'endroit vide dans le coin de la cage (comme il y aura forcément des éclaboussures, ce sera plus facile à nettoyer). Avant de partir, posez quelques jouets sur sa couverture, faites-le entrer à l'aide d'un biscuit pour chien et quittez la pièce pendant qu'il le mange. N'en faites pas trop quand vous partez.

Certains tentent de créer un espace clos en bloquant les parties d'une pièce ou d'un sous-sol. Cela peut marcher en théorie mais cela n'empêchera pas Oscar de rogner une plinthe ou les bords de l'armoire. De plus, ce n'est pas une bonne idée de laisser le chiot à même le béton car il ne comprend pas pourquoi il ne peut pas utiliser ce type de surface pour faire ses besoins.

Vous pensez à une barrière pour bébé ? Pourquoi pas. Cela peut marcher avec certains chiens, mais souvenez-vous, Oscar pourra malgré tout avoir accès à n'importe quel objet, et il raffole de tout ce qu'il peut mordiller.

Ne choisissez pas une barrière en forme d'accordéon, votre chiot pourrait se coincer la tête à travers les barreaux et s'étrangler.

À la longue, vous finirez certainement par choisir ce qui revient le moins cher pour commencer. Ne soyez pas trop économe mais ne dépensez pas non plus des fortunes au risque de mettre vos objets de valeur en danger.

Comment empêcher le chiot de marquer son territoire ?

En déposant une petite quantité d'urine à un endroit précis, le chien laisse en quelque sorte sa carte de visite et signale sa présence de façon à marquer son territoire. Il le fait d'ailleurs à une fréquence qui ne cesse de nous étonner. Qui plus est, les mâles ont un penchant pour les surfaces verticales. Si les femelles y ont également recours, il s'agit toutefois d'un comportement plutôt masculin.

> ### Soyez responsable
>
> Ne laissez pas Oscar défigurer la propriété du voisin et utiliser uniquement ces surfaces pour ses besoins pressants. Même ceux qui adorent les chiens n'aiment pas vraiment les voir déposer leurs besoins sur leur pelouse ou dans la rue, ni trouver des traces d'Oscar sur la poubelle ou tout objet vertical.
>
> Votre tâche consiste donc à l'empêcher d'uriner (ou plus...) n'importe où et de nettoyer ou ramasser ensuite. Il est inutile que votre chien devienne une plaie pour votre voisinage. Ne faites pas à autrui ce que vous ne voudriez pas qu'on vous fasse...

Les comportementalistes expliquent que le marquage du territoire est pour le chien un moyen d'établir son territoire et de lui fournir un moyen de retrouver son chemin. Ils affirment en outre que les chiens sont capables de deviner le rang hiérarchique, le sexe et l'âge d'un chiot ou d'un chien adulte rien qu'en reniflant son urine.

Si vous promenez régulièrement votre chien dans le quartier, vous avez dû remarquer que le *marquage du territoire* est un véritable rituel. Il s'agit pour le chien d'un moyen de maintenir son rang dans la hiérarchie du groupe, en l'occurrence tous les autres chiens du quartier, ou de marquer un territoire qui se met en travers de sa route.

Les mâles adultes, parfois les femelles, lèvent la patte. Pour le chien, il s'agit de laisser une « carte de visite » plus impressionnante que la précédente. On en arrive parfois à des situations comiques quand un teckel ou un yorkshire terrier tente de « recouvrir la carte de visite » d'un lévrier irlandais ou d'un danois. La compétition est rude...

Aussi gênant soit-il, ce comportement est on ne peut plus naturel et normal. Il peut devenir parfois embarrassant quand Oscar lève la patte sur la jambe d'un voisin, et ce n'est pas rare...

Cela devient aussi plus gênant si Oscar lève la patte chez vous de façon intempestive. Heureusement, c'est rare mais cela arrive.

Voici dans quelles circonstances il faut se montrer particulièrement vigilant :

- Quand vous emmenez Oscar chez un ami, surtout si cette personne a un chat ou un chien.
- Lorsqu'il y a plusieurs animaux dans la maison, un ou plusieurs chiens ou un chat.
- Lorsque vous venez de décorer la maison ou d'installer des meubles ou des rideaux neufs.
- Lorsque vous emménagez dans une nouvelle maison.

 Essayez de distraire le chien quand vous voyez qu'il est sur le point de marquer son territoire là où il ne faut pas. Appelez-le et emmenez-le à un endroit plus propice. Si vous êtes chez des amis ou ailleurs, gardez un œil sur lui. Au moindre signe ou si vous sentez qu'il y pense, tapez dans les mains pour l'arrêter et appelez-le. Emmenez-le à l'extérieur et attendez qu'il ait pu uriner.

Si vous prenez Oscar sur le fait chez vous, vous savez ce qu'il faut faire dans ce cas (voir « les fondements de l'apprentissage de la propreté de votre chiot »). Si ce comportement persiste, reprenez depuis le début, en réutilisant le parc si nécessaire, jusqu'à ce que vous puissiez de nouveau lui faire confiance.

Et quand vous emmenez Oscar en voiture ?

Les mêmes règles que pour la propreté s'appliquent quand vous emmenez Oscar en voiture. Pensez à vous arrêter toutes les 2 heures pour une pause « pipi » et pour qu'il se dégourdisse les pattes, et vous aussi par la même occasion !

Chapitre 5
Comprendre votre chien

Dans ce chapitre :
- Les comportements instinctifs du chien
- Comprendre ce qui peut le mener à certains comportements
- Définir la personnalité de votre chien
- À chaque tempérament son programme éducatif

Pour éduquer Oscar, vous devez être suffisamment perspicace pour comprendre ce qui se passe dans sa petite tête à un moment donné. Vous devrez faire appel ici à vos talents d'observation. Si son comportement est souvent prévisible, vous risquez d'être surpris par tout ce que vous savez déjà à son sujet. C'est tout juste si vous ne pouvez pas voir les roues tourner quand il est sur le point de courir après une voiture, un vélo ou un jogger. Si vous êtes suffisamment observateur, Oscar vous laissera le temps nécessaire pour l'empêcher d'agir.

Ne vous fiez cependant pas seulement à votre sens de l'observation. Pour comprendre comment son cerveau fonctionne, nous avons conçu un profil psychologique simple qui vous aidera à anticiper très précisément ce qu'il va faire, notamment courir après les objets en mouvement.

Les comportements instinctifs du chien

Votre chien, et le chien en général, est un individu à part entière qui possède un certain nombre de comportements déterminés par les gènes. Ces comportements indiquent également la façon dont le chien perçoit le monde et ils s'organisent autour de ses besoins fondamentaux.

> ### Les chiens sont-ils capables de « raisonner » ?
>
> Quand bien même vous le souhaiteriez, la réponse est non, du moins pas comme nous en sommes capables en tant qu'humains. Votre chien est cependant capable de résoudre des problèmes simples et vous pourrez découvrir les techniques qu'il utilise en l'observant. Ne serait-ce que quand il tente d'ouvrir la porte de l'armoire qui contient ses biscuits ou de récupérer tant bien que mal son jouet préféré coincé sous le canapé. Au cours de son apprentissage, vous aurez aussi l'occasion de le voir s'efforcer de comprendre ce que vous lui inculquez.
>
> Pour illustrer nos propos, voici l'histoire d'un petit épagneul anglais très intelligent qu'on nous avait déposé devant la porte. Le pauvre avait été tellement négligé que c'est seulement après un passage chez le toiletteur que nous nous sommes aperçus qu'il s'agissait d'un chien de pure race. Ce délicieux compagnon est resté parmi nous de nombreuses années. Un jour, sa balle a glissé sous le canapé. Il a alors tout essayé : il a regardé sous le canapé, sauté sur le dossier pour inspecter l'arrière et parcouru chaque côté, en vain. De dépit, il a levé la patte contre ledit canapé et il est parti. Que d'efforts pour résoudre un problème...

Pour vous aider à mieux comprendre votre chien, nous avons regroupé les comportements instinctifs en trois groupes :

- Chasse
- Meute
- Défense

Ces instincts dominants reflètent les comportements instinctifs dont votre chien a hérité et qui vous seront utiles pour lui apprendre ce que vous voulez.

L'instinct de chasse

Il s'agit des comportements instinctifs (ou innés) associés à la chasse et à la nourriture. Il est déclenché par un mouvement, un son ou une odeur. L'instinct de prédation dicte les comportements suivants :

- Renifler l'air
- Mordre et tuer
- Porter sa proie
- Creuser et enfouir

- Manger
- Aboyer nerveusement
- Sauter et mettre à terre
- Bondir
- Voir, entendre et sentir
- Secouer un objet
- Approcher et poursuivre
- Déchirer et arracher

C'est ainsi que vous pouvez voir Oscar courir après un chat ou s'énerver et aboyer nerveusement quand le chat monte en haut d'un arbre. Il lui arrive aussi de secouer ou de déchirer parfois ses jouets ou d'enfouir son os dans le canapé.

Figure 5.1 : Ce chien présente un comportement alimentaire typique du chien dont l'instinct de chasse est développé.

L'instinct de meute

Il dicte des comportements associés à la reproduction, à l'appartenance à un groupe ou une meute, à la soumission à des règles. Pour chasser des proies plus grandes qu'eux, les loups doivent vivre en meute. Et pour assurer la discipline, ils adhèrent à une hiérarchie sociale gouvernée par des règles strictes. Chez les chiens, ceci se traduit par une capacité à vivre parmi un groupe d'humains et une volonté de travailler avec eux en équipe.

L'instinct de meute est stimulé par le rang occupé dans la hiérarchie sociale et les comportements qui s'organisent autour de lui, c'est-à-dire :

- Être capable de se reproduire et d'être un bon parent.
- Présenter des comportements liés à l'interaction sociale avec les êtres humains et les autres chiens, comme de déchiffrer le langage corporel.
- Présenter des comportements de reproduction, comme lécher, chevaucher ses congénères ou les êtres humains, se laver les oreilles ou « faire la cour ».
- Chercher un contact physique avec les êtres humains et/ou d'autres chiens.
- Jouer avec les êtres humains et/ou les autres chiens.

C'est le chien qui vous suit partout dans la maison, qui est on ne peut plus heureux quand il est avec vous, qui adore être caressé et toiletté, et qui aime travailler avec vous (voir figure 5.2). Ce même chien sera malheureux si vous le laissez seul trop longtemps.

Figure 5.2 : Ce chien présente un comportement dicté par l'instinct de meute.

L'instinct de protection

Il est gouverné par la survie et la préservation de soi et peut s'exprimer par des comportements de lutte ou de fuite. Il s'agit d'un instinct complexe car ce même stimulus qui peut rendre le chien agressif (lutte) peut conduire à des comportements d'évitement (fuite), surtout chez les jeunes chiens.

Le tempérament belliqueux ne se manifeste pas complètement avant que le chien n'atteigne sa maturité sexuelle vers l'âge de 2 ans. Voici quelques comportements typiques :

- Il n'aime pas être caressé ou toiletté.
- Son poil se hérisse au niveau du cou.
- Il grogne sur les personnes ou les autres chiens quand il sent qu'on viole son espace.
- Il protège sa nourriture, ses jouets ou son territoire contre les êtres humains ou les chiens.
- Il se couche devant le seuil d'une porte ou devant une armoire et refuse de bouger.
- Il pose sa tête sur l'épaule d'un autre chien.
- Il se dresse, tout son poids sur les pattes avant, la queue redressée en fixant un autre chien.

Les comportements de fuite indiquent que le chien ne se sent pas en sécurité. Ils sont plus fréquents chez les jeunes chiens :

- Le chien démontre un manque de confiance en lui.
- Il n'aime pas que les inconnus le caressent.
- Il se met à plat et rentre la queue quand des personnes ou des chiens lui disent bonjour.
- Son poil se hérisse tout le long du corps, pas seulement au niveau du cou.
- Il se cache ou s'enfuit face à une situation nouvelle pour lui.
- Il urine quand un inconnu ou son propriétaire s'approche de lui pour le caresser.

Le fait de se raidir (sans avancer ou reculer) indique un comportement de fuite inhibé.

> ### Oh là ! Oscar fait le gros dos
>
> Lorsqu'un chien a peur ou qu'il se sent en danger, son poil se dresse le long de la colonne vertébrale du cou à la pointe de la queue. Ce phénomène est assez fréquent chez le jeune chien. Quand il rencontre un autre chien, ne sachant pas si celui-ci sera sympathique ou non, il dresse les poils. La position de ses moustaches indique également un sentiment d'insécurité si elles sont retroussées vers l'arrière ou aplaties le long de son visage. Il replie les oreilles vers l'arrière et rentre la queue. Il a un mouvement de recul, se baisse légèrement et détourne le regard. Bref, de toute évidence, il préférerait être ailleurs.
>
> Quand il est sûr de lui, les poils ne se dressent que du cou jusqu'aux épaules. Il montre qu'il est le chef et il entend bien le faire savoir à quiconque oserait s'approcher. Les oreilles dressées, les moustaches vers l'avant, tout le poids du corps sur les pattes avant, la queue en l'air, il se tient droit et vous fixe. Celui-là est prêt à se battre.

L'influence des instincts sur l'éducation de votre chien

Les chiens ayant été dressés à l'origine pour une fonction précise et pas seulement pour leur apparence, on peut en principe anticiper les forces et les faiblesses de ces instincts. Par exemple : les races de chiens nordiques, tels les malamutes d'Alaska ou les huskies de Sibérie, ont été élevés pour tirer les traîneaux. Leur instinct de meute étant peu développé, leur apprendre à ne pas tirer sur la laisse peut se révéler laborieux. Les chiens de troupeau ont été élevés pour garder le bétail sous la houlette de leur maître. Bien que leur instinct de chasse soit relativement développé, l'instinct de meute est assez prononcé, vous n'aurez donc pas trop de mal à lui apprendre à ne pas tirer sur la laisse. Les chiens de garde, tels le berger allemand, le doberman et le rottweiler, ont été élevés pour travailler en étroite relation avec l'être humain, ils ont donc tendance à avoir un instinct de lutte assez fort doublé d'un besoin de protéger leur famille et leur territoire. Ils n'auront aucun mal à marcher en laisse. Les retrievers, qui ont un instinct de chasse et de meute développé et adorent rapporter des objets, sauront eux aussi marcher en laisse.

Ces mêmes tâches pour lesquelles les chiens ont été élevés, comme de garder et de chasser, sont celles qui se retournent contre eux aujourd'hui. L'instinct de chasse l'incite à poursuivre tout objet en mouvement. Un chien de garde surveille votre maison contre les intrus et protège vos enfants, mais qui dit « intrus » dit également les amis de vos enfants.

Il ne faut pas non plus généraliser. Aujourd'hui, on élève des chiens de race uniquement pour leur apparence sans égard pour leur fonction, leurs instincts primaires s'estompent donc peu à peu.

Comment déterminer le « profil psychologique » de votre chien ?

Pour vous aider à éduquer Oscar, nous avons mis au point un « profil psychologique » du chien. Ce profil propose dix comportements dictés par chaque instinct qui influence la réaction de l'animal et qui sont utiles pour son éducation. Il ne prétend pas représenter tous les comportements que l'on remarque chez un chien, encore moins la complexité de leur interaction. Nous n'avons pas besoin de savoir ici quel instinct dicte Oscar quand il dort. Même s'il s'agit d'un outil quelque peu simpliste pour anticiper le comportement d'Oscar, il vous surprendra par sa précision.

Les résultats issus du test vous aideront à mieux comprendre pourquoi Oscar adopte tel ou tel comportement et à savoir comment réussir à l'éduquer. Vous pourrez ensuite utiliser ses forces, éviter toute confusion inutile et accélérer votre apprentissage.

En répondant aux questions, gardez en tête que nous avons conçu ce test pour un animal de compagnie vivant dans un environnement agréable, voire un chien déjà un peu éduqué, mais en aucun cas un chien attaché au bout d'une chaîne au fond du jardin et livré à lui-même. Celui-là a hélas peu de chances de se comporter en chien de compagnie. Les réponses doivent vous renseigner sur les comportements qu'Oscar manifesterait si on ne lui avait pas appris avant. Exemple : avait-il déjà sauté sur les gens ou sur le plan de travail pour voler de la nourriture avant que vous lui appreniez à ne pas le faire ?

Les réponses possibles et les points attribués se définissent comme suit :

- Presque toujours – 10
- Parfois – 5 à 9
- Rarement – 0 à 4

Si Oscar est un beagle, la réponse à la question « lorsqu'il le peut, renifle-t-il le sol ou l'air ? » est probablement « presque toujours », vous inscrirez donc 10 points.

Vous voilà prêt à découvrir la vraie nature d'Oscar. Si vous n'avez jamais rencontré un type de comportement, ne répondez pas.

Pouvez-vous dire de votre chien qu'il :

1. renifle le sol ou l'air ?
2. s'entend bien avec les autres chiens ?
3. protège son territoire ou manifeste de la curiosité pour les objets ou les sons étranges ?
4. s'enfuit face à une situation nouvelle ?
5. s'énerve à la vue d'objets en mouvement, comme les vélos ou les chats ?
6. s'entend avec les êtres humains ?
7. aime jouer au jeu de corde / tirer ses objets dans le but de gagner ?
8. se cache derrière vous quand il sent qu'il ne fait pas face à une situation ? Quand il n'arrive pas à se débrouiller ?
9. se faufile dans l'herbe pour débusquer les chats, les chiens ou les objets ?
10. aboie quand il est seul ?
11. aboie sourdement ou gronde ?
12. est effrayé dans des situations inconnues ?
13. aboie aigu quand il est énervé ?
14. demande les caresses ou aime se blottir contre vous ?
15. garde son territoire ?
16. tremble ou couine quand il ne se sent pas à l'aise ?
17. enterre ses jouets ?
18. aime se faire toiletter ?
19. protège sa nourriture ou ses jouets ?
20. se recroqueville ou se met sur le dos quand on le gronde ?
21. secoue et « tue » ses jouets ?
22. cherche votre regard ?
23. n'aime pas qu'on le caresse ?
24. vient vers vous à contrecœur quand vous l'appelez ?
25. vole de la nourriture ou fait les poubelles ?
26. vous suit à la trace ?
27. protège son ou ses propriétaires ?
28. a des difficultés à se tenir tranquille quand on le toilette ?
29. aime porter des objets dans la gueule ?

30 joue beaucoup avec ses semblables ?
31 n'aime pas qu'on le toilette ou qu'on le caresse ?
32 se recroqueville ou a un mouvement de recul quand un inconnu se penche vers lui ?
33 engloutit ses repas très rapidement ?
34 saute pour accueillir les visiteurs ?
35 aime se battre avec d'autres chiens ?
36 urine quand on le caresse pour lui dire bonjour ?
37 aime creuser et/ou enterrer des objets ?
38 chevauche d'autres chiens ?
39 a été maltraité par un chien plus âgé quand il était jeune ?
40 a tendance à mordre quand on le coince/l'attrape ?

Faites le total de vos points à l'aide du tableau 5.1.

Tableau 5-1 : Comptabiliser les points

Chasse	Meute	Protection	Fuite
(1)	(2)	3	(4)
(5)	(6)	(7)	(8)
9	(10)	(11)	(12)
(13)	(14)	15	(16)
17	18	19	(20)
(21)	(22)	23	24
25	(26)	27	(28)
(29)	30	31	32
33	(34)	35	36
37	38	39	(40)
Total chasse	Total meute	Total protection	Total fuite
5	7	2	7

Une fois que vous avez calculé vos points, entrez-les dans la colonne correspondant au profil présenté dans le tableau 5.1. Jetez un œil à la figure 5.3 pour voir le profil de votre chien en un clin d'œil.

Pour utiliser au mieux cette notion d'instinct dans l'éducation de votre chien, vous devez savoir ce que vous voulez qu'il fasse ou ne fasse plus.

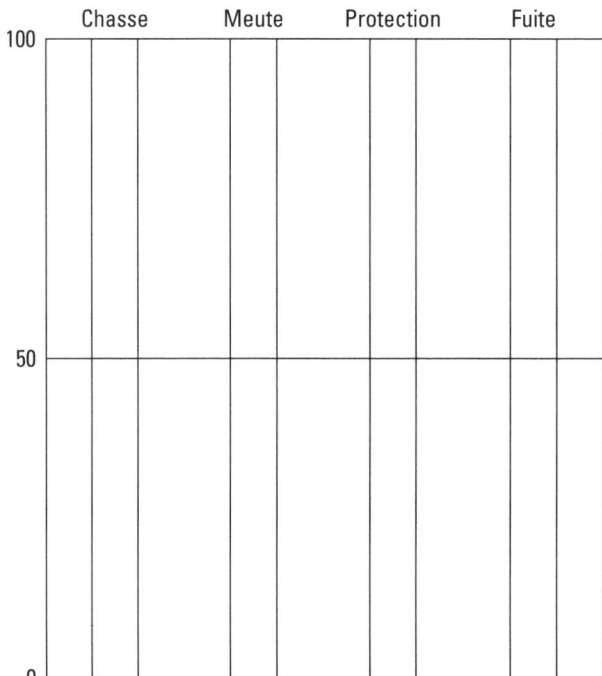

Figure 5.3 : Le profil de votre chien en un clin d'œil.

Qu'attendez-vous exactement d'Oscar ?

Avant d'utiliser les résultats du test, vous devez savoir ce que vous attendez d'Oscar, ce que vous voudriez qu'il fasse, et plus important encore, ce qu'il arrête de faire. Si vous souhaitez qu'il vous prête attention quand vous le promenez en laisse, il doit se situer dans la catégorie « instinct de meute ». Or, Oscar aime renifler le sol ou courser le chat du voisin, et il se trouve dans la catégorie « instinct de prédation/chasse ».

Pour les ordres suivants auxquels vous souhaiteriez qu'il obéisse, Oscar doit appartenir à la catégorie « instinct de meute » :

- ✔ Venir
- ✔ Se coucher
- ✔ S'asseoir

- Ne pas bouger
- Marcher sans tirer sur la laisse

Si Oscar est plutôt du genre à faire ce qui suit, il appartient à la catégorie « instinct de prédation » :

- Poursuivre un chat
- Creuser
- Suivre la trace d'un lapin
- Rapporter une balle ou un bâton
- Renifler l'herbe

Pour parvenir à vos fins, il faut pouvoir convaincre Oscar d'oublier qu'il appartient au groupe « instinct de prédation ». S'il est doté d'un instinct de chasse développé, il lui faudra un minimum d'entraînement. Si l'instinct de meute prime largement sur l'instinct de chasse, il n'aura besoin que de quelques rudiments, et encore.

Ce chien-là n'a pas ces mauvaises habitudes :

- Courir après les vélos, les enfants ou les joggers
- Courir après les chats ou d'autres animaux
- Mordiller vos affaires
- Tirer sur la laisse
- Fuguer
- Voler de la nourriture

En d'autres termes, c'est un chien parfait...

En théorie, il n'est pas nécessaire que l'instinct de protection d'Oscar soit très développé pour ce que vous souhaitez lui inculquer, mais s'il est inexistant, des problèmes risquent de se poser. Un instinct de protection peu marqué détermine la façon dont il faut éduquer Oscar. Par exemple, notre premier labrador, Bean, était doté d'un instinct de protection peu développé. Si quelqu'un, y compris l'un d'entre nous, se penchait vers lui, il s'effondrait sur le sol faisant mine d'avoir été battu. À l'inverse, Katharina, notre berger allemand, nous jetait un regard comme pour dire : « Bon, qu'est-ce que tu veux ? »

Chaque chien requiert une éducation différente. Bean s'effondrait littéralement au moindre petit coup sec sur la laisse, son instinct protecteur n'était pas assez développé pour y faire face. Une légère traction sur la laisse ou un ordre énoncé le plus calmement du monde suffisait pour qu'il renonce à courser un lapin. Pour Katharina, il fallait être plus convaincant et tirer un peu plus fort sur la laisse pour qu'elle oublie ledit lapin. L'un avait un instinct de protection plus développé que l'autre, d'où quelques différences dans leur profil psychologique.

Réveiller ses instincts

Lorsque vous faites des grillades, les arômes éveillent votre appétit, y compris celui du voisinage et de votre chien du reste. En réalité, ils font ressortir votre instinct de prédation. L'odeur le stimule.

Voici une petite liste de ce qui révèle les principaux instincts de votre chien :

- **L'instinct de prédation** est suscité par le mouvement : les signes de la main (à l'exception de « Pas bouger »), une intonation aiguë, le mouvement d'un objet d'attraction (balle, bâton ou nourriture).
- **L'instinct de meute** est déclenché par un geste affectueux, une parole gentille, un sourire, le toilettage ou le jeu.
- **L'instinct de protection** est suscité par une position du corps menaçante – se pencher ou toiser le chien – lorsqu'on le fixe droit dans les yeux (le meilleur moyen de se faire mordre), qu'on se penche vers le chien en agitant un doigt sur le museau tout en le corrigeant, quand on tire d'un coup sec sur la laisse d'une voix sévère et quand on abuse du « Pas bouger » de la main (voir chapitre 7).

Passer d'un instinct à l'autre

Oscar peut passer instantanément d'un instinct à l'autre. Imaginez-le couché devant la cheminée :

Il joue avec son jouet préféré.

La sonnette de l'entrée retentit ; il laisse tomber son jouet, se met à aboyer et va à la porte.

Vous ouvrez la porte ; c'est le voisin et Oscar se dirige vers lui pour lui dire bonjour.

Il retourne à son jouet.

Oscar est passé de l'instinct de prédation à celui de protection et enfin à celui de meute.

Au cours de son apprentissage, votre tâche consiste à veiller à ce qu'Oscar garde toujours un bon instinct et si besoin est, à le faire passer d'un instinct à l'autre. Par exemple, vous lui apprenez à marcher sans tirer sur la laisse dans le jardin quand un lapin surgit de la haie. Il le voit immédiatement, court jusqu'à la fin de la laisse en tirant et en aboyant nerveusement. De toute évidence, son instinct de prédation s'est complètement réveillé.

Il faut donc le rappeler à son instinct de meute, et le faire marcher à côté de vous. Le seul moyen d'y parvenir est d'utiliser l'instinct de protection. Vous ne parviendrez pas à lui faire oublier un lapin en lui présentant un biscuit. Dans ce cas précis, le lapin est le plus fort.

Pour réussir à réveiller l'instinct de meute – en passant obligatoirement par celui de protection –, tout dépend si son instinct de protection est suffisamment développé. S'il est plus sur la défensive, donnez un coup sec sur la laisse, pour le ramener de l'instinct de prédation/chasse à l'instinct de protection. Puis, pour le faire passer à l'instinct de meute, touchez gentiment le dessus de sa tête (ne le caressez pas), souriez et félicitez-le. Continuez ensuite à le faire marcher à vos côtés sans laisse.

S'il n'a pas une réelle tendance protectrice, un petit coup sur la laisse et une parole comme « Oh ! » suffiront pour le faire passer de la prédation à la protection, pour le ramener ensuite à l'instinct de meute.

Un chien qui présente peu de comportements de protection mais dont l'instinct de fuite est très développé, un coup sec sur la laisse aura l'effet inverse. Les mouvements du corps, comme se pencher vers le chien en prenant une voix grave suffisent en général à déclencher l'instinct de protection. Selon la façon dont il réagira à votre méthode d'apprentissage (se recroqueviller, se mettre sur le dos, refuser de venir vers vous), votre chien vous montrera quand vous le dominez, rendant ainsi l'apprentissage difficile, voire impossible.

Voici les règles de base pour le faire passer d'un instinct à l'autre :

- **De la prédation à la meute** : vous devez passer par la protection.

    La façon dont vous procéderez dépend des réactions de protection (lutte) qu'il adopte. En général, plus ces réactions sont nombreuses, plus il faudra tirer sur la laisse. Au cours de son apprentissage, une parole quasi inaudible ou un simple changement de position du corps suffira pour encourager votre chien à passer de l'instinct de protection à celui de meute.

- **De la protection à la meute** : touchez-le gentiment et souriez-lui.

- **De la meute à la prédation** : utilisez un objet (ou de la nourriture) ou faites un mouvement.

En appliquant la théorie des instincts, vous accélérerez considérablement votre apprentissage. Une fois que vous aurez compris que votre position ou vos gestes ont un impact sur l'instinct qui prime, votre chien comprendra parfaitement votre message. Votre langage corporel sera en harmonie avec ce que vous tentez de lui inculquer. Et comme il observe attentivement les mouvements du corps, puisque c'est la façon dont les chiens communiquent entre eux, il comprendra exactement ce que vous voulez.

Appliquer la théorie des instincts quand vous travaillez avec lui

Si vous avez lu le profil de votre chien (voir questionnaire plus haut dans ce chapitre), vous connaissez désormais les techniques les plus efficaces qui s'harmonisent avec les instincts de votre chien. Vous disposez maintenant des outils nécessaires pour améliorer votre apprentissage.

- **Défense/protection (lutte) – plus de 60** : une main ferme ne perturbe pas vraiment votre chien. Une position inappropriée peut ralentir votre apprentissage. Le ton de la voix doit être ferme mais amical et en aucun cas menaçant.

- **Défense/protection (fuite) – plus de 60** : une correction sévère ne le fera pas réagir. Une position/geste approprié du corps et une voix calme et amicale sont essentiels. Évitez les intonations sévères ou de vous pencher sur ou vers lui. La douceur et les positions du corps sont essentielles pour ce type de chien.

- **Prédation – plus de 60** : votre chien réagira bien à une friandise ou à son jouet pendant un exercice. Une main ferme peut s'avérer nécessaire selon l'importance de l'instinct de protection (lutte), pour éliminer l'instinct de prédation quand il s'emballe comme quand il poursuit un chat ou qu'il a repéré un lapin. On peut le motiver sans problème, mais il est facilement distrait par un mouvement ou un objet en mouvement. Il comprendra mieux les signes que les ordres. Il est impératif d'utiliser le corps, les mains et la laisse correctement pour ne pas le perturber.

- **Prédation – moins de 60** : votre chien ne se laissera pas facilement amadouer par les friandises ou un objet, mais il ne se laissera pas non plus distraire facilement par les objets en mouvement. C'est un chien qu'il faut féliciter souvent pour le mettre en confiance.

- **Meute – plus de 60** : ce chien aime qu'on le félicite et qu'on le caresse. Il aime votre compagnie et il vous obéira assez facilement.

- **Meute – moins de 60** : là, ça se gâte. Oscar se fiche probablement que vous soyez là ou non. Il est indépendant et il n'est pas facile de le motiver. Votre seul espoir : vous fier à son instinct de prédation/chasse lors de son apprentissage. Un chien ayant un instinct de meute peu développé n'est pas fait pour travailler au contact de l'homme.

Les chiens ayant obtenu un score inférieur à 60 pour l'instinct de protection posent rarement de problèmes. En réalité, ils les évitent. C'est souvent le cas des jeunes chiens inexpérimentés, et même avec l'âge, ça ne change pas beaucoup. Avec ce type de chien, il est important de se tenir droit, et pour lui dire bonjour, mieux vaut s'accroupir, au lieu de se pencher, pour se mettre à son niveau.

Si l'instinct de prédation et de protection est très prononcé, vous risquez d'avoir besoin d'un professionnel, non parce que c'est un mauvais chien, mais parce que vous risquez de vous décourager si vous ne réussissez pas à l'éduquer. Cela signifie simplement qu'il est trop difficile pour que vous l'éduquiez seul (voir chapitre 20 pour l'aide de professionnels).

Les chiens dont les instincts de prédation ou de meute sont très développés s'éduquent facilement, mais vous devrez être plus vigilant et tirer profit de ses réactions dans son éducation. Désormais, vous disposez de tous les outils pour bien faire !

Voici quelques indices non négligeables pour mettre au point votre stratégie éducative :

- Si votre chien est doté d'un instinct de protection prononcé, prévoyez surtout des exercices d'autorité et revoyez-les régulièrement (voir chapitre 2).
- Si votre chien est doté d'un instinct de prédation prononcé, vous devrez également mettre l'accent sur les exercices de domination pour pouvoir le contenir sur le seuil de la porte, en présence d'objets en mouvement et de distractions identiques.
- Si votre chien est doté d'un instinct de prédation et d'un instinct de protection prononcés, il vous faudra peut-être recourir à un professionnel pour vous aider à l'éduquer.

Quelques surnoms pour les profils types. Reconnaissez-vous votre chien ?

- **Le pantouflard – instinct de prédation, de protection et de meute peu élevés.** Vous avez du mal à le motiver et il n'aura probablement pas besoin d'un apprentissage intensif. Il mettra votre patience à rude épreuve si vous l'éduquez, car il adopte peu de comportements qui permettent de travailler avec lui. Le plus : il pose rarement de problèmes, il n'embête personne, c'est un très bon chien de compagnie et il ne craint pas la solitude.
- **Le chasseur – instinct de prédation élevé, instinct de meute et de protection peu développés.** Ce chien donne l'impression d'être facilement distrait et peu attentif mais il est parfaitement capable de se concentrer lorsque quelque chose l'intéresse. Pour l'éduquer, il faut canaliser son énergie afin d'obtenir ce que vous voulez. Vous devrez

faire preuve de patience car vous devrez l'éduquer en vous servant de son instinct de prédation.

- **Le taciturne – instincts de prédation et de protection prononcés, instinct de meute peu développé.** C'est un chien indépendant qui n'apprécie pas vraiment la vie de famille. Il est très nerveux et peut attaquer tout ce qui se met en travers de son chemin. Il ne s'intéresse pas beaucoup aux personnes et aux chiens, mais c'est un bon chien de garde. Il faut lui apprendre à marcher en laisse sans tirer, en utilisant son instinct de prédation. Avec lui, c'est un vrai challenge.

- **Le coureur – instincts de prédation et de protection prononcés, instinct de meute peu développé.** Vite perturbé et craintif, ce chien a besoin de gestes doux et rassurants. Un chien présentant ce type de personnalité n'est pas recommandé si vous avez des enfants.

- **L'ombre – instincts de prédation et de protection peu développés, instinct de meute prononcé.** Il vous suit partout et il pose rarement de problèmes. Il aime votre compagnie et n'aime pas courir après les objets.

- **Le prof – instincts de prédation, de protection et de meute peu prononcés (50 à 75).** C'est un chien facile à éduquer et à motiver, et les erreurs de votre part ne seront pas fatales. Le prof présente un bel équilibre entre tous ses instincts. Il est facile de le motiver, donc de l'éduquer, même si vos méthodes ne sont pas très au point. Lors de nos séminaires, nous proposons à nos participants de présenter le profil de leur chien sous forme graphique pour une lecture plus simple. La figure 5.4 présente le graphique du prof.

Vous comprenez à présent que les chiens les plus faciles sont ceux dont les trois instincts s'équilibrent. Peu importe la méthode, le chien semble capable de comprendre ce que vous lui demandez. Si vous avez la chance d'avoir un chien comme lui, prenez-en soin et si vous appliquez la théorie des instincts, vous en ferez un très bon chien de compagnie.

On nous demande souvent si l'on peut modifier les instincts d'un chien, réduire ou au contraire renforcer un instinct plus qu'un autre. Il est possible de renforcer un instinct par le biais de l'éducation. Exemple, après avoir appris à un chien ayant un instinct de chasse peu développé à rapporter un objet, il se peut qu'il aime participer à ce type de jeu. D'une manière générale, la réponse reste toutefois non.

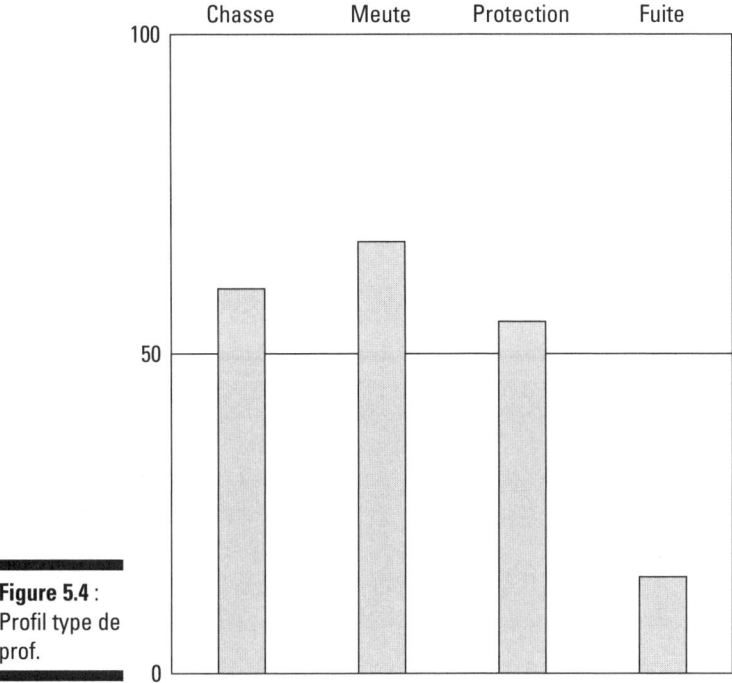

Figure 5.4 : Profil type de prof.

Chapitre 6
Bien choisir son équipement

Dans ce chapitre :
▶ Bien se préparer
▶ Laisses et colliers : comment choisir ?
▶ Un équipement à la fois pratique et sûr
▶ Les friandises

Que vous décidiez d'éduquer votre chien ou de faire du judo, il vous faut un équipement adéquat. Le choix étant très large, nous vous aidons dans ce chapitre à faire le bon selon les circonstances.

Un collier ou une laisse ne servent pas forcément à éduquer votre chien, ils servent aussi à lui faire passer un message. Dans le chapitre 2, nous avons expliqué la façon dont la chienne éduque son chiot pour le dissuader de la mordiller quand il tète. Elle lui inflige une correction, que le chiot ne trouve pas agréable, pour le faire cesser. Le chiot se dit : « Si je me sers de mes dents pour téter maman, elle va me pincer. Si je ne le fais pas, elle lèchera mon visage. » Alors il choisit de ne pas utiliser ses dents. C'est ainsi en tout cas que nous voyons les choses.

Il faut donc que la correction soit suffisamment désagréable pour qu'il l'évite ensuite (voir chapitre 2). Sinon, rien ne l'empêchera de continuer. D'où la nécessité de se procurer le bon équipement pour éduquer votre chien.

Comment choisir votre équipement

Le type de laisse ou de collier que vous choisirez dépend d'un certain nombre de paramètres, dont ceux-ci :

✔ Le profil psychologique de votre chien (voir chapitre 5)
✔ La sensibilité de votre chien au toucher ou son seuil d'inconfort

- La taille et le poids de votre chien par rapport aux vôtres
- L'efficacité de votre équipement
- Votre aptitude à éduquer votre chien

Gardez bien en tête qu'il est question ici de finesse, pas de force. Pour vous, l'éducateur d'Oscar, il ne s'agit pas d'un entraînement d'athlète de haut niveau.

Quelle laisse choisir ?

Lors de l'achat de votre laisse, vous aurez le choix parmi plusieurs longueurs et largeurs mais aussi plusieurs matières :

- **Toile** : les laisses en toile sont vendues dans les animaleries, sur catalogue ou via Internet. On en trouve de toutes les couleurs, avec divers motifs, même si le vert olive est la tendance…
- **Nylon** : nous recommandons la toile ou le Nylon (tressé) pour les laisses d'éducation. Elles sont faciles à manipuler, surtout pour la méthode utilisée, et bon marché. La toile sera plus agréable pour les mains que le Nylon si vous avez un grand chien.
- **Cuir** : elles sont assez répandues même si elles coûtent un peu plus cher. Elles sont plus robustes que les laisses en toile ou en Nylon, mais elles ne se prêtent pas à notre méthode d'éducation.
- **Chaîne** : nous n'avons jamais compris pourquoi certaines personnes se procuraient ce type de laisse. Conçues pour les grands chiens, elles sont lourdes et font mal aux mains. Si vous devez la replier dans la main comme nous le recommandons dans ce livre pour certaines méthodes d'apprentissage, cela risque d'être douloureux ! Quoi qu'il en soit, nous la déconseillons pour l'éducation d'Oscar.

Quel collier choisir ?

Comme pour les laisses, le choix est large. Alors, essayons de faire simple.

Nous distinguons deux types de collier :

- Le collier d'éducation
- Le collier du chien éduqué, qui pourra être plus décoratif

La fonction du collier d'éducation est de pouvoir contrôler votre chien et, si nécessaire, de le freiner (pour rappel, il s'agit de donner un coup sec sur la laisse puis de relâcher immédiatement la tension). On l'utilise surtout pour le dissuader de faire quelque chose (voir chapitre 2). Pour le chien, c'est une expérience désagréable qu'il peut éviter en mettant fin à un comportement gênant, on peut l'assimiler à la mère d'un chiot qui donne un coup de dents.

On utilise le collier coulissant en cuir, en Nylon ou en toile, pour le chien éduqué. Ils ne sont quasiment d'aucune utilité pour le chien non éduqué. Imaginez-vous en train de vous accrocher au collier de votre grand rottweiler au moment où il décide de poursuivre un chat.

Certains préfèrent les harnais, très adaptés pour les chiens qui ne tirent pas ou les petits chiens et pour lesquels il n'est pas gênant qu'ils tirent. Pour un chien de taille moyenne ou un grand chien qui a tendance à tirer sur la laisse, nous vous déconseillons le harnais car vous ne parviendrez pas à le contrôler. Il peut cependant être utile si le chien est blessé au cou.

Les colliers à boucle et les colliers d'éducation n'ont pas le même usage. Retirez le collier d'éducation au terme d'une séance d'apprentissage ou quand vous ne pouvez pas le surveiller. Votre chien peut porter le reste du temps son collier classique à boucle auquel vous aurez accroché une médaille avec votre nom et vos coordonnées.

Vous trouverez toutes sortes de collier d'éducation. En voici les avantages et les inconvénients.

Le collier coulissant en chaîne ou en Nylon

Le collier coulissant, généralement en chaîne ou en Nylon, s'enfile par la tête. Il a cependant tendance à glisser le long du cou du chien. Plus le collier glisse le long du cou, plus il est difficile de maîtriser le chien et moins il est efficace en tant qu'outil éducatif. Le tableau 6.1 propose une liste des pour et des contre pour ce type de collier.

Tableau 6.1 : Pour et contre des colliers coulissants

Avantages	*Inconvénients*
On en trouve partout	Peu efficace
Peu coûteux	Risque d'endommager la trachée et le cou du chien
Facile à enfiler	Difficile à enlever et peu utile quand vous essayez de faire marcher Oscar sans qu'il tire

Le collier coulissant n'est pas un outil éducatif, et si vous ne l'utilisez pas comme il faut, il peut endommager la trachée et le cou du chien. Alors, un conseil : évitez ! Même les chiropracteurs pour animaux le disent… Comme ils n'ont pas une réelle efficacité pour débuter et qu'ils ne sont pas parfaitement sûrs, mieux vaut faire des économies et vous procurer quelque chose qui fonctionne, comme le collier à fermoir en Nylon.

Le collier plat en Nylon

Celui-ci ne s'enfile pas par la tête mais se fixe autour du cou. De cette façon, vous pouvez le fixer plus haut là où vous pouvez exercer un meilleur contrôle. Il est situé sous les oreilles, et aussi confortable qu'un pull à col roulé, pour un maximum de contrôle. Le tableau 6.2 dresse la liste des avantages (et des inconvénients) de ce type de collier.

Nous recommandons ce type car il est à la fois efficace et polyvalent.

Tableau 6-2 : Pour et contre des colliers à fermoir

Avantages	Inconvénients
Assez bon marché	Le chiot grandissant vite, il vous faudra en acheter plusieurs
Il ne s'adapte pas parfaitement au cou du chien	Pas aussi facile à mettre qu'un collier à maillons
Très efficace	
Relativement sûr	

Le collier plat en Nylon s'adapte parfaitement au cou du chien. Il doit en principe se loger juste en dessous des oreilles. Mesurez le tour de cou d'Oscar directement derrière les oreilles à l'aide d'un mètre de couture ou d'une ficelle.

Certains chiens ne réagissent pas quand on tire d'un coup sec sur le collier à fermoir, en d'autres termes, il ne procure aucune sensation désagréable et le chien ne modifie pas son comportement. Il se peut que votre chien soit peu sensible et qu'il ait un seuil d'inconfort élevé. Ou, sa taille et son poids sont tels par rapport aux vôtres qu'il ne sent pas votre coup sec. Dans un cas comme dans l'autre, envisagez alors un collier étrangleur.

En dehors des séances d'apprentissage, utilisez un collier plat auquel vous aurez fixé son médaillon d'identité.

Le collier étrangleur

Les dresseurs d'antan ne juraient que par ce collier. Malgré son allure barbare, il s'agit d'un outil pour le moins efficace.

Chapitre 6 : Bien choisir son équipement

Nous sommes d'avis qu'il s'agit du collier le plus efficace. Dans le tableau 6.3, nous dressons la liste des avantages et des inconvénients de ce type de collier.

Tableau 6.3 : Pour et contre des colliers étrangleurs

Avantages	Inconvénients
En vente dans toutes les animaleries et sur catalogue	Ressemble à un instrument de torture du Moyen Âge
Très efficace	Deux fois plus cher qu'un collier plat
S'adapte parfaitement à la taille du cou du chien / Réglable	
Très sûr : il serre très peu et en tout cas pas au point d'empêcher le chien de respirer	

 Peu importe le collier choisi, il ne faut pas en faire un mauvais usage. Rappelons que l'objectif est de parvenir à une relation de confiance mutuelle par le biais de l'éducation… Le collier ne sert pas à lier le chien à vous, il s'agit d'un outil de communication.

L'histoire de Clara

Clara devait avoir près de 65 ans lorsque nous l'avons rencontrée. Elle vivait dans une grande maison assez isolée en dehors de la ville, d'où elle pouvait malgré tout voir certains voisins. Nous avons découvert que Clara avait eu plusieurs chiens durant sa vie et après la mort du dernier, elle avait adopté un chiot berger allemand. Elle pensait avoir besoin d'un chien qui puisse la protéger. Chaque fois que nous lui parlions, elle ne tarissait pas d'éloges au sujet d'Ursa (le nom du chien), sa douceur, sa docilité pour l'éduquer, sa gentillesse avec ses petits-enfants, et toutes les petites choses qu'elle avait apprises.

À mesure que le temps est passé, nous avons appris d'autres choses sur Clara. Après une opération du dos, on lui avait posé des broches en métal et elle devait porter fréquemment un corset. Elle nous a donc dit qu'elle devait utiliser un collier étrangleur pour promener Ursa parce qu'elle la trouvait trop forte pour elle. « Chaque fois que nous nous promenons, elle renifle le sol quand elle sent l'odeur de gibier passé par-là et elle tire tellement que je ne parviens pas à la retenir. Alors, je lui ai mis ce collier pour la contrôler et depuis deux semaines maintenant, je peux de nouveau la promener avec un collier classique et elle ne tire plus. Sans ce collier, qui sait ce qui aurait pu se passer. J'ai même songé à m'en séparer, mais c'était impensable. Qui sait ce qui aurait pu lui arriver à elle ? »

Maintenant, lorsque nous rencontrons Clara, Ursa est souvent avec elle, et selon elle, le chien est un vrai petit ange : « Au lieu de me sentir frustrée et de me mettre en colère après elle, je la félicite. Je suis heureuse, et elle aussi. »

Le collier étrangleur rebute certaines personnes en raison de son allure d'instrument de torture du Moyen Âge. D'autres le trouvent inhumain. Rangez vos *a priori*, ce qui compte, c'est la façon dont le chien le perçoit et il ne se privera pas de vous le faire savoir. Est-ce que le coup sec donné sur la laisse a l'effet escompté ? Mettez-vous votre chien dans une situation permettant de le féliciter ou de vous mettre en colère et de l'insulter ?

Au moment de choisir votre matériel, pensez aux circonstances. La sensibilité tactile du chien, ou son seuil d'inconfort, augmente proportionnellement à l'intérêt que le chien porte à ce qui l'intéresse (voir chapitre 5 pour mieux comprendre votre chien). Si vous travaillez avec Oscar dans le jardin, où les distractions sont rares, un collier plat à boucle suffit pour qu'il vous obéisse. Si vous êtes en ville ou en forêt et qu'il s'apprête à courir après un autre chien, vous aurez sans doute besoin d'un collier d'éducation pour le rappeler à l'ordre.

Cela signifie-t-il que le collier étrangleur est la solution idéale pour remédier à un problème ? Pas du tout, mais elle peut s'avérer la plus adéquate dans certains cas de figure.

Les colliers électroniques

Nous vous déconseillons d'utiliser ce type de collier. Il faut pour cela beaucoup d'expérience et d'adresse, et leur efficacité en matière d'éducation canine est très controversée. Qui plus est, les colliers de ce type ont un coût.

Pour en finir avec les aboiements intempestifs de votre chien, vous pouvez en revanche utiliser un collier anti-aboiement. Certes, il a un coût mais il vous évitera bien des problèmes avec votre voisinage.

Le collier à la citronnelle

Si votre chien est vraiment trop bruyant, vous pouvez l'équiper d'un collier anti-aboiement muni d'un réservoir de citronnelle.

Les aboiements du chien déclenchent une vaporisation de citronnelle en direction de la truffe du chien. Le but est que cette odeur soit suffisamment désagréable pour le faire cesser d'aboyer et qu'il associe aboiement et inconfort.

Certains colliers sont munis d'une commande à distance. Quand le chien course une voiture, vous devez appuyer sur le bouton au moment où il l'atteint pour que le chien reçoive un nuage de citronnelle. Là encore, le but est que l'effet de surprise associé à l'odeur désagréable pour lui de la citronnelle lui retire l'envie de courir après les voitures.

Ce collier est-il vraiment efficace ? Aucun collier n'est efficace sur tous les chiens, même celui-ci. Dans 75 % des cas, il donne de bons résultats, rien ne vous empêche donc d'envisager ce collier d'éducation. N'hésitez pas à demander conseil à votre vétérinaire.

Un collier d'un nouveau genre : le « halti »

Le licol ou « halti » ressemble au licol que l'on utilise pour les chevaux. Il permet de maîtriser le chien en exerçant une traction sur le museau et non sur le cou. Lorsque le chien tire, son museau et sa tête se tournent dans votre direction. Il ne s'agit pas d'une muselière puisque le chien peut aboyer, boire, manger, etc.

Si le collier étrangleur semble plus menaçant, le licol a un côté plus sécurisant, du moins pour nous, car il suscite la réaction inverse chez le chien (et c'est lui qui compte). S'il accepte volontiers le collier étrangleur, il s'oppose vigoureusement au halti, du moins au début.

Ce type de collier convient aux chiens nerveux, craintifs, timides ou hyperactifs et aux personnes de petite taille qui ont de gros chiens, mais aussi les personnes âgées et les personnes handicapées.

Tableau 6.4 : Pour et contre des licols

Avantages	Inconvénients
En vente dans les animaleries et sur catalogue	Dangereux pour le cou du chien
Assez bon marché	Instrument de transition seulement
Ne requiert pas une grande force	Le chien n'apprend pas. Lorsqu'on lui retire, il reprend ses mauvaises habitudes

C'est la nature même du licol qui en fait un outil dangereux. Comme il contrôle la tête, un geste brusque du chien ou du maître risque de blesser le cou du chien. De ce point de vue, le principe du licol est différent de celui des chevaux. Comme la personne qui tient le licol est en principe plus petite que le cheval, le contrôle de la tête est exercé par le dessous.

À l'inverse, comme le maître est souvent plus grand que son chien, toute traction se fera par le dessus, et parfois sur le côté en même temps, et vous risquez de le blesser. Qui plus est, il a tendance à avoir un effet décourageant pour le chien. Ce qui est paradoxal, c'est que ce collier est plus dangereux que le collier ressemblant à un instrument de torture.

Enfin, le collier licol n'est qu'un outil de transition en ce sens qu'il n'apprend pas au chien à se corriger. Dès que vous lui enlèverez, il reprendra aussitôt ses mauvaises habitudes.

Friandises et autres jouets : un sérieux atout pour réussir votre éducation

Il est des situations où les friandises s'avèrent être les outils éducatifs les plus efficaces. Si votre chien n'est pas très gourmand, voir chapitre 2 pour la définition de *l'objet d'attraction*.

Vous pouvez les utiliser de deux façons suivantes :

- **Pour récompenser le chien** : dans ce cas, ne montrez pas la friandise ou le jouet au chien qui ne sait pas s'il va l'avoir ou non. Si vous dites à Oscar « Couché » et qu'il s'allonge, il n'aura pas forcément de récompense.

    Quand vous inculquez un ordre précis à votre chien, il est important de lui donner la friandise dès qu'il a obéi de façon à ce qu'il comprenne qu'on le récompense pour cette action précise. Si vous farfouillez partout pour la retrouver et que vous lui donnez quand il se relève, vous le récompensez parce qu'il se met debout, ce qui n'est pas ce que vous vouliez au départ.

- **Pour l'inciter à obéir à un ordre** : dans ce cas précis, vous lui montrez la friandise ou l'objet pour l'inciter à se coucher, et s'il obéit, il l'obtient. Si vous l'utilisez en revanche pour l'encourager à faire quelque chose, c'est le chien qui décide s'il aura la friandise ou non, ce qui n'est pas souhaitable.

Si vous utilisez les friandises comme récompense ou comme leurre, vous devez décider de l'endroit où vous allez les mettre. Certaines personnes utilisent un petit sac ou la poche d'un pantalon. Tout est bon pourvu que vous n'oubliez pas que dès que vous bougerez la main, votre chien gardera l'œil sur l'endroit où la friandise se trouve. Peu importe l'endroit choisi, il faut que vous puissiez l'atteindre rapidement pour récompenser le comportement désiré. Si vous n'êtes pas assez rapide, Oscar aura le temps de faire quelque chose que vous ne voulez pas récompenser, et vous ne pourrez donc pas renforcer le bon comportement. Vous pouvez aussi en conserver quelques-unes dans la main pendant un exercice.

Trouver la bonne friandise

Préférez les aliments secs ou demi-secs aux aliments humides. On en trouve aussi bien en grandes surfaces que dans les animaleries. Attention en revanche au taux de sel ou de sucre qu'elles contiennent si vous ne voulez pas faire une entorse au régime de votre chien. Essayez différentes saveurs et textures pour savoir ce qu'il aime et ce qui le fait réagir dans le bon sens. Il est inutile d'éduquer un chien avec des aliments qu'il n'aime pas. Enfin, cette technique ne sera pas efficace si Oscar vient de manger.

Que faire si mon chien boude les friandises ?

Les chiens peu gourmands seront moins réceptifs à un biscuit qu'à l'un de leurs jouets préférés (balle, pierre, bâton). Si tel est le cas, optez pour ce type d'objet à condition qu'il ne devienne pas une gêne pendant l'exercice.

Katharina, notre berger allemand, boudait les friandises pendant ses séances d'apprentissage. Plus réceptive à la vue d'un bâton ou de l'un de ses jouets, nous avons donc opté pour un objet (voir au chapitre 2 la définition d'un objet d'attraction).

Chapitre 7
Les règles élémentaires du savoir-vivre

Dans ce chapitre :
▶ Du bon usage de la laisse
▶ Inculquer les ordres de base : Assis et Pas Bouger
▶ Empêcher Oscar de se ruer vers la porte
▶ Bien se tenir à table

Comment puis-je empêcher mon chien de sauter systématiquement sur les invités ? Voilà une question que l'on nous pose souvent. C'est pourtant leur façon à eux de nous dire « Salut, content de te voir ! »

Et à chaque chien sa façon d'exprimer sa joie. Bean, notre labrador, se jetait littéralement sur nous après avoir pris un élan certain. Quant à Cece, notre teckel, elle sautait nerveusement en nous égratignant les jambes. C'est vous dire si aucun de ces comportements n'était acceptable…

Pour un chien, il s'agit d'un geste chaleureux, une manière de montrer à l'objet de son affection à quel point il est content de le voir. En fait, il saute littéralement de joie. Vous pouvez lui apprendre à ne pas accueillir vos invités d'une manière aussi turbulente, mais n'allez pas le punir parce qu'il est content de vous voir.

Plus gênant encore, certains chiens ont la fâcheuse manie de renifler certaines parties de notre anatomie. Si c'est un comportement normal pour un chien (il utilise sa truffe pour identifier le rang dans la hiérarchie et l'âge des autres chiens qu'il rencontre), il faut lui faire comprendre qu'il existe des moyens moins inquisiteurs d'obtenir ces informations des êtres humains.

Alors comment l'aider à mettre fin à ces comportements sans miner son enthousiasme ? En lui apprenant à obéir aux ordres « Assis » et « Pas bouger ». Votre chien sera incapable de sauter sur vous s'il est assis.

Il faut également lui inculquer un mot qui le libère et lui indique qu'il peut de nouveau se déplacer après avoir été sommé de ne « Pas bouger ». Si vous ne le libérez pas après un moment raisonnable, il le fera de lui-même, et vous aurez de plus en plus de peine à le garder dans cette position. Nous utilisons le mot « C'est bon » ou « OK fini » qui signifie en fait « C'est bon, tu peux bouger maintenant. »

Première étape : la promenade en laisse

La plupart des chiens acceptent volontiers la laisse, mais pour certains, et surtout les chiots, il faut un peu de temps pour s'y habituer. Si vous ne l'avez jamais promené en laisse, il faut vous y mettre dès maintenant.

Attachez la laisse à la boucle de son collier d'éducation (voir chapitre 6) et laissez-le la promener. Surveillez-le en même temps pour qu'il ne s'emmêle pas les pattes ou qu'il la morde. Procédez ainsi plusieurs jours de suite. Une fois qu'il ne prête plus attention à la laisse, prenez l'autre extrémité et suivez-le dans un premier temps là où il lui plaira.

Maintenant, c'est à votre tour de lui montrer où vous souhaitez l'emmener. Commencez par utiliser une friandise pour l'inviter à vous suivre, puis guidez-le gentiment avec la laisse, tout en le félicitant. Si vous lui apprenez à l'extérieur, utilisez la friandise pour l'amadouer et l'inciter à sortir puis guidez-le avec la laisse pour le faire revenir vers la maison. Avant même que vous ne vous en rendiez compte, il saura non seulement marcher en laisse dans votre direction, mais en plus il vous traînera. Rendez-vous au chapitre 8 pour apprendre à votre chien à ne pas tirer.

Les chiots sont parfois réticents à l'idée de sortir de la maison, même pour une petite friandise. Si tel est le cas, portez votre chiot jusque dans le jardin et posez-le à terre. Il vous remmènera aussitôt à la maison. (Le chapitre 8 vous donnera plus de détails sur l'apprentissage de la laisse.)

Les ordres de base

Pour que votre chien devienne un compagnon calme et sociable, il est essentiel qu'il maîtrise les ordres suivants :

- Assis
- Pas bouger
- Ça va

- Couché
- Au panier

« Assis, pas bouger »

L'ordre « Assis, pas bouger » est l'un des ordres les plus simples et les plus utiles que vous puissiez apprendre à votre chien. Il n'y a pas mieux pour le contrôler quand vous en avez vraiment besoin. C'est aussi un ordre que vous pouvez travailler rapidement ensemble.

Ne sous-estimez pas l'importance du « Assis, pas bouger », car c'est celui qui permettra à Oscar de ne plus sauter sur Mamie à son arrivée et de ne plus se ruer dans la rue dès que la porte s'ouvre.

Utilisez l'ordre « Assis, pas bouger » quand vous voulez que votre chien se tienne tranquille à un endroit précis. Kaiser, notre berger allemand, était si excité quand Jane était sur le point de le nourrir qu'il en faisait voler sa gamelle. Après avoir appris « Assis, pas bouger », il est devenu un parfait gentleman.

Faire asseoir votre chien : l'étape la plus simple

Apprendre à son chien à s'asseoir sur commande n'est pas très compliqué. Voyez plutôt :

1. **Montrez à votre chien une petite friandise et maintenez-la juste devant ses yeux, légèrement au-dessus de la tête.**

2. **Dites « Assis » au moment où vous déplacez la main au-dessus de ses yeux.**

   Quand votre chien regarde en l'air vers la friandise, il doit s'asseoir.

3. **Lorsqu'il s'assied, donnez-lui la friandise et félicitez-le.**

   Félicitez-le tout en évitant de le caresser en même temps pour ne pas qu'il ait envie de se relever. Dites par exemple « C'est bien » ou « Bon chien » d'une voix agréable. Donnez-lui sa récompense pour avoir obéi pendant qu'il est assis. Comprenez bien, si votre chien se lève et que vous lui donnez la friandise, il comprendra que vous le récompensez parce qu'il s'est mis debout.

   Quand vous pratiquez cet exercice, placez votre main à environ 5 cm au-dessus de sa tête. Si elle est trop haute, il sautera, si elle est trop basse, il refusera de s'asseoir.

4. **Si votre chien refuse de s'asseoir, répétez le mot « Assis » et placez-le vous-même en position assise en posant la main gauche sous sa queue et derrière ses genoux, et la main droite sur le poitrail (voir chapitre 2).**

5. **Ne bougez pas les mains et comptez jusqu'à cinq avant de lui donner la friandise.**

6. **Pratiquez cet exercice cinq fois au cours d'une séance cinq jours de suite.**

   Certains chiens comprennent tellement vite qu'ils s'assoient devant leur maître dès qu'ils ont envie d'une petite douceur…

Faire asseoir votre chien sur commande : deuxième étape

Une fois que votre chien a compris la signification du mot « Assis », vous pouvez lui apprendre à vous obéir sur commande.

1. **Mettez la friandise dans la main droite et gardez-la sur le côté.**

2. **Glissez un doigt de la main gauche à travers son collier, la paume vers le haut et dites-lui de s'asseoir.**

   S'il s'assied, donnez-lui sa friandise et félicitez-le en enlevant la main du collier. S'il refuse, tirez un peu sur le collier vers le haut et attendez jusqu'à ce qu'il s'asseye, puis félicitez-le et récompensez-le avec la friandise.

3. **Répétez l'exercice jusqu'à ce qu'il s'asseye sur commande, c'est-à-dire sans que vous ayez besoin de tirer ou de toucher le collier.**

4. **Donnez-lui sa friandise et félicitez-le chaque fois qu'il obéit, en le maintenant dans cette position jusqu'à cinq.**

Une fois l'ordre bien assimilé, donnez-lui friandise une fois sur deux. Pour terminer, félicitez-le et récompensez-le de façon aléatoire s'il a correctement exécuté l'ordre. En le récompensant de façon aléatoire, vous renforcez ce qu'il a appris.

Désormais, vous pouvez demander à Oscar de s'asseoir quand il s'apprête à sauter sur vous pour vous dire bonjour. S'il obéit, félicitez-le, grattez-lui le menton et libérez-le. Si vous répétez l'exercice régulièrement, le chien finira par s'asseoir pour que vous le caressiez au lieu de sauter.

Pas bouger

Pour parfaire son éducation, Oscar doit assimiler l'ordre « Assis, pas bouger », mais plus seulement à la maison : partout où vous allez. S'il a bien assimilé le « Assis », vous ne devriez avoir aucun mal à lui inculquer le « Pas bouger ».

Le temps que vous passerez et le nombre de séances qui seront nécessaires pour qu'il progresse dépendent de son profil (voir chapitre 5). Combien de temps faut-il passer pour chaque séance ? Disons, tant que le chien, et vous, y prenez plaisir. Vous pouvez également répéter plusieurs exercices au cours d'une même séance : « Assis, pas bouger », « Couché », « Marcher en laisse sans tirer » et « Au pied ». Quoi que vous fassiez, ne brûlez surtout pas les étapes et attendez qu'Oscar maîtrise parfaitement l'exercice précédent.

Voici les étapes à suivre pour l'ordre « Assis, pas bouger » :

1. **Votre chien assis à votre gauche, l'un en face de l'autre en regardant dans la même direction (position appelée « Au pied »), attachez la laisse à la boucle de son collier.**

   Pour la position « Au pied », la tête et l'épaule du chien doivent être alignées par rapport à votre hanche ou votre genou gauche, chacun regardant dans la même direction.

2. **Placez la bride de la laisse sur votre pouce gauche et repliez-la en forme d'accordéon dans la main.**

   Tenez la main aussi près que possible du chien. Si elle est trop éloignée, vous aurez du mal à le contrôler.

3. **Tirez légèrement sur le collier, juste assez pour lui montrer qu'il y a un peu de tension à cet endroit-là mais sans que cela le gêne.**

4. **Dites « Pas bouger » et faites le signe qui accompagne l'ordre : un mouvement de la main droite, paume face au chien, qui s'arrête devant le museau du chien, puis replacez la main le long du corps (voir figure 7.1).**

Figure 7.1 : Le signal de la main « Pas bouger ».

Tenez vous aussi droit que possible et ne vous penchez pas vers le chien. Avant de vous éloigner de lui, n'oubliez pas de replacer la main droite le long du corps.

5. Faites un pas à droite, tout en maintenant une certaine pression sur le collier, comptez jusqu'à 10, revenez vers votre chien, relâchez la tension, félicitez-le et libérez-le en avançant de quelques pas.

6. Recommencez, en faisant cette fois un pas face au chien, comptez jusqu'à 10 et replacez-vous en position « Au pied ». Relâchez la tension, félicitez votre chien et libérez-le.

7. Votre chien en position « Au pied », placez les anneaux du collier d'éducation sous le menton de votre chien et attachez la laisse à la boucle fixe du collier.

8. Pliez soigneusement la laisse en accordéon dans la main gauche et placez-la contre la boucle de votre ceinture en laissant 30 cm de mou à la laisse.

9. Annoncez l'ordre « Pas bouger » et faites le signe correspondant, puis placez-vous à 30 cm face au chien, en maintenant votre main gauche contre la boucle de votre ceinture, la main droite sur le côté, paume ouverte, face au chien.

Si vous voyez que votre chien n'est plus très attentif, il y a des chances qu'il bouge. Vous le remarquerez s'il commence à regarder autour de lui et qu'il fixe autre chose que vous. Dès que son attention diminue, renforcez l'ordre « Pas bouger » en donnant un petit coup sec sur la laisse de la main droite. Ne dites rien mais souriez-lui une fois qu'il est en position. Replacez la main droite sur le côté.

S'il est sur le point de bouger ou qu'il tente de le faire, faites un pas vers votre chien avec le pied droit et avec la main droite, donnez un petit coup sec sur la laisse directement au-dessus de la tête. Ramenez le pied droit et la main droite vers vous sans répéter le « Pas bouger ». Comptez jusqu'à 30 et pivotez de nouveau à la droite de votre chien. Comptez jusqu'à 5, félicitez-le et libérez-le.

Le temps que vous compreniez qu'Oscar va bouger, il risque d'être trop tard pour renforcer l'ordre « Pas bouger ». S'il bouge, sans dire un mot, ramenez-le à l'endroit où il était censé se trouver, placez-vous devant lui, comptez jusqu'à 10, replacez-vous en position « Au pied », comptez jusqu'à 5 et libérez-le. Répétez l'exercice à chaque séance jusqu'à ce qu'il soit parfaitement assimilé.

Chapitre 7 : Les règles élémentaires du savoir-vivre

Le jeu du « Assis, pas bouger »

Les fois suivantes, la laisse fixée sur la boucle fixe du collier, vérifiez que votre chien a bien compris l'ordre « Pas bouger », en attendant plus longtemps et en augmentant la distance :

1. **D'abord en position « Au pied », votre main gauche tenant la laisse et placée contre la boucle de votre ceinture, dites « Pas bouger » et faites le signe correspondant, sans exercer de tension sur la laisse.**

2. **Pivotez légèrement la main gauche vers le bas, le long du corps, pour exercer une petite tension sur la laisse.**

    On appelle cela le test « Assis, pas bouger ». Si votre chien fait mine d'avancer vers vous, renforcez le « Pas bouger » de la main droite. Répétez l'exercice trois fois, en augmentant la tension jusqu'à ce que le chien résiste.

    La tension exercée doit être proportionnelle à la taille et au poids de votre chien, en d'autres termes, si vous exercez la même tension sur votre labrador que s'il s'agissait d'un petit terrier, vous n'obtiendrez pas les résultats escomptés.

    Pour le test « Assis, pas bouger », faites une rotation vers le bas du poignet gauche. Maintenez la tension quelques secondes puis relâchez-la doucement. Ce que vous recherchez ici, c'est la résistance du chien. À partir de maintenant, faites ce test rapide avant de vous exercer au « Assis, pas bouger ». Et n'oubliez pas de le libérer en fin d'exercice.

3. **En position « Au pied », placez-vous à environ 1 mètre face au chien.**

    Le but est qu'il ne bouge pas pendant 1 minute. S'il bouge, renforcez l'ordre « Pas bouger ».

4. **Placez-vous maintenant à environ 2 mètres face au chien, au bout de la laisse.**

Il faut pratiquer cet exercice régulièrement sans que cela ne finisse toutefois par vous ennuyer tous les deux. Une fois qu'Oscar aura compris ce que vous voulez, une ou deux fois par semaine suffiront. Commencez par le petit test « Assis, pas bouger » pour lui rafraîchir la mémoire. Quand vous aurez confiance en lui en laisse, tentez l'exercice sans la laisse dans un endroit sûr. D'abord à 1 mètre face à lui, puis en augmentant progressivement la distance mais aussi la durée de l'attente.

Le mot magique pour libérer votre chien

Nous utilisons les mots « OK fini » ou « C'est bon ». Quand il les entend, il comprend qu'il peut de nouveau se déplacer et faire ce qu'il veut. Pensez toujours à lui dire le mot magique après lui avoir demandé de ne pas bouger. Si vous êtes un peu trop laxiste ou si vous oubliez, il prendra l'habitude de se libérer de lui-même et il faudra tout recommencer…

Oscar doit apprendre à faire la différence entre le fait d'être félicité pour un ordre correctement exécuté et être libéré. Quand vous le félicitez, cela ne signifie pas qu'il peut bouger. Vous dites « Tu es un bon chien » quand il obéit correctement à un ordre. Le féliciter verbalement n'est pas la même chose que le caresser. Vous le libérez une fois que l'exercice est terminé.

Prenez très vite l'habitude de ne prononcer qu'une fois un ordre. Si le chien n'obéit pas du premier coup, faites-lui comprendre ce que vous voulez sans répéter l'ordre. En le répétant, vous lui apprenez en réalité à vous ignorer.

Apprendre à votre chien à se coucher

Votre chien sait bien entendu s'allonger, mais vous pouvez lui apprendre à le faire sur votre demande. On utilise le mot « Couché » pour qu'il se couche effectivement à l'endroit indiqué, immédiatement, et qu'il reste dans cette position jusqu'à ce que vous le libériez.

Suivez les étapes qui suivent pour vous aider. Si vous lui avez déjà appris le couché long, il comprendra vite celui-ci (voir chapitre 2).

1. **Votre chien doit être assis à votre gauche. La friandise dans la main droite, glissez un ou deux doigts de la main gauche, paume vers vous, sous son collier.**

   Présentez-lui la friandise sous le museau tout en exerçant une légère pression sur le collier et en lui disant « Couché ».

2. **Lorsqu'il est couché, donnez-lui sa friandise et félicitez-le chaleureusement.**

   Gardez la main gauche sous le collier et la main droite hors de la vue d'Oscar tout en lui disant à quel point il est un chien merveilleux de façon à ce qu'il apprenne que vous le félicitez parce qu'il est couché. Si vous avez un petit chien, vous pouvez pratiquer cet exercice sur une table. Si Oscar ne se montre pas très coopératif, consultez le chapitre 2 pour le placer vous-même dans la position voulue.

3. **Cette fois, présentez-lui la friandise juste au-dessus de la tête en exerçant une petite pression sur le collier vers le haut en lui demandant de s'asseoir.**

Répétez l'exercice cinq fois de suite pendant cinq jours ou jusqu'à ce qu'il le fasse sur commande avec une pression minimale sur le collier. Félicitez-le et offrez-lui une friandise à chaque fois qu'il a bien exécuté l'ordre.

4. **Asseyez le chien à votre gauche et glissez deux doigts de la main gauche, paume vers vous, sous le collier.**

    Gardez la friandise dans la main droite ramenée le long du corps.

5. **Annoncez « Couché » et exercez une légère pression sur le collier.**

    Lorsqu'il se couche, félicitez-le et donnez-lui une friandise une fois sur deux. Pratiquez l'exercice plusieurs jours jusqu'à ce qu'il se couche sur commande sans pression sur le collier.

Apprenez-lui à se coucher sur commande sous forme de jeu. Appâtez-le avec la friandise et d'une voix enjouée, dites-lui : « Couché » puis donnez-lui la friandise. Les fois suivantes, donnez-lui de façon aléatoire quand il s'assied sur commande.

Si le « Assis, pas bouger » n'est utilisé que pour une courte période, le « Couché, pas bouger » sera utilisé plus longtemps, notamment comme exercice de sécurité pour arrêter Oscar où qu'il soit. Imaginez qu'il se trouve de l'autre côté d'une route, qu'il vous voit et qu'il s'apprête à la traverser au moment où une voiture arrive. Grâce à cet exercice, il ne traversera pas et vous attendrez que la voiture soit passée pour le rappeler.

L'objectif de l'ordre « Couché, pas bouger » est que le chien obéisse, qu'il soit près de vous ou à quelques mètres. Il ne vous verra pas si vous pointez le doigt vers le sol de loin, alors il est important que vous l'habituiez à obéir à un ordre verbal. Et c'est dans cette position qu'il y a le moins de chance pour qu'il bouge. Même s'il vous semble difficile au premier abord, cet exercice n'est pas très compliqué, et il est important que vous puissiez être capable d'arrêter votre chien en cas de danger.

Au panier !

Cet ordre vous sera utile pour envoyer Oscar à un endroit précis où il restera le temps que vous le libériez. Notamment au moment des repas ou lorsque vous avez de la visite et que vous n'avez pas envie qu'il dérange vos invités.

Choisissez l'endroit où vous voulez qu'il se tienne, son panier, son parc, sa chaise ou son fauteuil préféré, etc.

1. **Cela peut être également une couverture, un coussin, si vous devez le changer de place de temps en temps.**

    Prenons l'exemple du panier.

2. **Emmenez Oscar vers son panier et dites-lui : « Au panier » ou « Couché là ».**

   Vous aurez peut-être besoin d'une petite friandise pour l'amadouer.

3. **Lorsqu'il se couche dans le panier, félicitez-le, donnez-lui sa friandise, comptez jusqu'à 5 et libérez-le.**

4. **Recommencez jusqu'à ce qu'il le fasse de lui-même.**

5. **Maintenant, mettez-vous à 1 mètre de son panier, donnez-lui l'ordre « Couché là » ou « Au panier » et appâtez-le avec une friandise.**

6. **Félicitez-le quand il se couche, offrez-lui sa friandise, comptez jusqu'à 10 et libérez-le.**

7. **Recommencez plusieurs fois en retardant progressivement le moment où vous le félicitez, en comptant d'abord jusqu'à 10 pour arriver jusqu'à 30.**

   Il est temps d'arrêter l'exercice, Oscar en a assez et vous aussi, vous y reviendrez plus tard.

Au cours de la séance suivante, revoyez deux ou trois fois de suite ce qui a été vu précédemment puis placez-vous à environ 1 mètre de lui. Sans bouger, faites-lui signe d'aller à son panier. Avec un peu de chance, il se dirigera effectivement vers son panier et se couchera. Si c'est le cas, félicitez-le chaleureusement et donnez-lui une friandise. S'il se contente de vous regarder d'un air béat sans bouger, glissez un doigt sous le collier et guidez-le vers son panier. Une fois qu'il est couché, félicitez-le et n'oubliez pas de le récompenser. S'il le faut, répétez l'exercice jusqu'à ce qu'il comprenne et qu'il obéisse.

Une fois l'ordre assimilé, augmentez progressivement la distance entre le panier et vous, et faites-le attendre de plus en plus longtemps (jusqu'à 30 minutes). S'il se lève sans que vous l'y ayez invité, remmenez-le à son panier (toujours un doigt glissé sous le collier).

L'ordre « Couché, pas bouger », bien que pratique, n'est pas des plus amusants, alors essayez de faire en sorte qu'il soit un peu moins rébarbatif pour vous comme pour lui.

Vous devez le libérer dès qu'il peut de nouveau se déplacer. Si vous oubliez, il risque de prendre l'habitude d'en partir de lui-même et l'exercice perdra tout son sens.

Lui faire perdre l'habitude de se ruer vers les portes

Si elle est presque aussi gênante que sa façon d'accueillir les visiteurs, cette fâcheuse manie d'Oscar de se ruer vers la porte dès qu'elle s'ouvre, de monter et descendre les escaliers devant ou derrière vous, de sauter dans ou hors de la voiture sans y avoir été invité n'en est pas moins dangereuse. Pourquoi ? Parce que votre chien peut se retrouver au milieu de la route et se faire renverser. Parce qu'il peut aussi vous faire tomber dans l'escalier ou vous faire basculer.

Pour éviter ce genre d'accident, apprenez à Oscar à s'asseoir et à se tenir tranquille pendant que vous ouvrez une porte et à attendre votre permission pour qu'il sorte lui aussi.

Apprendre les bonnes manières dans les escaliers

Une fois l'ordre « Assis, pas bouger » assimilé, enseignez-lui les bonnes manières aux portes.

1. **Attachez votre chien et revoyez le test « Assis, pas bouger » expliqué au paragraphe « Apprendre les ordres de base » plus haut dans ce chapitre.**

2. **Repliez soigneusement la laisse dans la main gauche et approchez-vous de la porte fermée que vous utilisez habituellement pour le faire sortir.**

    Suivez la même procédure que dans l'étape 1 du « Assis, pas bouger ». Placez-vous de façon à ce que vous puissiez ouvrir la porte sans que le chien ne puisse sortir.

3. **En exerçant une légère pression vers le haut sur le collier, dites à Oscar de s'asseoir et ouvrez la porte.**

    Quand vous relâchez la tension, il doit en principe rester où il est. Si ce n'est pas le cas, exercez une légère pression vers le haut, fermez la porte et tentez à nouveau.

4. **Une fois qu'il ne bouge plus quand la porte s'ouvre, et sans pression sur la laisse, sortez doucement.**

    S'il essaie de vous suivre, donnez un petit coup sec sur la laisse pour lui rappeler de ne pas bouger. Recommencez jusqu'à ce qu'il ne bouge plus de lui-même.

5. Passez la porte et libérez-le pour qu'il puisse vous suivre.
6. Recommencez toute la séquence sans laisse, en reprenant depuis le début.

Un geste signifie bien plus qu'un mot pour un chien, alors ne bougez pas quand vous le libérez. Pour cet exercice, il ne faut pas qu'il associe votre geste au fait d'être libéré. Les chiens ont également conscience du temps, alors variez le temps d'attente avant de le libérer.

Peu importe que ce soit vous ou le chien qui passez la porte le premier, l'essentiel est qu'il ne bouge pas tant que vous ne l'avez pas libéré. Exercez-vous sur des portes que le chien utilise régulièrement, y compris celles de la voiture. Chaque fois que vous le faites asseoir et ne pas bouger, vous renforcez votre position de chef de meute.

Si vous avez des escaliers, commencez par apprendre à Oscar à rester en bas le temps que vous montiez. Faites-le asseoir et demandez-lui de ne pas bouger. S'il essaie de vous suivre, faites-le redescendre et recommencez. Répétez l'exercice jusqu'à ce que vous puissiez monter en haut de l'escalier et qu'il soit capable d'attendre votre signal en bas sans bouger. Faites la même chose pour descendre les escaliers.

Une fois qu'Oscar sera capable d'attendre en haut ou en bas des escaliers, il saura également quand il peut se libérer. Il sautera ou il montera au moment où vous vous apprêterez à dire le mot magique. À la longue, il aura de plus en plus de mal à attendre et il finira par se libérer quand bon lui semble.

Si cela se produit, quelques semaines ou quelques mois plus tard, arrêtez ce que vous êtes en train de faire et remettez-le à sa place. Utilisez les escaliers, tournez-vous, comptez jusqu'à 10 et libérez-le. Ne le laissez surtout pas prendre cette habitude.

Quand les invités arrivent

Oscar sait maintenant s'asseoir et ne pas bouger quand vous ouvrez la porte. Mais sera-t-il capable d'obéir lorsque la sonnette va retentir ou que quelqu'un va frapper à la porte ? Si votre chien est un peu comme le nôtre, la sonnette déclenche systématiquement une avalanche d'aboiements intempestifs. Même si c'est rassurant pour nous qu'il adopte cette attitude protectrice, on aimerait quand même qu'il puisse s'asseoir et rester tranquille le temps d'aller ouvrir la porte.

Pour vous aider, faites appel à l'un de vos voisins ou un ami pour sonner à la porte.

1. **Mettez-vous d'accord sur une heure et attachez votre chien.**

   Lorsque la sonnette retentit et qu'Oscar s'en donne à cœur joie, dites « Assis, pas bouger ».

2. **Commencez à ouvrir la porte, et dès que le chien se lève, vous n'y échapperez pas, renforcez l'ordre « Assis, pas bouger » en tirant d'un petit coup sec sur la laisse.**

   Si Oscar est particulièrement énervé, vous devrez peut-être utiliser la boucle de son collier d'éducation avant qu'il ne vous prenne au sérieux. Les chiens plus calmes comprennent après deux ou trois tentatives.

3. **Quand Oscar ne bouge plus, ouvrez la porte et faites entrer votre complice.**

   À ce stade, Oscar aura probablement envie de lui dire bonjour. Alors, une fois encore, renforcez l'ordre « Pas bouger » et faites approcher votre ami(e), sa main tendue vers lui.

4. **Laissez Oscar lui sentir la main puis demandez à votre ami de l'ignorer.**

   Restez près du chien au cas où il faudrait renforcer le « Assis, pas bouger ».

5. **Recommencez plusieurs fois l'exercice jusqu'à ce qu'Oscar soit fiable et qu'il obéisse parfaitement à l'ordre quand vous ouvrez la porte.**

   N'oubliez pas de le libérer.

La technique est la même pour apprendre à Oscar à ne pas sauter sur les gens. Alors, suivez cette même procédure étape par étape et s'il veut sauter sur votre convive, renforcez le « Pas bouger » en tirant d'un petit coup sec sur la laisse. Au bout de plusieurs séances, Oscar devrait être prêt pour tenter l'expérience sans laisse. Ce qui est essentiel pour contrôler votre chien, c'est que votre « Assis, pas bouger » soit convaincant.

Ceci dit, demandez aussi à vos invités de ne pas énerver Oscar en le caressant un peu trop chaleureusement ou en l'invitant avec insistance à jouer avec eux. Plus calme il sera, mieux ce sera pour tout le monde. Le meilleur moyen de dire bonjour à un chien à qui on a appris le « Assis, pas bouger » est de le laisser vous renifler la main et de le gratter éventuellement sous le menton. Les chiens, comme les enfants, n'aiment pas qu'on les caresse sur la tête.

Attention aux inflexions de voix

Donnez les ordres d'une voix normale. Vous dites « Assis ! », vous ne posez pas une question, il s'agit d'un ordre.

Lorsque vous le libérez, utilisez un ton plus enjoué « C'est bien ! »

Le chien ayant une ouïe particulièrement fine, inutile de crier quand vous lui donnez un ordre. En fait, plus vous parlerez doucement, plus le chien vous écoutera.

Quand vous apprenez un nouvel ordre à votre chien, vous serez peut-être contraint de lui répéter plusieurs fois au début pour qu'il le comprenne. Les séances suivantes, apprenez-lui à obéir au premier ordre donné. Si rien ne se passe, montrez-lui ce que vous attendez de lui en l'aidant.

Bien se tenir à table

C'est à vous d'apprendre à Oscar à ne rien réclamer, alors retenez une chose : ne lui donnez rien quand vous êtes à table. C'est plus facile à dire qu'à faire, surtout si vous êtes plusieurs à la maison. Qui plus est, ne sous-estimez pas Oscar, il est parfaitement capable de vous éduquer !

Chaque fois que vous récompensez les efforts d'Oscar en lui donnant une friandise à table, vous lui apprenez l'inverse de ce que vous voulez.

Quand Oscar n'était encore qu'un chiot, tout le monde lui glissait de temps en temps un petit morceau à table. Mais il a maintenant 6 mois, il est presque adulte, et il vous sollicite de plus en plus. Vous en avez un peu assez et ce comportement est d'autant plus gênant quand vous recevez des invités, alors tout le monde veut évidemment mettre un terme à tout cela.

D'abord, Oscar ne vous prend pas au sérieux, après tout, c'est vous qui avez commencé. Il utilise alors tout ce qui est en son pouvoir pour vous attendrir : il s'assied, il vous gratte le bras, il pose le museau sur votre jambe ou il couine comme s'il mourait de faim et dans un élan de compassion, vous cédez.

Évidemment, vous vous laissez de moins en moins attendrir, mais chaque fois que vous cédez, vous l'invitez à recommencer, alors il n'a pas du tout envie de renoncer. Si vous y réfléchissez bien, c'est vous qui encouragez ce comportement dont vous voulez à tout prix vous débarrasser.

Si vous cessez de le récompenser pour ce comportement non désiré (réclamer à manger), il finira par arrêter. Si vous ne cédez plus, ses efforts vont s'épuiser jusqu'à ce qu'il arrête définitivement, à condition bien sûr qu'il n'y ait pas le moindre petit écart. Dans le jargon technique, on dit que vous avez éteint le comportement non désiré en refusant de le récompenser.

Pour vous épargner tous ces désagréments, pensez plutôt à lui inculquer l'ordre « Au panier ! » pour manger enfin en paix (voir « Au panier » plus haut dans ce chapitre).

Chapitre 8

En promenade : la marche, le rappel et le « Pas toucher »

. . . .

Dans ce chapitre :

▶ Emmener Oscar en promenade
▶ Le rappel
▶ L'ordre « Pas toucher ! »

. . . .

Rien de tel que d'emmener son chien faire une longue promenade pour se détendre et faire un peu d'exercice, mais encore faut-il que ce ne soit pas lui qui vous promène en vous remorquant dans la rue... Pour que cette balade ne se transforme pas en corvée, apprenez à Oscar à marcher sans tirer sur la laisse.

On rêve tous de promener son chien en laisse et qu'il reste à ses côtés sans tirer. Sans compter que cette petite promenade quotidienne est le seul moyen pour lui de prendre l'air.

Son rêve à lui, c'est de pouvoir se défouler au parc ou en forêt mais, pour avoir ce privilège, encore faut-il qu'il soit capable de revenir quand vous l'appelez. Vous pouvez donc lui apprendre l'ordre « Viens » en jouant au jeu du rappel.

Et pourquoi ne lui apprendriez-vous pas dans la foulée le « Pas toucher ! » qui ordonne au chien de ne pas s'attarder sur un objet. L'objet de son attention pouvant être un chat, un chien, une personne ou un objet à terre. Cet ordre s'avère par ailleurs utile lorsque Oscar aperçoit quelque chose de peu ragoûtant (pour nous) à manger.

La promenade d'Oscar

Même si vous n'avez pas l'habitude de le promener, un chien bien éduqué est capable de marcher en laisse sans vous étirer les bras ou vous remorquer. Vous l'emmenez malgré tout une fois par an chez le vétérinaire ? Alors, s'il a appris à marcher en laisse, cette visite devrait être plus agréable que s'il saute au bout de sa laisse tel un kangourou ! Si votre chien n'est pas habitué à la laisse, consultez le chapitre 7.

Si votre chien tire sur la laisse, c'est qu'il est plus sensible aux odeurs et aux objets qui l'entourent qu'à vous. Votre tâche consiste donc à lui rappeler que vous êtes au bout de la laisse et que c'est vous le chef !

C'est vous qui le promenez, pas lui

Pour lui apprendre à ne pas tirer, vous avez besoin de son collier d'éducation, de sa laisse et de quelques friandises. Emmenez-le là où il ne risque pas d'être trop distrait, ce n'est vraiment pas le moment de rencontrer d'autres personnes ou d'autres chiens (surtout ceux qui ne sont pas attachés), et où vous pouvez marcher en ligne droite ou en formant un cercle (de 10 mètres de diamètre environ).

Suivez les étapes suivantes :

1. **Placez la bride de la laisse sur le pouce de la main droite et refermez-la.**

2. **Mettez la main gauche directement sous la droite.**

    Tenez la laisse des deux mains comme si vous teniez une batte de base-ball.

3. **Dites « On y va » et commencez à marcher.**

4. **Juste avant qu'il n'atteigne le bout de la laisse, dites « Oscar, doucement », faites un quart de tour sur la droite et marchez dans le sens opposé.**

    Par mesure de précaution, ne glissez pas la main entière dans la bride de la laisse ou ne l'enveloppez pas autour de la main. Si vous relâchez votre attention et que votre chien part en courant, il risque de vous faire tomber. Si la bride est posée sur le pouce, vous pouvez la laisser partir, elle se détachera.

5. **L'étape 2 produit une traction sur le collier et le dirige dans une nouvelle direction.**

    Lorsque votre chien vous rejoindra en gambadant, félicitez-le chaleureusement et donnez-lui une friandise. Il sera à nouveau devant vous en un clin d'œil et il faudra recommencer. Quand vous vous tournez, faites-le avec détermination, les mains bien rentrées dans la boucle de votre ceinture. Marchez dans la nouvelle direction. Ne vous retournez pas et ne vous en faites pas pour Oscar, il vous rejoindra très vite. N'oubliez pas de le féliciter et de lui donner une friandise.

Les premières fois, vous serez un peu en retard. Ce n'est pas grave, recommencez, observez Oscar et apprenez à anticiper le moment où vous devez vous retourner. Donnez-lui toujours une chance de lui dire « Oscar doucement » avant que vous ne changiez de cap. Il faut répéter cette séquence plusieurs fois au cours des séances suivantes jusqu'à ce qu'il comprenne que vous ne voulez pas qu'il tire.

En général, le chien apprend vite à ne pas tirer, et même s'il faut de temps en temps le rappeler à l'ordre, cela devient un vrai plaisir de le promener. En revanche, certains sont un peu plus réfractaires. Si tel est le cas avec votre chien, vous aurez peut-être besoin d'un collier étrangleur ou de l'aide d'un spécialiste. Placez Oscar dans une position qui vous permette de le féliciter (voir chapitre 6 sur le collier étrangleur).

Souvenez-vous, pour que votre chien s'adapte à son collier, il faut réunir les conditions suivantes :

- Éviter les distractions aux alentours, y compris les bonnes odeurs du sol
- La taille et le poids du chien par rapport aux vôtres
- Sa personnalité (voir chapitre 5)
- Sa sensibilité tactile (voir chapitre 9)

Le collier étrangleur permet de joindre l'utile à l'agréable sans frustration ni colère. Votre chien, lui, vous sera reconnaissant d'avoir su garder une attitude positive et de l'avoir félicité quand il exécutait correctement un ordre.

Marcher au pied en laisse

Marcher au pied et marcher en laisse sont deux choses différentes. Quand vous promenez Oscar pour qu'il se dégourdisse ou pour qu'il fasse ses besoins, c'est son moment à lui. Il peut renifler ce qu'il veut, observer ce qui l'entoure, ou simplement gambader çà et là à condition de ne pas tirer. En revanche, si vous le promenez sur un trottoir bondé ou près d'une route, il vaut mieux lui apprendre l'ordre « Au pied ».

Marcher au pied signifie que le chien doit marcher à votre gauche, la position classique, en étant très attentif à vos changements de direction ou votre cadence. Quand votre chien marche au pied, c'est à vous qu'il s'adapte.

Il doit apprendre à vous observer et vous devez lui apprendre à assumer cette responsabilité. Il doit savoir marcher au pied en toute circonstance, que vous partiez à gauche ou à droite, que vous fassiez demi-tour, que vous couriez ou que vous marchiez lentement. Ce qui est essentiel ici, c'est qu'il soit très attentif à vos gestes.

On utilise la marche au pied pour les promenades en ville, quand il faut que vous puissiez totalement contrôler votre chien, ou pour les concours d'obéissance.

Apprendre à Oscar à marcher au pied

Avant de lui apprendre à marcher de cette façon, et en marchant tous les deux en même temps, il faut lui montrer ce qu'il faut faire quand vous vous arrêtez. Concrètement, dès que vous marquez une pause, le chien doit automatiquement s'asseoir à vos côtés.

1. **Attachez la laisse et faites-le s'asseoir à votre gauche en regardant tous deux dans la même direction. Placez la laisse sur votre épaule droite.**

2. **Dites : « Oscar, au pied ».**

3. **Faites un pas en avant avec le pied droit, puis avec le gauche ; agenouillez le genou droit et posez la main droite contre le poitrail du chien, et faites-lui prendre la position « Assis au pied ».**

Utilisez la même technique décrite au chapitre 2 pour faire asseoir votre chien en évitant d'appuyer sur son arrière-train. Gardez les mains en position quand vous lui dites combien vous êtes fier de lui.

Oscar connaît déjà l'ordre « Assis », mais il ne sait pas exactement où il doit s'asseoir. Pratiquez environ cinq fois l'exercice « Assis au pied » ou jusqu'à ce que vous soyez tous deux à l'aise avec ce procédé (voir figure 8.1).

La marche au pied

Pour lui apprendre à marcher au pied, choisissez un endroit relativement calme où il ne risque pas d'être trop distrait, de préférence un endroit clos, comme votre jardin, et procédez ainsi :

1. **Attachez la laisse et faites-le asseoir à votre gauche, tous deux regardant dans la même direction, pendant que vous passez la laisse sur votre épaule droite.**

   Prévoyez un mou d'environ 10 cm pour éviter toute tension quand vous démarrez.

2. **Placez les deux mains autour de la laisse sans la toucher.**

   Gardez les deux mains au niveau de la taille et près du corps. Le but est que vous ne touchiez pas la laisse tant que cela ne s'avère pas nécessaire.

Chapitre 8 : En promenade : la marche, le rappel et le « Pas toucher »

Figure 8.1 : Se préparer pour l'apprentissage de la marche au pied.

3. **D'une voix chaleureuse, dites « Oscar, au pied » et marchez.**

   Déplacez-vous rapidement comme si vous étiez en retard à un rendez-vous. Marchez en formant un grand cercle dans le sens des aiguilles d'une montre ou tout droit.

4. **Quand votre chien s'éloigne de vous, fermez les mains autour de la laisse et ramenez-le dans la position voulue.**

   Dès que vous avancerez ensemble, Oscar voudra aller de l'avant. Dans ce cas, fermez les mains sur la laisse et ramenez-le fermement vers vous à votre gauche. L'épaule du chien doit être située au niveau de votre hanche ou de votre genou gauche. Chaque fois qu'il s'éloigne, ramenez-le vers vous et félicitez-le.

5. **Au bout d'une dizaine de pas, arrêtez-vous et placez-le dans la position « Assis au pied » et félicitez-le sans le toucher.**

   Quelques séances seront nécessaires pour « prendre le pli ». Au début, vous serez un peu lent pour la prise. Oscar marchera joyeusement devant vous, la laisse tombera de votre épaule et vous allez cafouiller pour la rattraper. C'est normal ! Recommencez et apprenez à anticiper ce que votre chien va faire.

Pour cet exercice, marchez d'un pas déterminé comme si vous tentiez d'avoir le dernier train pour rentrer chez vous. Plus votre cadence sera énergique, plus le chien sera attentif à vous. Si vous êtes à la traîne, le chien traînera aussi. Soyez également attentif au moment où il faudra le ramener vers vous. Si vous apercevez déjà le bout de sa queue, c'est que vous avez attendu trop longtemps.

Dans un premier temps, le but est qu'Oscar soit capable de marcher au pied pendant une dizaine de pas sans que vous ayez à toucher la laisse. Le temps qu'il vous faudra pour y parvenir dépend de :

- Votre chien
- Ce pour quoi il a été élevé
- Sa réaction au collier d'éducation
- Votre attitude

En substance, si vous avez un berger allemand, vous parviendrez à vos fins en 5 minutes, s'il s'agit d'un fox-terrier, il faudra être beaucoup plus patient.

Une fois ce premier exercice acquis, augmentez progressivement le nombre de pas avant de marquer un arrêt. Ramenez-le au pied si nécessaire et n'oubliez pas de le féliciter. Au bout de cinq séances d'entraînement environ, il devrait avoir compris, du moins dans un lieu où les distractions se font rares.

Changer de direction

Une fois l'exercice assimilé pour tous les deux, l'étape suivante consiste à commencer à changer de direction tout en marchant au pied. Dans cette partie, nous vous proposons les trois directions principales : tourner à droite, exécuter un demi-tour à droite et tourner à gauche.

Tourner à droite

Pour qu'il reste à vos côtés quand vous changez de direction, il faut qu'Oscar accélère. Or à ce stade de son apprentissage, il n'est pas à 100 % attentif à ce que vous faites, ce sera donc à vous d'anticiper et de l'aider à tourner vers la droite.

Si vous voulez qu'il soit attentif à ce que vous faites, vous devez être tout aussi attentif à lui. Réussir à anticiper ce qu'il va faire, c'est la première chose que vous devez maîtriser pour lui apprendre à marcher au pied. Juste avant de tourner, dites son nom d'une voix chaleureuse et tournez sans vous arrêter de marcher. En prononçant son nom, vous attirez son attention. Sans ce signal sonore, il risque de maintenir son cap vers l'avant quand vous tournerez.

Exécuter un demi-tour à droite

Le demi-tour à droite consiste ni plus ni moins à tourner deux fois de suite vers la droite.

Comme pour le tour à droite, prononcez son nom avant de changer de direction pour l'encourager à vous suivre.

Si Oscar a vraiment du mal à rester à vos côtés pendant que vous tournez, utilisez une friandise ou son jouet préféré pour le guider vers vous. Tenez l'objet dans la main droite pendant la marche et juste avant de tourner, montrez-le-lui devant le museau et servez-vous-en pour le guider pour tourner. N'oubliez pas de lui donner ensuite la récompense en question.

Cette méthode comporte cependant un léger inconvénient. Certains chiens s'excitent un peu trop s'ils savent que vous tenez une friandise à la main. Alors, ne commettez pas d'erreur et si vous sentez qu'il devient un peu trop difficile à maîtriser, renoncez-y. Inutile de compromettre votre progression.

Tourner à gauche

Pour éviter un télescopage, il faut qu'Oscar ralentisse au moment où vous tournez puis qu'il reprenne sa vitesse de croisière. Alors, ralentissez avant de tourner. Tirez sur la laisse de la main gauche, tournez, replacez votre main là où elle était et reprenez votre cadence initiale. Pratiquez la marche au pied et les changements de direction pendant quelque temps au cours de sa promenade quotidienne.

Changer de cadence

Maintenant, vous allez apprendre à votre chien à changer de cadence pendant la marche au pied. Il faut qu'il comprenne qu'il doit rester au pied, que vous marchiez lentement ou vite.

Pour marcher lentement, réduisez votre allure de moitié tout en gardant la même foulée. Quand vous ralentissez, tirez sur la laisse pour que vous chien reste au pied. Pour la marche rapide, augmentez votre vitesse de moitié tout en gardant là aussi la même foulée. Juste avant d'accélérer, prononcez le nom de votre chien d'une manière enjouée pour l'encourager à rester à vos côtés.

Pour cet exercice, travaillez encore avec la laisse sur l'épaule. À ce stade, vous devez savoir si la marche au pied est bien acquise. Pour le savoir, c'est simple, il ne doit pas s'éloigner de vous quand vous tournez à droite, ni vous rentrer dedans quand vous tournez à gauche, être à la traîne quand vous accélérez, et à l'inverse vous devancer quand vous ralentissez.

Le rappel

Il n'est rien de plus agréable que de se promener au parc ou en forêt avec son chien et de laisser courir à sa guise sachant qu'il reviendra au moindre appel. Un chien qui ne maîtrise pas cet ordre est condamné à la laisse. Qui plus est, s'il parvient à s'échapper, il représente un danger pour vous et éventuellement pour les personnes que vous rencontrez. Dans cette section, nous vous proposons un certain nombre de règles qui ont fait leurs preuves pour que vous compreniez tous les deux à quel point il est important que le chien revienne quand on l'appelle.

Voici les règles à suivre pour encourager votre chien à revenir quand vous l'appelez :

- **De l'exercice, de l'exercice, encore de l'exercice**. Parfois, les chiens ne reviennent pas parce qu'ils ne se défoulent pas suffisamment. Dès qu'ils en ont l'occasion, ils filent et profitent de cette liberté retrouvée pour ne revenir que quelques minutes ou heures plus tard.

   Selon la race à laquelle il appartient, votre chien a des besoins physiques plus ou moins importants. Pour certains, un petit tour dans le jardin ne suffit pas, il faut que vous participiez. Dites-vous qu'une activité physique sera aussi bénéfique pour vous que pour lui.

- **Chaque fois que votre chien revient vers vous, félicitez-le**. Le meilleur moyen pour qu'il ne revienne pas, c'est de le punir ou de faire quelque chose qu'il ne trouve pas agréable. Presque tous les chiens comprennent que si vous l'appelez, c'est pour le laisser seul à la maison parce que vous sortez ou que vous allez lui donner un médicament. Dans ces deux cas, allez le chercher au lieu de l'appeler.

   Autre chose, il ne viendra pas non plus quand vous serez en forêt et que vous l'appellerez uniquement au moment de partir. À force, il comprendra que la fête est finie et il hésitera à revenir parce qu'il aura envie de s'amuser encore un peu. Vous pouvez éviter ce problème en l'appelant plusieurs fois au cours de sa balade, pour lui donner parfois une friandise ou lui dire un petit mot gentil. Laissez-le ensuite aller s'amuser.

- **Apprenez-lui l'ordre « Viens » dès qu'il arrive chez vous**. Si dans l'idéal, il est encore très jeune quand il arrive chez vous, c'est le meilleur moment. N'attendez pas. Tout peut changer vers l'âge de 4 à 8 mois, car il se rendra compte qu'il y a beaucoup à découvrir dehors (voir chapitre 3). Au cours de cette période, soyez vigilant et promenez-le en laisse pour qu'il ne se mette pas à faire la sourde oreille quand vous l'appelez.

- **Si vous avez un doute, tenez-le en laisse**. Apprenez à anticiper les moments où il risque de ne pas venir quand vous l'appelez. N'attendez pas qu'il ait repéré un chat, un chien ou un jogger pour l'appeler.

Évitez aussi de vociférer à tue-tête « Viens ». Plus vous crierez, plus il fera la sourde oreille quand vous le promènerez sans laisse. Le mieux est d'aller à sa rencontre sans vous énerver et de lui remettre la laisse. Ne vous mettez pas en colère une fois que vous l'avez attrapé, il risque d'avoir peur de vous et de s'enfuir quand vous tenterez de l'attraper une prochaine fois.

✔ **Veillez à ce que votre chien vienne toujours vers vous et que vous puissiez toucher son collier avant de le récompenser.** Ceci vous évitera de devoir jouer au jeu du chat et de la souris, de vous approcher et qu'il s'amuse à vous tourner autour sans que vous puissiez l'atteindre. Par conséquent, apprenez-lui à le laisser toucher son collier avant de lui offrir une friandise ou de le féliciter.

Apprendre à Oscar à venir quand on l'appelle

Pour cet exercice, il vous faut : deux personnes, un chien affamé, une laisse de 2 mètres, une grosse quantité de friandises et deux sifflets (facultatif). Certaines personnes préfèrent entraîner leur chien au sifflet plutôt que d'utiliser l'ordre « Viens », d'autres utilisent les deux méthodes.

Vous verrez en fonction de votre chien ce qui marche le mieux, c'est à vous d'essayer. Commencez plutôt par l'ordre verbal, simplement parce que vous n'aurez pas toujours votre sifflet sous la main. Vous pouvez ensuite répéter les séances avec un sifflet, ce qui ne devrait pas poser de problème puisque Oscar aura déjà un peu compris ce que l'on attend de lui.

Répétez cet exercice dans la maison, votre chien en laisse. Votre partenaire et vous êtes assis par terre l'un en face de l'autre, à une distance de 2 mètres.

1. **Dites : « Oscar, viens » et guidez-le avec la laisse.**

    Ne le touchez pas.

2. **Lorsqu'il arrive, glissez la main à travers son collier, donnez-lui une friandise et félicitez-le chaleureusement en le caressant.**

    Dans ce contexte, vous pouvez et même devez caresser Oscar pour lui montrer que vous êtes content qu'il soit venu vers vous. Cet exercice n'a rien à voir avec les ordres « Assis » ou « Couché » du chapitre 7 où le chien doit rester à sa place sachant qu'une caresse l'inciterait à se lever.

3. **Tenez Oscar, et tendez la laisse à votre partenaire qui à son tour l'appelle, le guide, attrape son collier, lui donne une friandise et le félicite.**

   Répétez l'exercice jusqu'à ce que votre chien vienne de lui-même sans que vous ayez besoin d'utiliser la laisse pour le guider.

4. Réalisez maintenant l'exercice sans la laisse en augmentant progressivement la distance entre votre partenaire et vous, jusqu'à 4 mètres.
5. Votre partenaire doit tenir Oscar le temps que vous vous déplaciez dans une autre pièce pour l'appeler.
6. Lorsqu'il vous trouve, attrapez son collier, donnez-lui une friandise et félicitez-le.

    S'il ne vous trouve pas, dirigez-vous *doucement* vers lui, attrapez son collier, emmenez-le à l'endroit d'où vous l'avez appelé et félicitez-le.
7. Cette fois, c'est votre partenaire qui change de pièce et qui l'appelle.
8. Répétez l'exercice jusqu'à ce qu'Oscar n'ait plus aucun mal à vous trouver dans la maison.
9. Emmenez Oscar dehors dans un endroit clos de préférence, comme le jardin, un court de tennis, une cour d'école, etc., et revoyez les étapes 1, 2 et 3.

Vous pouvez maintenant travailler seul. Emmenez Oscar en promenade en laisse. Laissez-le renifler le sol et s'il n'est pas attentif à vous, appelez-le. Quand il vient vers vous, donnez-lui une friandise, et montrez-lui combien vous êtes content qu'il soit là. S'il n'obéit pas, tirez d'un coup sec sur la laisse pour le faire venir et récompensez-le en le félicitant. Répétez l'exercice jusqu'à ce qu'il vienne systématiquement vers vous quand vous l'appelez. Une fois l'ordre acquis, récompensez-le de façon aléatoire.

Quelques distractions pour corser la difficulté

La plupart des chiens doivent être éduqués pour pouvoir faire face à toutes sortes de distractions : chiens, enfants, joggers, nourriture, amis, etc. Réfléchissez à ce qui pourrait mettre votre chien dans tous ses états et tentez l'expérience.

Prévoyez une laisse de 4 mètres (ou deux laisses de 2 mètres nouées ensemble) et emmenez-le dans un endroit où il est susceptible de se trouver nez à nez avec sa distraction préférée. Une fois qu'il l'a repérée (jogger, cycliste, chien, tout ce que vous voulez), attendez qu'il soit vraiment absorbé, qu'il la fixe ou qu'il tire sur la laisse, et appelez-le. Il y a fort à parier qu'il ne vous écoutera pas. Tirez alors d'un coup sec sur la laisse et guidez-le vers vous. Félicitez-le chaleureusement en n'oubliant pas quelques caresses. Répétez trois fois l'exercice par séance jusqu'à ce qu'il obéisse sur-le-champ. Si ça ne marche pas, il faudra peut-être prévoir de changer d'équipement.

Certains chiens ne se laissent pas facilement distraire et préfèrent rester à vos côtés. Si vous avez cette chance, dites-lui à quel point vous êtes fier de lui et essayez d'autres « tentations ».

Répétez l'exercice en changeant régulièrement d'endroit et en utilisant toutes sortes de tentations possibles. Vous pouvez même essayer avec une personne qui lui offre un petit morceau de friandise (qu'il ne doit en aucun cas attraper) ou qui le caresse, enfin tout ce qui pourrait effectivement le distraire. Faites preuve d'imagination, le but étant qu'Oscar obéisse à tous les coups. Une fois bien assimilé en laisse, il faut maintenant tenter l'exercice sans laisse. Ce qui n'est pas gagné d'avance...

La cerise sur le gâteau : sans laisse dans un lieu animé

Pour cet exercice, tout dépend de vous. Commencez par emmener votre chien dans un endroit où vous avez peu de chance de rencontrer des distractions, chiens ou personnes. Lâchez-le et laissez-le s'imprégner de l'endroit et renifler les bonnes odeurs du sol ou des arbres. Gardez une distance d'environ 3 mètres. Appelez-le. S'il vient, félicitez-le chaleureusement et donnez-lui une récompense. S'il n'obéit pas, ne répétez pas l'ordre. Ne vous en faites pas, il vous a bel et bien entendu, mais il n'a pas envie de vous répondre. Dans ce cas, marchez doucement dans sa direction, attrapez fermement son collier sous le menton, la paume de la main vers le haut, et retournez en trottinant vers l'endroit d'où vous l'avez appelé. N'oubliez pas de le féliciter et de le récompenser.

Une fois l'ordre acquis à cet endroit, corsez la difficulté et emmenez-le là où les tentations sont plus nombreuses. S'il n'obéit pas, revoyez l'exercice avec une laisse de 4 mètres avant de le lâcher.

Pouvez-vous maintenant lui faire confiance dans un endroit qui ne sera pas clos ? Tout dépend du travail que vous avez fourni et de ce que le chien peut effectivement rencontrer dans le monde « réel ». Essayez de comprendre votre chien, de cerner ses « centres d'intérêt » afin de savoir ce qui pourrait l'inciter à ne pas obéir à l'ordre « Viens ».

En tout cas, faites preuve de bon sens. Si vous voyagez, ne soyez pas inconscient au point de le promener sans laisse sur une aire de repos d'autoroute. Dans de telles circonstances ou dès que vous avez un doute, gardez-le en laisse.

Maîtriser l'ordre « Laisse, pas toucher »

Quand on promène son chien en ville ou à la campagne, on n'est jamais très heureux de le voir se ruer sur les excréments d'un quelconque animal. Ce qui est encore moins drôle, c'est de devoir lui retirer ces petites friandises de la gueule... ça ou autre chose, on préférerait qu'il n'avale rien qui lui paraisse appétissant. On a d'ailleurs vu des chiens très malades après avoir ingéré des morceaux de sandwich contenant du poison... Cet ordre constitue par conséquent un bon moyen d'éviter ce genre de situation.

Cet exercice est l'occasion pour vous de découvrir pas mal de choses sur son schéma de pensée. Selon que votre chien comprend vite ou non, plusieurs séances seront peut-être nécessaires. Elles doivent être courtes, pas plus de 5 minutes à chaque fois, en suivant cette méthode étape après étape :

1. **Tenez une friandise entre le pouce et l'index.**
2. **Paume vers le haut, montrez la friandise au chien.**

    Il essaiera évidemment de l'attraper. Dites alors « Laisse, pas toucher », fermez la main et tournez-la, paume vers le bas (voir figure 8.2).

3. **Observez la réaction de votre chien.**

    Il se peut qu'il fixe le dos de votre main, qu'il essaie de l'attraper avec le museau, qu'il vous mordille la main, ou qu'il se mette à aboyer. Restez impassible quoi qu'il fasse et attendez le moment où son regard se détachera de votre main. Il va chercher votre regard ou regarder ailleurs.

4. **Dès l'instant où son regard quitte votre main, dites : « C'est bien » et donnez-lui la friandise.**

5. **Répétez l'exercice jusqu'à ce que le chien vous jette un regard ou regarde ailleurs quand vous lui donnez l'ordre et retournez la main.**

    Vous apprenez à Oscar que si c'est vous qu'il regarde et non votre main, vous le récompensez.

6. **Pour vérifier si Oscar obéit à l'ordre ou au geste de la main, répétez l'étape 1 sans la retourner.**

    S'il obéit, félicitez-le et donnez-lui la friandise. Dans le cas contraire, fermez la main et attendez un moment d'inattention, et recommencez jusqu'à ce qu'il ait assimilé l'ordre.

7. **Installez-vous confortablement sur le sol, et montrez une friandise à votre chien ; posez-la à terre et recouvrez-la de votre main.**

    S'il fixe la friandise ou qu'il essaie de l'attraper, dites « Laisse, pas toucher ».

Chapitre 8 : En promenade : la marche, le rappel et le « Pas toucher »

Figure 8-2 : L'apprentissage de l'ordre « Laisse, pas toucher ».

8. **Attendez le moment d'inattention puis félicitez-le en lui donnant la friandise.**

9. **Répétez les étapes 6 et 7 en ne couvrant la friandise qu'avec l'index, puis en la plaçant entre l'index et le majeur.**

10. **Une fois l'exercice assimilé, corsez la difficulté en plaçant la friandise à 2 ou 3 cm de la main et répétez les étapes 6 et 7.**

    Soyez très attentif car il risque d'être plus rapide que vous et d'attraper la friandise avant que vous n'ayez le temps de la recouvrir !

11. **Mettez-lui sa laisse et tenez-vous debout à côté de lui (position au pied). Enroulez bien la laisse dans la main gauche et tenez la main droite le plus près possible du collier sans exercer aucune tension sur la laisse.**

12. **Tenez la friandise dans la main droite, montrez-la à Oscar et faites semblant de la laisser tomber.**

    S'il essaie de l'attraper, dites « Pas toucher » « Laisse ». S'il obéit, félicitez-le, ramassez la friandise et donnez-lui. Sinon, donnez un petit coup sec sur la laisse et recommencez jusqu'à ce qu'il obéisse.

    Testez sa réaction en lâchant la laisse et en ramassant la friandise. S'il plonge dessus, ne le tapez surtout pas et ne hurlez pas « Non ». Il essaie simplement de vous dire qu'il a encore besoin de travailler avec la laisse.

Maintenant, allez à l'extérieur et faites appel à une autre personne. Choisissez un aliment que l'on peut facilement repérer dans l'herbe ou sur le sol. Jetez quatre ou cinq petits morceaux là où vous allez soumettre votre chien au grand test. Glissez quelques friandises dans votre poche et emmenez Oscar en laisse là où se trouve la nourriture. Dès que son museau se dirige vers les morceaux en question, dites : « Laisse, pas toucher ». S'il obéit, félicitez-le chaleureusement et donnez-lui une friandise (qui se trouve dans votre poche). Sinon, donnez un coup sec sur la laisse.

S'il parvient à engloutir l'un des morceaux que vous avez mis par terre, c'est que vous n'avez pas été assez rapide. Répétez l'exercice à l'endroit où vous avez laissé la nourriture jusqu'à ce qu'il finisse par l'ignorer.

Oscar devrait avoir maintenant assimilé l'ordre « Laisse, pas toucher ». Exercez-vous sans laisse, sa réaction vous dira si vous devez encore travailler. Néanmoins, comme tous les ordres appris jusqu'à présent, il est nécessaire de les revoir régulièrement avec la laisse.

Deuxième partie
Se donner toutes les chances de réussir

« Ce n'est plus possible ! Soit tu apprends à ton chien à rester au pied, soit tu l'appelles autrement que "Feu". »

Dans cette partie...

Vous avez naturellement envie de donner une bonne éducation à votre chien, et vous avez raison, car c'est elle qui vous permettra de vivre en bonne harmonie ensemble. Un conseil : suivez les diverses étapes décrites dans cette partie pour vous donner toutes les chances de réussir. Il est nécessaire par exemple de bien comprendre que l'environnement dans lequel vit votre chien influence nettement son comportement. Patience et compréhension seront de mise. Vous devrez également apprendre à faire face aux comportements gênants que votre compagnon à quatre pattes adopte parfois.

Cette section vous propose également d'en savoir plus sur le certificat du bon citoyen canin, une épreuve en vogue au Canada et aux États-Unis, qui n'a pas encore son équivalent français.

Chapitre 9

Votre savoir-faire au service de son éducation

Dans ce chapitre :
▶ L'environnement de votre chien : un facteur non négligeable
▶ Renforcer la capacité de votre chien à apprendre
▶ Reconnaître les besoins affectifs et physiques de votre chien
▶ Comment votre chien s'adapte-t-il à son environnement ?
▶ Comment gérer un chien « stressé » ?

La capacité de votre chien – et la vôtre - à apprendre et à retenir une information dépend de ce qui se passe autour de lui. Oscar aura par exemple du mal à se concentrer et à apprendre un ordre nouveau dans un environnement bruyant et très animé. Les conflits à la maison risquent de le rendre irritable, voire agressif, comportements qui nuiront à la bonne progression de son éducation. Un chien bien nourri est également mieux disposé à apprendre.

De la même façon, ce qu'Oscar ressent, mentalement et physiquement, n'est pas sans conséquence sur sa capacité à apprendre. Un chien anxieux, déprimé ou stressé, aura du mal à comprendre et à retenir ce qu'on tente de lui inculquer. S'il est malade ou qu'il souffre, il sera incapable d'apprendre quoi que ce soit.

Même si tout ceci paraît évident – et mettez-vous dans sa peau en de telles circonstances –, il nous paraît nécessaire d'aborder ces questions dans ce chapitre car les propriétaires de chiens ne réalisent pas toujours les conséquences de ces paramètres sur la capacité d'apprentissage de leur animal.

Un environnement adapté

Votre chien est très sensible à son entourage. Dans une maison où les gens se disputent souvent, Oscar aura du mal à s'épanouir et à apprendre. Le bruit ou une activité trop intense sont autant de nuisances qui peuvent nuire à son apprentissage, voire le rendre impossible. Un chien « perturbé » par son environnement ne retiendra pas ce qu'on lui enseigne.

Toutefois, si vous vous donnez la peine de vérifier que son environnement lui convient, vous atteindrez plus facilement votre objectif. Voici donc quelques « tuyaux » qui vous permettront de lui offrir un environnement épanouissant.

Partir du bon pied

La première impression est toujours la plus marquante. Et plus elle est forte, plus elle dure ; alors partez du bon pied !

Quand Oscar est confronté à une situation nouvelle, faites en sorte qu'il en garde une bonne impression. Par exemple, lorsque vous emmenez votre animal chez le vétérinaire pour la première fois, rappelez-le au praticien qui se chargera de lui rendre sa première visite agréable. Il peut ainsi caresser votre chien, lui parler doucement, le faire jouer et même lui donner une petite friandise après la vaccination et l'examen médical obligatoire !

La première impression compte aussi pour son éducation. Une première expérience traumatisante ou déplaisante peut littéralement le marquer à vie. L'objectif est donc de faire en sorte que la première impression soit la meilleure possible.

Votre chien a besoin du contact des autres

Le chien est un animal social, il n'aime pas être isolé et privé du contact des gens qui l'entourent. Si vous travaillez et que vous le laissez seul à la maison la journée, il est très content quand vous rentrez le soir et il veut jouer avec vous, il a besoin de votre compagnie. Or, il vous arrive de sortir le soir et de le laisser seul à nouveau.

Cela peut parfois arriver qu'il se « venge » de cette situation qui ne lui plaît pas. Quand nous étions plus jeunes (et que nous sortions davantage), nous avions à l'époque un magnifique colley, Duke, très bien éduqué. Nous travaillions tous les deux et sortions souvent le soir. Si nous avions le malheur de nous absenter trois jours de suite, Duke urinait sur notre lit. Après avoir mis un certain temps à comprendre pourquoi, nous avons résolu le problème en ne sortant plus trois jours de suite ou en l'emmenant avec nous.

Voilà pourquoi vous devez bien réfléchir avant d'adopter un chien, en vous posant les bonnes questions, notamment celle de votre disponibilité. Aurez-vous assez de temps à lui consacrer ? Un chien a en effet besoin de sortir en moyenne trois fois par jour pour ses besoins naturels mais aussi pour assouvir son besoin d'activité physique minimal, sans compter le temps du jeu, des caresses et de la complicité avec son maître !

Récemment, une « garderie canine » a vu le jour à Paris, sur le modèle américain. Cette initiative ne déculpabiliserait-elle pas certains maîtres citadins irresponsables, mais… fortunés ?

Un chien a de l'énergie à revendre, il faut donc lui donner les moyens de pouvoir se dépenser. S'il ne peut pas, il aura tendance à compenser ce manque en aboyant, en mâchouillant tout ce qu'il trouve, en creusant, en faisant ses besoins dans la maison, voire en se blessant, bref, tout l'inverse de ce que vous voulez qu'il fasse pour devenir le parfait chien de compagnie.

Comprendre les besoins « affectifs » de votre chien

Comment savoir si votre chien n'est pas « dans son assiette » ? S'il fait les cent pas dans la maison, s'il n'éprouve plus autant de plaisir qu'à l'ordinaire à pratiquer ses activités, s'il est léthargique, s'il boude sa nourriture ou s'il dort beaucoup, il y a fort à parier qu'il couve quelque chose… Une petite visite chez le vétérinaire vous permettra sans doute d'y voir plus clair.

Les sentiments de peur, d'anxiété ou d'appréhension sont parfois engendrés par une situation particulière, mais sont souvent liés à un défaut d'apprentissage dans les premières semaines de vie du chiot. Il ne faut pas non plus écarter la possibilité d'un problème de santé. Quelle qu'en soit la cause, il vous faudra beaucoup de patience pour éduquer votre compagnon à quatre pattes et comprendre à quel point c'est difficile pour lui d'apprendre. En revanche, les récompenses peuvent avoir un effet bénéfique et permettre au chien de reprendre confiance en lui.

Bien nourrir son chien

Votre rôle est d'offrir une alimentation équilibrée à votre chien, pour son bien-être et sa santé essentiellement. Un chien en pleine forme et bien nourri a en effet une meilleure capacité d'apprentissage ! Pour en savoir plus sur l'alimentation de votre compagnon, reportez-vous au chapitre 18.

Chaque chien est unique !

Si vous avez un rôle à jouer dans sa capacité à apprendre, vous devez aussi prendre en compte certains éléments qui vous permettront de mieux comprendre votre chien :

- Comportements spécifiques liés à la race
- Tempérament
- Sensibilité « psychologique »
- Réactions à des *stimuli* visuels
- Sensibilité auditive
- Sensibilité tactile

Tous ces paramètres ont une incidence sur la façon dont le chien apprend et expliquent pourquoi certains exercices sont plus difficiles à retenir pour lui que d'autres.

À chaque race son tempérament

Qu'il soit issu d'un croisement ou de race pure, chaque chien possède un caractère et une personnalité propres. C'est le cas des chiens de chasse ou des chiens de troupeau. Parmi eux, certains chassent le gros ou le petit gibier, d'autres les oiseaux. Qui plus est, certains chassent de près, d'autres à distance. D'aucuns gardent le bétail et la propriété, d'autres le bétail seulement ; et ce n'est pas fini : certains gardent les vaches, d'autres les moutons. Vous imaginez un peu le tableau !

Il existe de nombreuses races de chiens.

Les races sont réparties en dix groupes qui s'appuient généralement sur des caractéristiques ou des comportements similaires. Certaines sont très proches, pour d'autres, c'est le jour et la nuit.

Pour illustrer nos propos, le groupe I, celui des gardiens de troupeau, comprend le berger malinois et le berger belge, des chiens très proches. On trouve aussi dans ce groupe le welsh corgis, le cardigan et le pembroke, qui ne ressemblent pas physiquement aux autres chiens du groupe. Leur apparence physique mise à part, ce qu'ils ont en commun c'est leur instinct de gardien de troupeau et le travail précis auquel ils sont soumis. En outre, bon nombre d'entre eux ont en commun l'instinct de garde. Le berger allemand, qui appartient à ce groupe, est en le parfait exemple.

Le tableau 9.1 présente les différents groupes :

Tableau 9.1 : Nomenclature officielle des races canines (FCI)

Groupes	Races de chien
Groupe I	Chiens de berger et de bouvier (sauf chien de bouvier suisses)
Groupe II	Chiens de type pinscher et schnauzer - molossoïdes et chiens de montagne et de bouvier suisses
Groupe III	Terriers
Groupe IV	Teckels
Groupe V	Chiens de type spitz et de type primitif
Groupe VI	Chiens courants et de recherche au sang et races apparentées
Groupe VII	Chiens d'arrêt
Groupe VIII	Chiens rapporteurs de gibier, leveurs de gibier et chiens d'eau
Groupe IX	Chiens d'agrément et de compagnie
Groupe X	Lévriers

À chaque groupe de chiens, donc chaque race, ses spécificités et ses aptitudes (chien de travail, de loisir, etc.) : les terriers sont par exemple des chiens vifs dressés pour courir après les petits animaux qui vivent dans de petits terriers (voir figure 9.1). Les bergers shetland aiment la compagnie des enfants car dressés pour garder les moutons. Les pointers sont dressés pour lever le gibier, les retrievers pour le rapporter et les épagneuls pour le débusquer, chacun d'entre eux ayant une aptitude précise.

Figure 9.1 : Le parson russell terrier est un petit chien très vif.

Les chiens qui ont été élevés pour travailler sous la direction de – ou avec – l'homme seront plus faciles à éduquer. Mais vous n'avez peut-être pas envie de faire de votre chien un chasseur ou un gardien de troupeau. Votre tâche consiste donc à *rediriger* ces comportements innés. Chaque fois que vous rencontrez un obstacle au cours de son apprentissage, demandez-vous : « Ce chien a-t-il été dressé pour ça ? » Si la réponse est non, il mettra plus de temps à apprendre l'exercice en question et il faudra faire preuve de patience.

Le tempérament

Les avis concordent sur le fait que la qualité essentielle d'un chien de compagnie, c'est son tempérament. Hélas, la définition que l'on donne d'un *bon caractère* est un peu vague et évasive, parfois même contradictoire. À en croire les standards officiels donnés pour la majorité des races, le chien dont vous rêvez est loyal, affectueux, intelligent, gentil avec les enfants et facile à éduquer. La réalité est cependant plus nuancée.

Pour faire simple, le *tempérament* se définit comme les traits de caractère qui correspondent à la tâche que vous voulez confier à votre chien. Si vous voulez qu'il soit gentil avec les enfants, et qu'il présente effectivement cette particularité, on dira donc qu'il a bon caractère. Dans un autre contexte, quand un chien garde le troupeau ou une propriété, la réalité est toute autre, mais ce n'est pas forcément ce que vous attendiez de lui.

Les définitions que l'on donne de l'intelligence d'un chien ne sont pas moins vagues et évasives. Là encore, on en revient à la fonction. On entend par intelligence, la facilité avec laquelle un chien peut être éduqué pour remplir sa fonction initiale. Par exemple, il est très facile d'apprendre à un retriever de rapporter un objet. Cette faculté est presque génétique chez lui ! En revanche, vous auriez vraiment tort de penser qu'un lévrier afghan est bête parce qu'il ne manifeste aucun intérêt pour ce genre d'activité. Il n'a tout simplement pas été élevé pour cela, ce n'est pas sa fonction.

Vous devez être capable d'identifier et de comprendre les forces et les faiblesses de votre chien. Ces dernières exercent une influence considérable sur la facilité ou la difficulté à lui inculquer une tâche précise.

Le chien a sa propre « sensibilité »

Les chiens ne savent pas tous maîtriser leurs émotions négatives. Mais vous avez sûrement pu constater qu'ils sont très sensibles aux vôtres. Qui plus est, un lien, une complicité se créent quand vous travaillez avec lui. Si vous êtes par exemple frustré, déçu ou en colère, il le sentira.

Chapitre 9 : Votre savoir-faire au service de son éducation *125*

Votre tâche est d'avoir une démarche positive et de vous montrer patient. Comme vous êtes son éducateur, vous devez lui apprendre ce que vous voulez qu'il fasse ou ne fasse pas. Sans votre aide, il fait simplement ce qui lui vient naturellement, après tout, c'est un chien !

Si vous réprimandez Oscar parce que vous interprétez son comportement comme un défaut, cela ne vous aidera en rien et la relation de confiance mutuelle que vous tentez d'établir risque de se ternir. Souvenez-vous qu'Oscar ne fait que ce qui lui vient naturellement et que c'est à vous de lui apprendre ce qui est acceptable ou non.

Vous êtes l'éducateur, Oscar est votre élève. Il n'obéit qu'aux ordres que vous lui avez appris.

Ses réactions aux stimuli visuels

Dire qu'un chien réagit à un « *stimulus* visuel », c'est dire comment un chien réagit face aux objets en mouvement. Comme il est question ici de son éducation, il s'agit en fait de savoir jusqu'où il peut être distrait en présence d'objets en mouvement. Et là aussi, tout dépend de la race du chien et de l'objet en question. Voici quelques exemples pour illustrer nos propos :

- Le terrier est distrait par nature. Notre yorkshire s'était mis en tête qu'il fallait examiner le moindre bout d'herbe en mouvement. Même si cela tombait sous le sens pour lui, nous avons eu un mal « de chien » à capter son attention.

- Dans le groupe des lévriers, certaines races comme le lévrier afghan, le barzoï (lévrier russe) ou le saluki (lévrier persan), qui chassent à vue, ne s'intéressent pas aux objets qui se trouvent à proximité, au contraire. D'autres, comme le basset hound, le beagle ou encore le chien de Saint-Hubert s'intéressent davantage aux odeurs du sol et de l'air qu'aux objets en mouvement, car ils pistent leur proie. Apprendre à un beagle à marcher au pied, c'est-à-dire marcher à vos côtés, tout en étant attentif à vos mouvements, et sans renifler le sol, est un vrai casse-tête.

- Les races de chiens de garde, comme le berger allemand, le doberman pinscher et le rottweiler ont été élevées pour surveiller les alentours, pour avoir un œil sur tout en quelque sorte. Eux aussi ont du mal à se concentrer sur vous s'ils sont distraits par autre chose. Souvenez-vous, leur tâche initiale est d'être attentif à tout ce qui se passe autour d'eux.

- Les tisserands du canton de Berne utilisaient le bouvier bernois comme chien de trait pour tirer des charrettes qu'ils emmenaient sur les marchés. Leur fonction étant ce qu'elle était, inutile de dire qu'ils ne s'intéressaient pas vraiment aux objets en mouvement. Et pour cause… On peine à imaginer qu'ils pouvaient poursuivre un chat en tirant une charrette !

- Le terre-neuve, un compagnon habituellement calme et posé (voir figure 9.2), devient incontrôlable quand il est près de l'eau à cause de son besoin instinctif de sauver quiconque de la noyade, y compris les baigneurs paisibles !

Figure 9.2 : Le terre-neuve, ce chien de grande race est un animal tranquille, hormis quand il s'approche de l'eau.

La sensibilité auditive

L'ouïe de certains chiens est à ce point développée que les sons forts les incommodent. Pour vous dire, l'un de nos landseers quittait la pièce instantanément lorsqu'on allumait la télé.

En général, la sensibilité auditive ne pose aucun problème, mais le chien peut avoir du mal à se concentrer si les sons émis dans son entourage le gênent. D'aucuns feront un bond s'ils entendent une voiture pétarader, alors que c'est tout juste si d'autres dresseront les oreilles.

La sensibilité tactile

Le seuil d'inconfort d'un chien dépend de deux choses :

- Sa sensibilité tactile
- Ce qu'il fait à un moment précis

Pour les besoins de son éducation et pour savoir le type d'équipement qu'il faut utiliser, vous devez connaître sa sensibilité tactile. On dira à tort d'un chien qui ne supporte pas bien son collier d'éducation qu'il est têtu ou stupide. C'est pourtant au propriétaire du chien de choisir l'équipement éducatif adéquat…

Le seuil d'inconfort semble tenir de la race du chien. On suppose par exemple qu'un labrador retriever, censé couvrir n'importe quel terrain, y compris l'eau glacée, a un seuil d'inconfort élevé. Le berger shetland est sensible au toucher et il supporte pourtant bien son collier d'éducation. Ce qu'un chien sent à peine peut modifier le comportement d'un autre. En sachant cela, on peut choisir le bon collier par exemple.

La sensibilité tactile n'a rien à voir avec la taille. Le seuil d'inconfort de notre yorkshire était très élevé. Si on ajoute à cela sa sensibilité visuelle, vous imaginez le défi que nous avons eu à relever pour l'éduquer ! Elle n'a rien à voir non plus avec l'âge. Un chien ne naît pas sensible et ne l'est pas moins en vieillissant. Sa sensibilité tactile peut augmenter, mais dans une très faible mesure. En revanche, elle peut plus ou moins augmenter en fonction de ce qu'il fait. Quand il court après un lapin, son seuil de sensibilité augmente, comme s'il se bagarrait.

Stressés, les chiens ?

Chez l'homme, le stress n'est autre qu'un sous-produit de la vie quotidienne. Quand ce n'est pas la santé, c'est la famille, les finances, l'état du pays, de l'univers. Bref, même les expériences qui devraient procurer du plaisir, comme celle de partir en vacances, finissent par être source de stress.

Le stress est une réaction physiologique que l'individu ne peut contrôler. Il fait partie de la vie quotidienne et affecte chacun de nous de manière différente. Les chiens peuvent à leur manière être victimes du stress. Vous devez donc comprendre ce qui l'occasionne chez lui et comment il se manifeste, pour pouvoir y faire face.

Qu'est-ce que le stress ?

Il se définit comme une réaction biologique à une stimulation physique ou psychologique. Cette réaction prépare le corps à lutter ou à fuir. Les symptômes physiques du stress sont une augmentation de la tension artérielle, de la fréquence cardiaque, de la respiration et du métabolisme, ainsi qu'une augmentation sensible de l'apport de sang dans les bras et les jambes.

le stress provoque un déséquilibre chimique du corps. Pour pallier ce déséquilibre, il se produit dans l'organisme une libération des substances chimiques dans le sang pour tenter un « rééquilibrage ». Le problème, c'est que la quantité de ces substances est limitée. On est si souvent stressé que le corps n'est plus en mesure de se rééquilibrer. Les périodes prolongées de déséquilibre ont pour conséquence un comportement névrotique et une incapacité à fonctionner. Si le stress perdure et que l'organisme ne parvient plus à lutter contre le stress, il se manifeste physiquement et psychologiquement, et vous êtes dans un état de tension excessif. D'une certaine manière, cela vaut également pour votre chien.

Vous êtes au bord de l'épuisement et dans un état de tension extrême, et c'est là que vous trébuchez. Ce qui nous intéresse ici, c'est le stress ressenti au cours des séances d'apprentissage, que vous lui enseigniez un nouvel exercice, que vous révisiez un ordre, ou lors d'un concours. Vous devez être capable d'identifier les symptômes du stress chez votre chien mais aussi savoir ce qu'il faut faire pour le maîtriser.

Stress positif et négatif

On dit le stress positif s'il se manifeste par un regain d'activité et négatif s'il se manifeste par une baisse d'activité.

Imaginez que vous rentrez chez vous après une dure journée de travail, et ô surprise, un pipi sur la moquette blanche toute neuve du salon vous accueille. Comment réagissez-vous ? Vous explosez ? Vous hurlez après Oscar, votre épouse (ou votre mari), les enfants ? Vous faites claquer les portes pour vous défouler ? Ou bien assistez-vous à ce spectacle le regard horrifié en secouant la tête de dépit, et vous sentez-vous vidé de toute votre énergie, et ignorez chien, épouse et enfants pour vous enfermez dans votre chambre ?

Dans le premier cas de figure, les substances chimiques libérées dans le sang ont insufflé de l'énergie à votre organisme. Dans le second, il a été affaibli. Pour le chien qu'on éduque, en quelque sorte, c'est (presque) pareil.

Les origines intrinsèques et extrinsèques du stress

Tous les chiens ne réagissent pas de la même façon au stress induit par les séances d'éducation. Certains prennent grand plaisir au « jeu » éducatif tandis que d'autres vivent moins bien ces moments passés à devoir obéir... Mais vous pouvez cependant modérer le « stress » de votre chien au moyen de différentes techniques décrites plus loin (voir la section « Maîtriser le stress » plus loin dans ce chapitre).

Chapitre 9 : Votre savoir-faire au service de son éducation

Votre chien sera plus ou moins sensible au « stress » lié à l'éducation selon :

- La méthode éducative que vous utilisez
- Votre frustration et votre indécision
- Le manque de socialisation de votre chien, dès ses premières semaines de vie (avec l'homme et avec ses congénères)
- La façon dont il perçoit son environnement
- Le lieu où vous l'éduquez

Relier le stress à l'apprentissage

Tout apprentissage est source de « stress » pour votre chien. À titre de comparaison, pour bon nombre d'humains, une nouvelle forme de stress est née avec la révolution informatique. À ce moment-là, combien de fois avons-nous été tentés de jeter cet engin par la fenêtre ? Combien de fois n'avons-nous plus été capables d'apprendre et de penser de manière rationnelle ? Cela ne servait à rien d'essayer de continuer tant que le corps n'était plus en mesure de se rééquilibrer.

Quand vous éduquez Oscar, vous ne pouvez pas l'empêcher d'être « stressé », mais vous pouvez faire en sorte qu'il contienne ce « stress » pour qu'il puisse progresser dans son apprentissage. Si vous sentez qu'il est trop « stressé » au cours d'une séance, mieux vaut arrêter car il n'est plus en mesure d'apprendre et vous n'y gagnerez rien, lui non plus d'ailleurs.

Votre chien donne parfois l'impression de ne rien comprendre, surtout s'il est entouré de distractions. Rien ne marche et vous avez le sentiment de ne pas progresser.

Que faire dans ce cas ? Si on arrête, Oscar va se dire qu'il a gagné et il ne fera rien. Si vous pensez de la sorte, c'est comme si vous étiez des adversaires dans une compétition, votre apprentissage sera voué à l'échec et votre relation risque d'être ternie.

Quand on éduque son chien, il est question d'apprendre, pas de gagner. Vous pouvez mettre un terme à une séance sans vous demander si vous avez réussi ou non. Dès que vous sentez qu'il n'apprend rien, arrêtez !

Laissez Oscar se reposer quelques heures et reprenez. Il finira par retrouver son enthousiasme. En marquant une pause à ce moment-là, vous effectuez un apprentissage passif, qui vous permet d'arriver à vos fins en vous servant du temps.

Nous vous recommandons de mettre un terme à une séance si vous êtes irritable ou si Oscar montre des signes de « stress ».

Konrad Most, considéré comme le précurseur de l'éducation canine moderne aux États-Unis, a souligné le fait qu'il fallait maintenir l'équilibre du chien. Dans son ouvrage publié en 1910, il écrivait : « un bon entraînement a autant besoin d'un cœur gentil que d'une tête froide et informée ». Tout le monde peut dominer un chien par la force physique ou psychologique, mais seul le don de la confiance par la pensée positive permet d'obtenir de la fiabilité et le goût de l'accomplissement.

Une première impression stressante

Il est important de faire une bonne première impression. Pinny avait inscrit Immy, son terre-neuve d'un an, au concours de chiens de sauvetage. Il s'agissait de tester ses capacités de sauveteur pour obtenir le titre du chien d'eau.

La première partie de ce test se déroule à terre. Le chien doit montrer qu'il maîtrise bien les ordres d'obéissance de base : « Au pied », « Viens » et « Pas bouger ». C'était le cas d'Immy.

Lorsqu'ils se sont approchés de l'endroit où se déroulaient les épreuves, entourés d'une bande jaune, Pinny a remarqué que son chien devenait très agité. Il ne voulait pas s'approcher de cet enclos délimité. Il en est devenu presque incontrôlable.

Pinny s'est éloignée de l'enclos pour le calmer puis a réessayé de l'emmener. Rien à faire, dès qu'ils se sont approchés de la bande jaune qui tapait contre le vent, le chien a recommencé. Pinny n'a pas insisté, ce qui n'a pas empêché Immy de réussir brillamment la partie du concours qui se déroulait dans l'eau.

Sur le chemin du retour, Pinny s'est demandé pourquoi cette bande jaune l'avait à ce point terrorisé. Et elle s'est souvenue. Quand Immy est arrivé chez elle, il avait déjà 6 mois. C'était un grand chiot dégingandé plein d'énergie qui adorait sauter en l'air. Il a d'ailleurs très vite exercé ses talents en sautant au-dessus de l'enclos de l'arrière du jardin et s'est octroyé une promenade dans le voisinage où il s'est amusé avec d'autres chiens.

Comme elle vivait près d'une route très empruntée, Pinny a commencé à s'inquiéter. Elle en a donc conclu qu'une clôture électrique serait la solution idéale. Quand le technicien l'a installée, il a demandé à Pinny si elle avait éduqué son chien aux clôtures électriques. La réponse étant non, l'installateur s'est proposé de le faire. Il a fixé la laisse et emmené Immy à la clôture qui portait des drapeaux jaunes, et quand il les a vus, il a fait un bond en arrière et crié. Sous le choc, il est tombé. Pinny était horrifiée.

En fin de compte, Immy avait associé la bande jaune à une expérience désagréable et en la revoyant au concours, il n'a absolument pas voulu s'en approcher.

Comment gérer le « stress » en présence de distractions ?

S'il est distrait par quelque chose ou quelqu'un, votre chien risque de ne pas faire ce que vous attendez de lui. Du coup, vous risquez de vous sentir un peu frustré et de vous demander : « Comment peut-il me faire ça ? » Et comme, d'une certaine manière, Oscar ressent ce que vous ressentez, il sent que vous êtes contrarié mais il ne sait pas pourquoi. Si vous ne vous calmez pas et que vous ne le rassurez pas en lui disant que c'est un bon chien et qu'il devrait réessayer, votre séance ne mènera à rien.

Faites preuve de patience quand vous introduisez des distractions au cours d'une séance. Il sera bien évidemment distrait (c'est le but !) mais au fur et à mesure, il finira par faire ce que vous lui demandez. Et si vous vous découragez, faites une pause.

Si vous passez une épreuve ou un concours avec votre chien, restez le plus calme possible, contrôlez-vous : votre chien est parfaitement conscient de vos émotions. Le but de l'entraînement et du concours est que cette expérience soit bénéfique pour vous et pour lui.

Dans tous les concours, il y aura des distractions. Vous devrez contrôler sa réaction en présence de celles-ci pour qu'il puisse y faire face. L'un des tests requiert que vous soyez hors de vue du chien pendant 3 minutes, ce qui peut le perturber temporairement. Vous devez l'habituer à cet exercice de façon à ce qu'il soit le moins « stressé » possible.

Faites en sorte que chaque nouvel exercice, chaque nouvelle distraction soit une expérience positive pour votre chien. Vous en tirerez les bénéfices à long terme. La première impression laisse des traces. Chaque fois que vous lui proposez un nouvel exercice ou une nouvelle distraction, faites au mieux pour que cette expérience soit agréable et qu'elle lui laisse une impression neutre, sinon favorable.

Gérer le « stress » lié à l'éducation

Observez les réactions d'Oscar quand il est en état de « stress » et essayez de comprendre la cause : est-ce l'environnement, un geste que vous avez eu, un ton trop fort, etc. ?

Maîtriser le « stress positif »

Dans ce cas, Oscar se montre particulièrement exubérant. Pour calmer Oscar, essayez de donner un coup sec sur la laisse en la tirant. Effet de surprise garanti ! Nous vous conseillons cependant de ne pas le frapper - et encore moins d'utiliser vos mains pour ce faire ! - et de garder une voix calme, sinon c'est l'effet inverse que vous obtiendrez : il s'énervera encore plus ! Vous pouvez aussi opter pour l'ordre « Couché », ordre à accomplir quoiqu'il arrive par votre chien.

Dans les périodes de gros « stress » (nouveaux apprentissages, concours etc.), il se peut qu'Oscar soit incapable d'apprendre ou d'obéir aux ordres, même ceux qu'il connaît bien, et ce jusqu'à ce que son organisme se « rééquilibre ». À vous de l'aider pour qu'il parvienne à s'adapter à n'importe quelle situation nouvelle.

Maîtriser le « mauvais stress »

Si Oscar subit un « mauvais stress », emmenez-le en promenade pour qu'il recharge les batteries et qu'il puisse de nouveau respirer normalement. Massez-lui le haut des épaules pour le relaxer. Essayez de le distraire avec une friandise ou un objet qu'il aime bien. Inutile de tirer sur la laisse pour qu'il réagisse, vous ne feriez qu'aggraver la situation.

Le stress se manifestant de tant de façons, c'est à vous de connaître votre chien. Souvenez-vous qu'il n'a aucun contrôle sur lui. C'est également votre rôle de jouer au détective pour découvrir ce qui le déclenche !

Il a peur en voiture, il a peur de l'orage, il ne veut pas franchir la porte de la clinique vétérinaire...

Ce sont autant de situations dans lesquelles votre chien paraît clairement « stressé ». Ce « stress » s'inscrit plus généralement dans le cadre de troubles du comportement plus ou moins graves et plus ou moins permanents.

Selon leur importance et leurs conséquences sur la vie du chien, et la vôtre également, votre vétérinaire peut vous proposer des traitements efficaces (médicaments et/ou thérapie comportementale spécifique). En cas de doute, n'hésitez pas à le consulter !

Chapitre 10

Comment gérer les principaux troubles du comportement chez le chien ?

Dans ce chapitre :
▶ Les troubles du comportement les plus fréquents
▶ Comment traiter les problèmes ?
▶ Maîtriser les comportements bruyants et destructeurs
▶ Comment gérer l'anxiété de séparation ?
▶ Comment lutter contre les souillures, les mictions de soumission et le mal de voiture ?

*V*otre chien présente-t-il selon vous certains troubles du comportement ? Est-ce qu'il aboie trop mais est adorable le reste du temps ? Est-ce qu'il saute sur les gens quand il les rencontre pour la première fois alors qu'il est tranquille le plus souvent ? Est-ce qu'il lui arrive d'avoir des petits accidents à la maison, de vous remorquer quand vous le promenez en laisse ou encore de mâchouiller vos affaires de façon inopinée ?

Les chiens peuvent avoir quelques mauvaises petites habitudes que l'on ne peut qualifier nécessairement de troubles du comportement. Certaines peuvent être corrigées très facilement, d'autres requièrent davantage d'efforts et de patience, avec le soutien de votre vétérinaire. Peu importe la situation dans laquelle vous vous trouvez, vous devez commencer par montrer à votre chien que vous êtes le chef. Les chiens sont des animaux de meute qui viennent au monde en supposant que quelqu'un dirige le groupe. Ils ont besoin d'un chef, et il faut que ce soit vous.

Si vous ne faites pas d'effort dans ce sens, si vous ne vous imposez pas comme le chef, vous aurez beaucoup de mal à l'éduquer. La méthode que nous préconisons pour imposer au mieux votre autorité est l'exercice du « couché long ». C'est un exercice réalisé en douceur qu'Oscar accepte volontiers, car il mime les comportements que l'on adopte dans la meute pour maintenir le rang d'un membre dans la hiérarchie. Pour plus de détails sur cet exercice, rendez-vous au chapitre 2.

De plus, il faut établir un code de communication avec Oscar en lui apprenant les ordres de base expliqués aux chapitres 7 et 8. Vous saurez mieux appréhender les comportements indésirables s'il comprend ce que vous attendez globalement de lui que si vous vous évertuez à régler un problème isolé.

La plupart des petits travers du chien sont d'ordre relationnel et reflètent souvent un manque d'éducation et de temps passé avec l'animal, même si certains relèvent de véritables troubles du comportement que seul un vétérinaire qualifié (appelé vétérinaire comportementaliste) peut vous aider à résoudre.

Un chien, comment ça marche ?

Bien éduqué par son maître, le chien fait aujourd'hui un merveilleux compagnon ! Pour autant, il est important de bien comprendre la façon dont il fonctionne et ce que signifie chez lui « l'instinct de meute ».

Le comportement social du chien est bien codifié, la notion de hiérarchie est très présente. En meute canine, les chiens se comprennent entre eux grâce à des mimiques, des mouvements corporels, des grognements, aboiements ou gémissements caractéristiques. On les voit ainsi montrer des dents, hérisser les poils du dos, lever la tête et lancer des regards menaçants à l'adversaire ou au contraire des regards de « chien battu » avec la queue rentrée entre les pattes lorsque le chien s'avoue « vaincu », donc dominé par un autre congénère.

Au sein d'une meute canine, ce sont les chiens dominants qui occupent le centre de l'espace et contrôlent les déplacements des autres chiens, ainsi que la reproduction du groupe. Il y a un dominant et ensuite une hiérarchie savamment construite, qui va décroissante à mesure que l'on s'éloigne de l'individu dominant.

Mais la hiérarchie est également exprimée à travers l'alimentation, la reproduction, le jeu, etc.

À quoi sont dus les principaux troubles du comportement ?

Une mauvaise conduite d'élevage les premières semaines de vie du chiot ou une éducation inadaptée chez les maîtres sont responsables de l'apparition de divers troubles comportementaux, parfois très gênants, voire dangereux pour le maître.

Le plus souvent, c'est une méconnaissance des maîtres du code comportemental de leur chien qui est à l'origine des troubles observés, alors qu'ils pensaient bien faire !

Il existe aussi une cause héréditaire aux troubles du comportement, et dans ce cas, c'est à l'éleveur de revoir ses critères de sélection pour ne pas fixer génétiquement ces « tares » comportementales à la race.

D'autres causes sont à l'origine de comportements gênants chez le chien :

- Ennui et frustration dus à un manque d'exercice
- Oisiveté mentale due au fait que l'on ne passe pas assez de temps avec le chien
- Solitude liée à un manque de contact avec les membres de la famille
- Problèmes de nutrition et de santé qui en découlent

La solitude est sans doute le problème le plus difficile à résoudre. Par nécessité, les chiens sont souvent seuls à la maison la journée et ils n'ont rien d'autre à faire que ruminer. Heureusement, vous pouvez combler ce manque en partageant des activités avec lui quand vous êtes présent. C'est pourquoi il faut bien réfléchir avant d'adopter un chien !

Avant d'aborder les troubles du comportement proprement dits, nous vous suggérons de suivre ces quelques conseils généraux.

De l'exercice

Oui, nous l'avons mis en priorité ! Les besoins en exercice varient selon la taille et l'énergie de votre chien. Bien souvent, on ne réalise pas à quel point certains chiens en ont besoin. Prenons le cas du bull terrier. Si son propriétaire vit en appartement dans une grande ville et que le chien ne court pas assez, il y a fort à parier qu'il vivra mal cette situation et développera des troubles du comportement à cause du manque d'activité physique. Ce chien ne présenterait aucun de ces troubles s'il vivait dans un environnement adéquat où il pourrait se dépenser. Réfléchissez donc bien avant de choisir une race, adaptée à votre mode de vie et aussi à votre habitation.

Les éducateurs pour chiens ont une maxime : « Un chien fatigué est un chien heureux. » Les chiens qui peuvent se dépenser suffisamment en courant, en jouant ou en rapportant des objets ont rarement des comportements discutables.

Si votre chien se met à avoir des comportements qui vous semblent anormaux, vous risquez d'avoir de sérieux problèmes. Parfois, il agit par instinct, comme quand il creuse. Parfois, c'est par ennui, mais en aucun cas parce que le chien est difficile. Avant de traiter le problème, il faut en trouver la cause, avec l'aide d'un vétérinaire au besoin.

Avoir une vie sociale

Une vie sociale implique que vous passiez du temps avec lui, mais qu'il puisse aussi rencontrer le plus souvent possible ses semblables. Emmenez-le régulièrement en promenade au parc où il peut rencontrer d'autres chiens, rejoignez un club canin où des activités sont proposées. Les chiens sont des animaux de meute et ils aiment la compagnie d'autres chiens. La socialisation de votre animal doit se travailler au quotidien. Pour plus d'informations sur les activités pour chiens, rendez-vous au chapitre 21.

Être en bonne santé

Ce n'est pas très drôle d'avoir un chien qui a constamment des problèmes de santé, qu'ils soient mineurs comme une irritation de la peau, les puces, les infections des oreilles, etc., ou plus graves, comme les maladies des reins, du foie, du cœur, de la thyroïde. Et s'il ne se sent pas bien, votre chien peut présenter des troubles du comportement, se montrer agressif ou craintif, et l'on a tendance à confondre les comportements liés aux problèmes de santé avec les réels troubles du comportement. Si Oscar a mangé quelque chose qui provoque des troubles digestifs, il peut faire ses besoins dans la maison. Des troubles de l'appareil locomoteur douloureux peuvent le rendre irritable au point de mordre si on le touche là où il a mal. Ces problèmes ne peuvent évidemment être réglés par une éducation appropriée, et encore moins par la discipline, seule l'intervention du vétérinaire permettra de résoudre le problème. Pour plus d'informations sur la santé de votre chien, voir le chapitre 19.

Une bonne alimentation

La maxime « on est ce que l'on mange » vaut autant pour nous que pour les chiens. L'alimentation exerce en outre une énorme influence sur le comportement du chien. Avec tous les aliments que l'on trouve maintenant pour les chiens, il est difficile de savoir ce qu'il y a de mieux pour lui.

Un chien est un animal carnivore. S'il semble se régaler des pâtées « faites maison » ou boîtes achetées au meilleur prix en grande surface, ce ne sont pas là les aliments idéaux pour le maintenir en bonne santé et lui assurer son bien-être. La solution que les spécialistes préconisent est une alimentation de haute qualité (dite « Premium ») sous forme de croquettes sèches, qui contiennent tous les nutriments essentiels. Un peu d'eau fraîche à volonté, et le compte y est !

Pour plus d'informations sur les besoins nutritionnels de votre chien, consultez le chapitre 18.

Occupez votre chien !

L'oisiveté mentale peut engendrer un comportement indésirable. Mais si vous éduquez régulièrement votre chien ou si vous lui faites faire quelque chose pour vous, il se sentira utile, ces activités lui procurant la stimulation mentale dont il a besoin (voir chapitre 7).

Servez-vous de votre imagination pour qu'il puisse vous aider chez vous, vous serez surpris de voir à quel point il peut vous être utile.

Comment remédier à ces comportements inacceptables ?

On dit que la beauté est subjective, c'est pareil pour un comportement inacceptable. Certains accepteront que leur chien joue en mordillant, voire en mordant, d'autres pas. En outre, il y a des degrés dans le caractère inacceptable d'une action. Ce n'est pas la même chose de s'allonger sur le canapé que de le déchiqueter en votre absence. Si votre chien s'allonge dessus, ce n'est pas aussi fâcheux que s'il le détruit. On peut aussi qualifier d'inacceptable le fait que le chien ne vienne pas quand vous l'appelez parce que cela peut être dangereux, ou encore de ne pas bouger quand on lui demande.

Beaucoup de ces comportements gênants peuvent disparaître si vous éduquez votre chien ne serait-ce que 10 minutes par jour, cinq fois par semaine pendant environ un mois. C'est peu en fin de compte pour avoir ensuite un chien agréable dont vous serez fier. Un chien éduqué est d'autant plus libre, parce que vous pouvez l'emmener partout et il sera toujours bien accueilli.

Si vous pensez que votre chien présente un trouble du comportement, vous avez le choix :

- Vous acceptez ce comportement.
- Vous l'éduquez pour qu'il change
- Vous lui trouvez un nouveau foyer
- Vous lui faites faire un aller simple dans un refuge

Tolérer certains troubles du comportement de votre chien

Si vous n'avez pas envie de passer du temps à l'éduquer pour en faire le compagnon idéal, vous pouvez décider de faire avec et passer outre certains troubles du comportement qui ne vous paraissent pas si dérangeants que ça.

Essayez quand même de prendre le temps de lui accorder ces 10 minutes par jour, cinq fois par semaine pendant un mois dans un endroit dépourvu de distractions et vous occuper uniquement de lui. Vous pourriez ainsi tenter de résoudre ses mauvaises petites habitudes.

Les comportements gênants sont ceux qui compromettent votre sécurité et celle des autres, comme de mordre ou d'agresser. On entend par *agression*, une morsure imprévisible et volontaire, sans mobile apparent (voir chapitre 11 pour plus d'informations à ce sujet). Vous ne devez pas non plus accepter des comportements qui menacent le chien, comme de le laisser courir après les voitures, les vélos, les motocyclettes, etc. (voir chapitre 7).

Comment résoudre les troubles du comportement ?

Certains comportements gênants ou dangereux du chien peuvent se traiter de façon très efficace, à l'aide parfois de médicaments, mais souvent aussi grâce à une thérapie comportementale prescrite par votre vétérinaire,

comprenant divers exercices qui vous permettront de repartir sur de
« bonnes bases ».

Notez que les cours d'obéissance ne sont pas forcément la solution même si
en éduquant votre chien, vous passez un temps précieux avec lui, qui vous
fera in fine gagner du temps. Tout dépend de la cause du problème.

Aller directement la source du problème

Avant tout, face à une « mauvaise manière », essayez de trouver ce qui a pu l'amener à agir ainsi plutôt que de tenter de le corriger. Si votre chien fait ses dents, vous devez lui procurer des jouets à mâcher. S'il urine dans la maison, demandez-vous d'abord si vous ne l'avez pas laissé trop longtemps à l'intérieur ou s'il n'est pas malade, auquel cas il vous faudra l'emmener chez le vétérinaire. Si vous le laissez seul dans le jardin et qu'il aboie sans arrêt par ennui, ramenez-le dans la maison. Vos voisins vous en seront reconnaissants. Si vous n'avez pas le temps de lui faire faire plus d'exercice, pensez à le faire promener par un voisin ou même une société de « promeneurs pour chiens ». Un chien doit pouvoir se dépenser normalement et naturellement. En essayant de contenir son « capital énergie », ou en ne lui accordant pas assez de temps pour qu'il puisse le dépenser, c'est vous qui favorisez l'apparition de certains de ces troubles du comportement. Souvenez-vous, un chien fatigué est un chien heureux !

Trouver un nouveau foyer pour le chien

Il arrive que le tempérament du chien ne convienne pas à votre mode de vie. Un chien craintif ou physiquement limité pourra ne jamais s'épanouir au milieu d'une ribambelle d'enfants pleins d'énergie. Un chien qui ne supporte pas la solitude ne conviendra pas à une personne qui n'est pas là de la journée. Il est clair que ces problèmes ne peuvent être réglés par une éducation appropriée ou que les efforts requis seront trop stressants pour le chien.

Il arrive aussi que le chien et son maître soient mal assortis et il est préférable dans ce cas qu'ils se séparent. Si le maître ne peut lui accorder assez de temps pour qu'il se dépense, le chien développera des troubles du comportement. Peu importe la raison, dans son intérêt comme dans le vôtre, il est préférable dans certains cas que le chien soit placé dans une nouvelle famille où il pourra assouvir ses besoins.

Encore une fois, réfléchissez bien avant d'adopter un chien pour ne pas vous retrouver dans ce genre de situation !

Nous avons connu un bull terrier qui était à ce point seul qu'il s'était mis à tourner en rond pour attraper sa queue au point d'en devenir complètement névrosé. Nous avons suggéré à son propriétaire de le placer et lui avons trouvé une ferme. En l'espace de quelques semaines, il a perdu cette manie de tourner en rond parce qu'il pouvait désormais se dépenser à longueur de temps.

L'aller simple dans un refuge animalier

Si tous vos efforts ont échoué, que vous ne pouvez pas vivre avec le chien et que vous ne pouvez pas non plus le placer chez d'autres personnes, une seule solution s'impose parfois : l'abandonner. Ne prenez surtout pas cette décision à la légère. Il faut n'y avoir recours qu'après avoir tout tenté pour remédier à ses troubles et être certain de ne pas avoir d'autre choix. Pour ce faire, votre vétérinaire est votre meilleur allié ! C'est aussi le seul à pouvoir décider s'il faut malheureusement euthanasier votre chien s'il était trop dangereux.

Ne vous faites aucune illusion en le plaçant dans un chenil. Ces centres sont peuplés d'animaux dont on ne veut plus et seul un petit nombre trouvera un nouveau foyer. Nous vivons hélas dans une société du jetable et bien trop souvent, on se débarrasse du joli petit chiot quand il devient trop grand.

Les fouilles

L'un des passe-temps favoris de nos teckels, c'est de creuser ou de « jardiner » si vous préférez. Ils s'adonnent à cette activité dès que l'occasion leur en est donnée avec un enthousiasme non dissimulé. Ce comportement est instinctif, car les teckels ont été dressés pour débusquer les blaireaux. Devons-nous pour autant les laisser saccager le jardin qui commence à ressembler à un champ de mines ? Non bien sûr, mais nous devons prendre nos responsabilités, et, entre autres :

- Leur faire dépenser leur énergie autrement
- Leur trouver un exutoire
- Surveiller les chers trésors pour s'assurer qu'ils n'aient pas de problème

Chapitre 10 : Comment gérer les principaux troubles du comportement... **141**

> ### Pourquoi les chiens ont-ils cette manie de creuser ?
>
> Même si certaines races de chiens, comme les petits terriers, sont prédisposés pour creuser, tous s'adonnent à cette activité un jour ou l'autre. Voici les raisons les plus courantes, parfois amusantes, qui les poussent à creuser :
>
> - Le mimétisme : votre chien vous imite en quelque sorte. Tentez de jardiner en cachette !
> - Fabriquer des nids pour des chiots réels ou imaginaires (cela concerne les femelles)
> - Enterrer et déterrer un os
> - Voir ce qui se passe là parce que c'est amusant, ou trouver un endroit frais pour s'allonger
> - L'ennui, la solitude ou la frustration

Pour qu'il puisse se dépenser, il a besoin d'exercice. Alors emmenez-le se promener en forêt où il pourra s'en donner à cœur joie.

La bonne nouvelle, c'est que vous pouvez remédier à la plupart de ces soi-disant troubles du comportement. La mauvaise, c'est que vous devez vous impliquer. Enfin, pour remédier au creusage, c'est simple : ne laissez pas votre chien trop longtemps sans surveillance dans le jardin.

Pour que cette activité ne devienne pas un réel problème pour vous et lui, vous devez accepter que ce comportement fait partie de l'instinct de prédation. Alors, suivez bien tous les conseils que nous vous donnons pour en finir avec le creusage intempestif. Vous ne pouvez décemment pas le faire creuser jusqu'à épuisement, en revanche, vous pouvez le fatiguer en jouant à la balle ou en courant avec lui de façon à ce qu'il soit trop fatigué pour se livrer à son passe-temps !

Si vous avez, comme nous, un teckel à poil dur, trouvez-lui un endroit où il pourra creuser ses cratères ailleurs que dans votre belle pelouse. Installez-lui un petit enclos où il pourra s'adonner tranquillement à son passe-temps. Nous avons choisi de les promener en forêt où ils creusent sous des herbes précises jusqu'à la racine.

Pourquoi le chien aboie-t-il ?

D'un côté, quoi de plus rassurant que de savoir que votre chien se manifeste si un étranger s'approche de la maison. En même temps, il n'est rien de plus agaçant qu'un chien qui aboie sans arrêt. Un chien aboie en réponse à un stimulus ou parce qu'il s'ennuie et qu'il veut attirer notre attention, même si son maître se fâche. C'est là tout le dilemme : on voudrait qu'il aboie mais seulement quand on pense qu'il devrait le faire.

Aboyer pour répondre

Votre chien est dans le jardin, des personnes passent devant la maison et il aboie. Pourquoi ? Tout simplement pour défendre son territoire. Une fois que les intrus potentiels sont passés, il s'arrête. Ces personnes sont le stimulus qui déclenche l'aboiement. Une fois qu'on le retire, il arrête d'aboyer.

Si ces mêmes personnes s'étaient arrêtées près de la grille pour bavarder, il aurait continué à aboyer. Pour qu'il arrête, il faut éloigner le chien ou faire partir les passants : on enlève le stimulus ou le chien. Si vous vivez dans un quartier animé où ce phénomène se produit souvent, ne le laissez pas dans le jardin trop longtemps.

Il aboie aussi dans la maison quand quelqu'un s'approche de la porte d'entrée. Une fois qu'il vous a prévenu, remerciez-le et faites-le asseoir à vos côtés quand vous ouvrez la porte. S'il le faut, attachez-le à sa laisse si vous ne parvenez pas à le calmer.

Il lui arrive de se précipiter à la fenêtre en aboyant parce qu'il voit ou entend quelque chose. Là encore, remerciez-le en lui faisant comprendre que vous savez ce qui se passe et dites-lui : « Stop » ou « Ça suffit ». S'il continue, éloignez-le de la fenêtre et envoyez-le à son panier.

Le chien aboie sans aucun mobile apparent

Un chien aboie toujours pour une raison, mais vous ne savez pas forcément laquelle. Son aboiement peut être dû à :

- L'anxiété
- L'ennui
- Le besoin d'attirer l'attention parce qu'il est seul

En théorie, vous n'aurez aucun mal à résoudre le problème si vous vous penchez sur les raisons. Promenez-le davantage et passez plus de temps pour l'éduquer. Ne le laissez pas trop longtemps ni trop souvent seul.

Dans la pratique, ce n'est pas si simple. Pour la plupart, les gens travaillent toute la journée et laissent leur chien à la maison. Si vous vivez en appartement, il est évident que vous ne pouvez pas le laisser aboyer toute la journée. Il est effroyablement stressé, sans parler des voisins (voir la section « Maîtriser l'anxiété de séparation » plus loin dans ce chapitre).

Vous pouvez opter pour le collier électronique anti-aboiement à l'essence de citronnelle ou de moutarde qui diffuse le parfum en direction du museau quand il aboie, ce qui le surprend de façon très désagréable et stoppe l'aboiement. Ces colliers sont assez efficaces s'ils sont bien utilisés, c'est-à-dire associés à une thérapie comportementale prescrite par le vétérinaire. Ne le laissez en aucun cas en permanence accroché au cou de votre chien, il s'y habituerait très vite !

Connaître les motivations de votre chien

Quoi que vous en pensiez, Oscar n'aboie jamais sans raison. Même si ce comportement vous insupporte, c'est la seule façon pour lui d'exprimer sa détresse et sa frustration. Les aboiements excessifs reflètent un besoin d'attirer l'attention même si cela n'amène qu'une réprimande. Si vous le grondez parce qu'il aboie, ou pire que vous lui infligez une tape sur le nez, il attire toujours votre attention.

Il mâche, mais pas sa nourriture

Les chiens mâchouillent des objets pour des raisons physiologiques et psychologiques. Si les premières sont acceptables, les autres ne le sont pas. En tout cas, c'est une plaie !

Le besoin physiologique de mâchouiller

Lorsque les chiots font leurs dents, ils ont besoin de mâcher, ils n'y peuvent rien. Pendant cette période, donnez-leur un jouet mou et un jouet dur, un os en caoutchouc (ou un vrai). Ne leur donnez rien qu'ils puissent avaler ou détruire.

Veillez à ce que votre chien ne puisse pas s'en prendre à vos affaires : chaussures, chaussettes, torchons, etc. Un chien qui souffre de solitude peut mâchouiller tout ce qu'il trouve sur son passage. Accordez-lui plus d'attention et n'oubliez pas les jouets à mâcher.

Le besoin psychologique de mâchouiller

S'il mâche des objets au-delà d'un certain âge, après la période des dents, c'est un signe d'anxiété, d'ennui ou de solitude. Cela ne veut pas dire qu'il vous en veut ou qu'il est rancunier. S'il s'attaque aux meubles, aux plinthes ou aux murs, s'il renverse la poubelle, pensez éventuellement à le confiner dans un parc pour quand vous ne pouvez pas le surveiller. Vous ferez des économies et éviterez de vous en prendre à lui.

Qui plus est, il ne faut pas qu'il s'attaque à des objets dangereux pour lui.

Au lieu de vous mettre en colère après Oscar qui détruit vos objets de valeur, offrez-lui quelques bons jouets solides et utilisez un parc ou un petit espace clos pour avoir l'esprit tranquille quand vous ne pouvez pas le surveiller.

Attention, le parc est pour nous une solution de dernier recours. Dans l'idéal, ne laissez pas votre chien trop longtemps et trop souvent seul. Il n'a pas non plus besoin que vous le divertissiez en permanence. Sachez seulement que les longues périodes de solitude ne sont pas bonnes pour votre chien.

Comment traiter l'anxiété de séparation ?

Un chien anxieux et stressé quand vous partez sans lui souffre de troubles du comportement liés à la séparation, ou d'anxiété de séparation. Il réagit émotionnellement au fait d'être séparé physiquement de la personne à laquelle il est attaché.

L'anxiété de séparation est fréquente chez le chien et se manifeste par des destructions massives de la maison (meubles, rideaux, objets divers) et/ou de la voiture. Le chien dépose des selles et de l'urine un peu partout dans la maison (alors qu'il a été sorti suffisamment). À ces destructions et souillures peuvent s'ajouter des aboiements intempestifs, très pénibles pour les voisins ! Parfois, le chien se lèche sans cesse les pattes, boit ou mange beaucoup trop ou vomit lorsque ses maîtres sont absents. Ces derniers constatent souvent d'ailleurs qu'il ne sert à rien de gronder le chien à la vue de ses « bêtises », et qu'au contraire, cela ne fait qu'aggraver les choses !

L'anxiété de séparation a pour cause un hyper attachement du chien à une personne en particulier. Même si ce processus d'attachement est indispensable et nécessaire au chiot (avec sa mère tout d'abord), les maîtres doivent apprendre le « détachement » à leur animal vers l'âge de 4-5 mois.

Comment faire ? Quelques règles simples doivent être suivies : ne plus répondre systématiquement au sollicitations de jeu et d'attention du chien, mais le repousser doucement parfois, pour ensuite prendre l'initiative soi-même des jeux et des relations.

Il est aussi important que le chiot ne dorme pas dans la chambre de ses maîtres, et qu'il mange après eux (sans bien entendu réclamer quoique ce soit à table !).

Chapitre 10 : Comment gérer les principaux troubles du comportement...

À partir de l'âge de 4 mois, il faut en plus favoriser le contact avec d'autres chiens, et d'autres personnes de l'entourage familial et social !

Et n'hésitez pas à faire appel à votre vétérinaire si les choses semblent difficilement se résoudre !

La méthode de désensibilisation

Nous avons moult petites habitudes avant de partir de la maison qui indiquent au chien que c'est l'heure du départ. Dressez une liste de ce que vous faites avant de partir : vous maquiller, prendre votre sac ou les clés de la voiture, mettre votre manteau, éteindre les lumières, rassurer le chien en le caressant, etc.

Plusieurs fois par jour et de façon aléatoire, vaquez à vos petites habitudes de départ, faites comme si vous alliez vraiment partir puis asseyez-vous et lisez le journal ou regardez la télé, ou bricolez dans la maison. En procédant ainsi, le chien va commencer à se détacher des signes indiquant que vous êtes sur le point de partir.

Une fois qu'il ne prête plus attention à ces indices, partez sans vous occuper du chien pendant 5 minutes. Revenez et ne lui prêtez pas non plus attention. Recommencez en prolongeant progressivement le temps d'absence. Allumez la radio ou la télé, donnez-lui ses jouets, cela pourra vous aider. Quoi que vous fassiez, pensez bien à ignorer le chien pendant 5 minutes une fois rentré. Le but est d'éliminer l'élément émotionnel qui accompagne vos départs et vos retours de façon à ce qu'il s'agisse pour lui d'un moment normal de la journée et qu'il n'y ait aucune raison de s'exciter.

Traiter avec les phéromones

Pour traiter l'anxiété de séparation, il existe aussi le diffuseur de phéromones apaisantes pour le chien. Ce produit mis au point et prescrit par des vétérinaires imite les propriétés des phéromones naturelles produites par la mère. Après avoir donné naissance à ses chiots, la mère génère des phéromones qui leur procurent du bien-être et les rassurent.

Le DAP est un petit appareil électrique qui diffuse les phéromones que l'odorat du chien détecte. Elles lui rappellent le bien-être qu'il ressentait petit (le produit est inodore). Les essais cliniques ont été concluants dans 75 % des cas et ont amélioré les troubles liés à la séparation. Pour être efficace, le diffuseur doit être branché 24 heures sur 24.

La maison souillée

Les chiens « normalement propres » qui salissent la maison ont des motivations diverses, outre l'anxiété de séparation :

- Vous avez laissé votre chien trop longtemps sans qu'il puisse se soulager. Comme on dit, un accident est un accident. Vous connaissez ses heures et sa capacité à se retenir, alors ce n'est pas votre chien qu'il faut blâmer. Vous avez peut-être travaillé plus tard que d'habitude ou vous avez eu un imprévu. Tant que cela ne devient pas une habitude de votre part, il n'y a aucune raison pour que votre chien recommence souvent.

- Il a peut-être mangé quelque chose qui dérange sa digestion. Un changement brutal de régime alimentaire cause souvent ce type de problème. Si vous changez son alimentation, faites-le progressivement (sur plusieurs jours) pour que son organisme s'y habitue.

- Les petites friandises que vous lui donnez çà et là, comme des restes de poulet ou de pizza, peuvent aussi provoquer des troubles digestifs.

- Les cystites (infection urinaire), plus fréquentes chez les femelles que chez les mâles, peuvent entraîner des mictions involontaires. Dans ce cas, consultez votre vétérinaire.

  Cette infection peut être d'origine bactérienne. Oscar a l'impression qu'on appuie sans cesse sur sa vessie et il a toujours envie d'uriner, même s'il vient de le faire.

  Bien qu'il s'agisse d'une infection bénigne, une cystite non traitée à temps peut avoir d'importantes répercussions, car les bactéries peuvent toucher les reins. Si vous observez les symptômes cités plus haut, une visite chez le vétérinaire s'impose. En général, un traitement antibiotique suffit à traiter rapidement le problème.

- Avec l'âge, l'incontinence urinaire risque de faire son apparition. Demandez conseil à votre vétérinaire, des traitements sont possibles !

  Le relâchement des muscles du sphincter qui retient l'urine dans la vessie provoque souvent ce phénomène d'incontinence quand le chien vieillit. Si ce problème n'est pas facile à vivre, on peut malgré tout le traiter. On euthanasie malheureusement un trop grand nombre de chiens chez qui le problème persiste, alors qu'on peut le traiter de plusieurs manières.

- Le chocolat peut rendre votre chien malade. Bien qu'il contienne des agents chimiques qui le rendent savoureux, on oublie qu'ils risquent d'être toxiques à haute dose pour Oscar. Alors, évitez de lui en donner et de le laisser à sa portée.

Les pertes urinaires liées à la soumission

Les mictions involontaires sont plus fréquentes chez les chiens présentant un instinct de fuite élevé et un instinct de lutte faible (voir chapitre 5 pour plus d'informations sur les instincts du chien). Ce phénomène se produit souvent quand on dit bonjour au chien pour la première fois. Il s'accroupit ou se met sur le dos, et il urine comme au temps où il était petit.

Si Oscar fait pipi, ne le réprimandez pas car ça ne fera que renforcer le comportement, voire l'aggraver. En le grondant, vous le rendez encore plus soumis, et vous favoriserez la miction. Ne vous penchez pas non plus vers lui et ne tentez pas de le porter, il se sentira également soumis et il urinera.

Heureusement, les mictions de soumission sont faciles à résoudre. Faites comme suit :

1. **Quand vous revenez à la maison, ignorez votre chien.**

    Ne l'approchez pas, laissez-le venir vers vous.

2. **Dites-lui bonjour sans le regarder et en présentant la paume de la main.**

    Cette étape est importante car le dos de la main transmet une énergie négative à l'inverse de la paume.

3. **Ne parlez pas et laissez-le renifler votre main.**

4. **Grattez-lui doucement le menton, pas le dessus de la tête.**

5. **N'attrapez pas votre chien et ne tentez pas de le faire.**

Les amis qui vous rendent visite peuvent vous aider à résoudre le problème de miction. Dites-leur d'ignorer votre chien quand ils arrivent et de le laisser venir vers eux, de lui présenter la paume de la main et de ne pas tenir ou attraper le chien.

Si vous suivez ces petits conseils, votre chien arrêtera d'uriner.

Le mal de voiture

Le mal de voiture, qui se traduit par une salivation excessive ou des vomissements, est généralement dû à :

- Un véritable mal des transports
- Une mauvaise opinion des trajets en voiture

On invite rarement un chien sujet au mal des transports en voiture, si ce n'est pour l'emmener chez le vétérinaire. C'est comme si enfant ne montait en voiture que pour aller chez le médecin pour un vaccin. Pas étonnant que le chien n'aime pas la voiture.

Si certains chiens sont malades en camion parce qu'ils ne peuvent pas voir par la fenêtre, d'autres se sentent mal en voiture parce qu'ils peuvent voir par la fenêtre. Quelle que soit la réaction de votre chien, il risque de se faire une fausse idée de ce moyen de transport. En travaillant avec lui pour qu'il s'habitue à la voiture, vous saurez s'il se sent mieux et si chaque séance sera longue ou non.

Pendant que vous essayez de lui redonner le goût de la voiture, gardez une attitude enthousiaste et positive. Évitez la sollicitude du genre « Ne t'inquiète pas, ça va aller », car elle risque de renforcer son inquiétude et sa phobie de la voiture.

1. **Ouvrez toutes les portes et faites entrer gentiment Oscar dans la voiture, moteur éteint.**

   S'il refuse, portez-le et placez-le vous-même dans la voiture. Peu importe comment il est finalement entré, donnez-lui une friandise, félicitez-le et faites-le ressortir tout de suite. Recommencez jusqu'à ce qu'il y entre de son plein gré.

2. **Quand il monte de lui-même sans hésiter, fermez les portes d'un côté, gardez le moteur éteint et faites-le entrer gentiment.**

3. **Une fois l'étape 2 acquise, faites grimper votre chien, donnez-lui une friandise et fermez les portes.**

   Faites-le sortir et récompensez-le de nouveau. Recommencez jusqu'à ce qu'il monte de son plein gré dans la voiture, et fermez les portes pendant plus d'une minute.

4. **Faites monter le chien dans la voiture, entrez aussi, fermez les portes et démarrez.**

   Donnez-lui une friandise. Arrêtez le moteur et faites-le sortir.

5. **Vous êtes maintenant prêts pour une balade en voiture, mais pas plus d'un tour du pâté de maison pour commencer.**

   Prolongez progressivement le temps de promenade en lui offrant toujours une récompense, au départ et à l'arrivée.

S'il est malade en voiture, votre vétérinaire peut vous proposer différents traitements.

Chapitre 11
Gérer l'agressivité

Dans ce chapitre :
▶ Comprendre l'agressivité et ses causes
▶ Maîtriser les chiens aux instincts prononcés de prédation, de lutte et de meute
▶ Travailler avec un chien qui mord par peur
▶ Que faire si un chien attaque le vôtre ?
▶ Les clôtures électriques sont-elles efficaces ?

Le terme « agression » a des sens divers selon les individus. On peut considérer qu'un chien qui aboie derrière une grille en grognant a un comportement agressif, mais s'il s'agit du vôtre, vous penserez que c'est un comportement parfaitement normal puisqu'il défend son territoire et que c'est de toute façon ce que vous attendez de lui.

On attend de son compagnon canin une forme de protection, ou d'agression, mais uniquement dans des circonstances précises. Mais comment le chien peut-il savoir quand il doit adopter ce comportement ? Ce chapitre vous aidera à mieux appréhender les problèmes d'agressivité, selon le contexte.

Qu'est-ce qu'un comportement agressif ?

On a tendance à employer à tort les termes « agressivité » et « sauvage » pour des comportements qui ne sont pas à proprement parler des agressions. Eberhard Trumler, comportementaliste allemand, définit l'agression comme une « morsure imprévisible et délibérée – sans avertissement – et avec l'intention de faire mal ». Parfois, ces incidents appelés agressions sont prévisibles et/ou provoqués.

Quand un inconnu s'approche de vous alors que vous promenez votre chien, et qu'il grogne, c'est parce qu'il a peur ou qu'il veut vous protéger (défense/fuite, voir chapitre 5). Dans un cas comme dans l'autre, il ne s'agit pas d'une réelle agression, car le chien vous avertit clairement de ses intentions. C'est à vous de gérer au mieux la situation.

Les morsures peuvent parfois être graves

Un chien apeuré ou qui se sent agressé peut mordre. Se méfier des risques de morsures est donc une priorité pour assurer la sécurité du maître, de sa famille et de son entourage.

Attention aussi aux idées reçues : les chiens mordeurs ne sont pas tous des molosses de type pitt-bull dont on évoque souvent la dangerosité dans les médias ! Un adorable petit caniche peut lui aussi, par défense ou par peur, mordre sérieusement un humain !

Il est à cet égard impératif que le maître du chien maintienne une place de dominant face à son chien, et ce, dès le départ, par l'autorité et les règles hiérarchiques qui s'appliquent avec l'aide d'un vétérinaire si nécessaire. Pour prévenir ces risques, il faut notamment veiller à ce que le chien ait son propre lieu de couchage, à l'écart (pas le lit ou le canapé de son maître !), et qu'il mange après son maître pour des raisons d'ordre hiérarchique.

Les jeunes enfants sont les plus exposés au risque de morsure, dans la mesure où ils ne sont pas toujours en âge de comprendre le « code canin ». Aux adultes donc de prendre les précautions nécessaires pour protéger les enfants inconnus du chien, et parfois même ceux qui lui sont familiers ! Apprendre à un enfant à ne pas s'approcher d'un chien qu'il ne connaît pas, à ne pas le surprendre, ou à ne pas le déranger quand il mange sont les premières précautions utiles pour éviter les risques de morsure.

L'agressivité a ses raisons

Une amie proche, qui a grandi dans une ferme, nous a raconté un incident avec deux de ses frères cadets de 8 et 10 ans. Un matin, les garçons sont partis pêcher à l'étang avec Lucy, la chienne de la maison. Ils sont revenus un peu plus tard en larmes disant que Lucy ne les avait pas laissés creuser pour attraper des vers de terre, qu'elle avait grogné et montré les dents. Leur mère, très surprise, a décidé de mener sa petite enquête. Elle a trouvé Lucy assise au bord de l'étang où les garçons avaient creusé, en train de fixer un rocher. À son approche, la chienne s'est agitée et s'est mise à aboyer. La mère des garçons est allée chercher du monde à la ferme et à l'aide d'un râteau, ils ont retourné le rocher et ont découvert un nid de vipères.

Vous pouvez traverser la rue, faire demi-tour ou demander au chien de marcher au pied le temps que le passant disparaisse, en vous tenant entre le chien et lui. Ne tentez en aucun cas de le calmer en le caressant et en lui disant qu'il est un bon chien, il pensera au contraire que vous l'encouragez à grogner.

Envers qui peut-il se montrer agressif ?

- ✓ Son maître
- ✓ La famille
- ✓ Un inconnu ou un animal

Que fait un chien agressif ?

- ✓ Il grogne à voix basse
- ✓ Il montre les dents et a un regard fixe
- ✓ Oreilles et moustaches pointent vers l'avant, il se tient bien droit et il hérisse le dos.
- ✓ Il mord

S'il est agressif avec vous, demandez-vous si vous avez bien réussi à vous imposer comme le chef. En général, la réponse est non. Et du coup, le chien est convaincu qu'il est le chef ou qu'il peut le devenir. Il n'est pas méchant pour autant, le chien est un animal de meute et pour lui c'est normal qu'il y ait un chef. S'il ne vous en sent pas capable, il va chercher à l'être à votre place. Les chiens ont besoin d'une hiérarchie, c'est ainsi qu'ils sont faits ! (voir chapitre 2).

Agression et hiérarchie sont étroitement liés

La morsure est un motif fréquent de consultation chez le vétérinaire, et est une source potentielle de grand danger pour le maître.

Au cours de son développement, lorsque le chiot atteint le stade de la puberté, il va tenter de se positionner par rapport à sa nouvelle meute « humaine », et définir ainsi sa place hiérarchique au sein du foyer qui l'accueille. Au début, il tentera sûrement d'exprimer sa dominance et d'entrer naturellement en conflit avec son maître au sujet de ses repas, de son lieu de couchage, de ses mictions, etc. Lorsque le chien prend le dessus sur son maître, il s'autorise à l'agresser et à le mordre, puisqu'il est dominant et contrôle tout le territoire. Ces troubles de la hiérarchie doivent être corrigés pour éviter ces séquences de menaces (grognements) et d'agression (morsure franche), potentiellement dangereuses pour les maîtres, leur entourage et leurs enfants.

Les chiens qui n'ont pas acquis le réflexe de la morsure inhibée au cours de leurs premières semaines n'ont pas la capacité de se soumettre face à leur maître : ce sont des chiens dangereux car imprévisibles.

Qui et pourquoi un chien mord-il ?

S'apprêtant à agresser un congénère, le chien se montre menaçant et intimide son adversaire. Il peut aller jusqu'à l'attaque où il tente de soumettre par la force son adversaire en le maintenant plaqué au sol. Une fois le conflit hiérarchique réglé, a lieu une phase d'apaisement au cours de laquelle le vainqueur affirme sa position sur le vaincu (il lui mordille la tête, le lèche, le chevauche ou met sa patte sur son dos). L'homme peut être la victime de ce type d'agression hiérarchique de la part de son chien, dès lors qu'il n'a pas affirmé sa supériorité.

Le chien peut mordre lorsqu'il est irrité d'une situation (douleur, faim, brossage ou soins, caresses, maintien du chien, frustration temporaire, etc.). C'est souvent le cas d'individus dominants qui finissent par mordre sans prévenir, ce qui est d'autant plus dangereux.

Il y a aussi des cas d'agression territoriale, déclenchée dès lors qu'un intrus (chien ou homme) pénètre le territoire défendu par le chien.

La mère, enfin, peut se montrer agressive pour défendre ses chiots si elle les sent en danger.

Les cas où le chien mord d'emblée son adversaire (ou sa proie) sont appelés agressions à séquence incomplète dans la mesure où l'attaquant ne menace pas au préalable sa victime et ne lui laisse pas le choix de la fuite. L'agression prédatrice – déclenchée par la faim – fait partie de celles-ci. Il s'agit d'un comportement instinctif difficile à maîtriser. Certains chiens confondent proie et bébés, lorsqu'ils n'ont pas été mis en contact avec des enfants au cours de la période de socialisation. C'est pourquoi il ne faut jamais laisser seul un bébé avec un chien.

L'agression par peur intervient lorsque le chien ne peut fuir pour échapper à la source de sa crainte. Ce type d'agression se déroule sans phase préliminaire de menace : le chien mord sans prévenir et sans contrôle, ce qui occasionne de sérieuses blessures parfois.

Il y a plusieurs types d'agression

On peut aller chercher du côté de l'hérédité, un problème de santé ou un environnement inadapté. L'agressivité héréditaire, à moins qu'il s'agisse d'une race dressée pour, est relativement rare car elle s'oppose radicalement au concept de domestication. Un comportement agressif résulte plus généralement d'un mal-être, voire d'une douleur physique (voir chapitre 19). Dans ce cas, il ne s'agit pas d'un trouble du comportement, mais d'un problème de santé. Plus généralement, un chien mord à cause de son entourage : incompréhension ou mauvais encadrement.

Une incompréhension peut survenir quand le chiot mordille la main de son maître en jouant ou quand il rapporte un objet et qu'il mord sans le vouloir sa main en essayant d'attraper le bâton. Certains, comme nos terre-neuve, nous attrapent délicatement le bras pour nous emmener dans leur espace de jeu. La plupart des propriétaires de chiens savent faire la différence entre une morsure volontaire et involontaire.

Les morsures dues à une incompréhension relèvent d'une autre question. Par exemple, les enfants jouent avec Oscar et il en a assez et se cache sous le lit. L'un des enfants se glisse sous le lit pour tenter de l'attraper et il lui mord la main. Il ne s'agit pas d'un cas rare et il ne s'agit pas non plus d'une agression, bien que le chien ne l'ait pas averti. Quoique… En se retirant sous le lit, Oscar a indiqué aux enfants qu'il en a assez. Voilà notamment pourquoi il est important d'expliquer aux enfants qu'on ne dérange pas un chien qui n'a « plus envie de jouer ».

L'agressivité est un comportement naturel et même nécessaire. En cas d'agression involontaire, nous sommes le plus souvent en cause. Soit vous avez encouragé sans le vouloir un comportement non souhaité au point que le chien continue, soit la socialisation du chiot n'a pas été menée correctement. C'est uniquement lorsque vous ne parvenez pas à maîtriser une agression, ou que vous n'en comprenez pas l'origine, que cela devient un problème et qu'il vaut mieux consulter un vétérinaire.

La socialisation est un processus régulier qui dure tout au long de la vie du chien. Si vous ne socialisez pas Oscar dès ses premiers mois de vie, vous aurez des problèmes quand il sera adulte. Et continuez de le promener souvent pour qu'il rencontre d'autres chiens (rendez-vous au chapitre 3 pour plus d'informations sur les chiots).

Si vous ne sortez pas votre chiot pendant ses premiers mois sa socialisation avec les personnes et ses semblables sera compromise et cela risque de le rendre plus agressif.

Maîtriser l'agressivité du chien – Instincts de chasse, de meute, de protection et de fuite

Dans cette section, nous abordons ce qui peut provoquer une agression en s'appuyant sur la théorie des instincts (prédation, meute et défense). Les stimulants varient selon l'instinct naturel dominant, tout comme leur maîtrise ou les remèdes utilisés. Le profil de votre chien (voir chapitre 5) vous indique les stimulants probables de façon à ce que vous puissiez anticiper ce qu'Oscar fera selon les circonstances.

C'est en apprenant à anticiper les réactions de votre chien selon les circonstances que vous parviendrez peut-être à maîtriser son comportement. Dans le cas contraire, voyez votre vétérinaire.

À part ignorer ou accepter tel ou tel comportement, vous avez trois choix possibles :

- **Dépenser l'énergie** : le but est de canaliser son énergie. Comment ? En jouant au football, en faisant du jogging, en jouant avec une corde, etc. Un apprentissage est toujours une bonne idée.
- **Contenir l'énergie** : cette option vaut pour un chien qui n'a pas la possibilité de se dépenser. Cette solution provisoire peut s'avérer efficace à condition que le chien puisse avoir l'occasion de se dépenser de temps en temps. Ne la contenez pas à long terme ou définitivement, cette énergie refoulée se soldera par un autre comportement non désiré.
- **Changer d'instinct** : quand Oscar grogne après un autre chien, c'est son instinct de défense qui parle. Pour gérer la situation, redirigez son instinct de meute en lui parlant de façon enjouée et en changeant de direction.

Selon les cas, vous allez utiliser l'une des trois options proposées.

Agressivité d'un chien dont l'instinct de chasse est développé

Vous ne serez pas surpris d'apprendre que les comportements de prédation, ceux qui sont liés à la chasse et à la mise à mort de la proie, sont les causes principales d'agression. Elle est même la plus dangereuse dans un sens, car les stimuli sont très nombreux. Les chiens dont l'instinct de prédation est prononcé réagissent aux sons, aux odeurs et aux objets en mouvement.

Les facteurs déclencheurs

Tout ce qui déclenche un comportement de prédation : voitures, vélos, joggers, chats, chiens, autres animaux, etc. Les problèmes commencent quand le chien attrape ce qu'il poursuit.

Contrôler son agressivité

Jouez régulièrement à lui faire rapporter des objets en veillant à ce qu'il se dépense suffisamment. S'il aperçoit un chat pendant sa promenade, distrayez-le, redirigez son attention vers vous et changez de direction. L'ordre « Laisse » ou un petit coup sec sur la laisse peuvent suffire.

S'il n'obéit pas de manière infaillible à l'ordre « Au pied » « Viens », ne le détachez pas si vous pensez qu'il peut s'enfuir. L'idéal serait toutefois qu'il maîtrise cet ordre. Quoi que vous fassiez, ne le laissez pas courir après des personnes ou des animaux.

Agressivité d'un chien dont l'instinct de protection est développé

L'instinct de défense, qui comprend l'instinct de lutte et de fuite, est dominé par la survie et la conservation de soi. Il est plus complexe que l'instinct de meute ou celui de prédation en ce sens que le stimulus qui peut provoquer une agression (lutte), peut aussi conduire à des comportements d'évitement.

Une fois qu'ils ont compris qui était le chef, ces chiens deviennent de parfaits compagnons, de bons gardiens et d'excellents chiens de concours. Dès son plus jeune âge, le chiot peut chercher à obtenir une sorte d'avancement en faisant montre d'une certaine agressivité envers vous quand vous lui demandez de descendre du canapé par exemple, ou en tout cas quand il ne veut pas faire ce que vous lui demandez.

Si vous laissez votre chiot monter et descendre là où il veut sans imposer de limites, il pensera que vous n'êtes pas assez fort pour être le chef de meute.

Si vous n'êtes pas assez autoritaire avec votre chiot, il aura l'impression que vous êtes un faible et il tentera de vous dominer. Les signes d'une agression à part entière ne surviennent le plus souvent pas brutalement ; le chien vous avertira en grognant, voire en montrant les dents, en vous fixant droit dans les yeux. Si vous pardonnez ce type de comportement et que vous ne faites rien pour y mettre fin, il y a des chances qu'il devienne agressif.

Oscar peut également se montrer agressif avec ses semblables. Il tentera de dominer le chien qu'il rencontre en plaçant le plus souvent sa tête sur son épaule. Celui qui prend la position de soumission signale qu'il reconnaît l'autorité de l'autre.

En revanche, si on a affaire à deux chiens dominants, ils risquent de se battre. Si on les laisse se débrouiller, ils préfèrent en général opter pour la prudence. Ils savent qu'il n'y a rien à gagner à se battre, alors ils se séparent doucement et s'en vont chacun de leur côté.

Sachant qu'une véritable bagarre de chiens est un spectacle douloureux et effroyable, les gens préfèrent éviter ce genre de situation. Découvrez comment deviner les signes d'une agression et prenez les précautions nécessaires en tenant les chiens à distance l'un de l'autre. Les chiens sont comme nous, ils ne s'entendent pas toujours.

Certains propriétaires de chien provoquent par mégarde des combats de chiens en tenant fermement la laisse. Ceci modifie la position du chien et donne un signal d'agression involontaire à l'autre chien. Alors, ne tirez pas la laisse vers vous de façon à ce qu'il reste dans une position normale. De même, au moindre signe de trouble, un regard fixe vers l'autre chien ou un grognement, rappelez-le sur un ton enjoué et partez. Le ton enjoué est primordial pour désamorcer la situation et ne pas l'énerver. Le but est de le faire passer de l'instinct de lutte à l'instinct de meute.

Une femelle peut refuser les avances d'un mâle. Pour lui signaler qu'elle ne veut pas de lui, elle peut retrousser les babines pour qu'il renonce. S'il s'obstine, elle risque de grogner, voire de lui donner un coup de dents. Il ne s'agit pas d'une agression mais d'un comportement parfaitement normal chez les chiens.

Les facteurs déclencheurs

Ils sont multiples quand il s'agit d'une agression. Voici les plus fréquents :

- Approcher le chien d'une manière menaçante
- Le regarder de haut ou se pencher vers lui
- Le fixer
- Le taquiner
- Tenter de lui retirer un objet de la gueule (voir l'encadré « Retirer un objet de la gueule d'Oscar »)

Retirer un objet de la gueule d'Oscar

Ce sont des choses qui arrivent, qu'il s'agisse d'un os de poulet qu'il a volé dans la poubelle ou d'un torchon. Dans ce cas, ne hurlez pas après lui et ne le poursuivez pas, il redoublera d'efforts pour le dévorer. Essayez le « Laisse » (voir chapitre 8), mais ne le poursuivez pas et ne le coincez pas dans un coin, la relation que vous avez tenté d'établir jusqu'à maintenant risque de se détériorer.

Renoncez à certains de ces facteurs déclencheurs, comme de le taquiner, de le fixer ou de le regarder de haut. Pour les autres, mieux vaut réagir.

Maîtriser l'agressivité

Nous vous proposons quatre façons de maîtriser les agressions stimulées par l'instinct de lutte.

Exercice et éducation

L'activité physique fatigue le corps, l'éducation fatigue le cerveau. Le chien risque de rencontrer des problèmes s'il manque de stimulation mentale. Prévoyez deux séances éducatives par jour, d'au moins 10 minutes chacune.

Le jeu de traction de la corde.

Voici un autre moyen pour le chien de dépenser son énergie. Grâce à ce jeu, il a tout le loisir de grogner, de tirer et de mordre. Au lieu d'essayer de contenir son énergie, vous la dissipez. S'il n'a aucun moyen de dépenser un tant soi peu d'énergie ou si vous faites en sorte de la contenir, les choses risquent d'empirer.

Consacrez 10 minutes plusieurs fois par semaine et à la même heure au jeu de la corde. Voici comment procéder :

1. **Procurez-vous un jouet de traction, une chaussette nouée ou les cordes en tissu que l'on trouve dans les animaleries.**
2. **Laissez le chien grogner, mordre et secouer l'objet.**
3. **Faites-le-lui rapporter pour recommencer.**
4. **Il faut que le chien gagne à chaque fois.**
5. **Quand il en a assez ou une fois les 10 minutes écoulées, partez avec le jeu en main.**

Ce jeu permet au chien de se dépenser et d'évacuer son trop-plein d'énergie. Pratiquez ce jeu en dehors des séances de dressage. C'est son moment à lui. Vous serez surpris de voir l'effet apaisant qu'il peut avoir sur le chien.

La pratique du « Couché, pas bouger »

Voici une troisième méthode pour gérer l'agressivité du chien (voir chapitre 2). Nous insistons vraiment sur l'importance de cet exercice. Il est simple et permet d'établir clairement l'autorité sans sanction. Pour les chiens qui ont tendance à se montrer agressifs, pratiquez cet exercice le soir pendant 30 minutes, à raison de deux ou trois fois par semaine. Il renforce par ailleurs votre autorité. Cet exercice et le jeu de corde constituent des solutions simples pour un chien un peu trop turbulent.

La muselière

Si la situation est telle que vous avez peur de votre chien, qu'il essaie de vous mordre ou que vous ne parvenez pas à le faire se coucher, utilisez une muselière. C'est peut-être également le moment de faire appel à votre vétérinaire (voir chapitre 20).

Si vous êtes nerveux ou anxieux à l'idée que votre chien puisse mal réagir quand il rencontre un autre chien, vos émotions se ressentent dans la façon dont vous tenez la laisse au point que le chien réagit de manière agressive. Pour régler le problème, envisagez la muselière.

Une muselière est un choix de dernier recours et elle ne doit en aucun cas remplacer une aide professionnelle.

La muselière est une solution simple pour un problème complexe. Elle lui permet de ne pas se poser la question de mordre ou non et elle vous rassure, mais ne vous dispense pas des conseils de votre vétérinaire.

Pour habituer votre chien à la muselière, allez-y doucement car les chiens ont tendance à paniquer au début à l'idée d'avoir un objet qui entoure leur tête. Procédez comme suit :

1. **Placez la muselière sur le chien pendant quelques minutes puis enlevez-lui.**
2. **Donnez-lui une friandise et félicitez-le chaleureusement.**
3. **Répétez les étapes 1 et 2 pendant plusieurs jours, en augmentant progressivement la durée pendant laquelle le chien garde la muselière.**
4. **Quand le chien se sent à l'aise chez vous avec la muselière, vous pouvez l'utiliser à l'extérieur.**

En France, d'après la loi sur les chiens dangereux du 6 janvier 1999, certaines races de chiens doivent porter une muselière en public. Nous avons remarqué que beaucoup d'entre eux se sentent très à l'aise avec leur muselière pendant leur promenade.

Que dit la loi sur les « chiens dangereux » ?

C'est dans le cadre de la lutte contre l'insécurité que le législateur a souhaité renforcer les droits et devoirs des maîtres de chiens appartenant à certaines races, ou types de races. L'actualité a malheureusement fait état de nombreux accidents liés à des morsures de chiens, particulièrement graves et à des cruels combats canins illégaux.

Selon la race, ou l'assimilation à une race donnée par des caractéristiques morphologiques précises (conformation, hauteur au garrot, forme des mâchoires…) reconnaissables par des professionnels, deux catégories de chiens dits dangereux ont été répertoriées pour lesquelles les obligations des maîtres différent quelque peu :

- **Chiens de première catégorie** : les chiens assimilables aux staffordshires terriers et aux american staffordshires terriers, plus communément nommés « pitt-bulls », les chiens assimilables aux mastiffs (ou « boerbulls ») et tosas. Pour être classés en première catégorie, ces chiens n'ont pas besoin d'être inscrits à un livre généalogique (le LOF – Livre des origines françaises), et donc de disposer de papiers officiels.
- **Chiens de seconde catégorie** : les chiens de race (et donc inscrits au LOF) staffordshires terriers, american staffordshires terriers, rottweilers, tosas et les chiens assimilables aux chiens de race rottweiler, sans avoir besoin d'être inscrits au LOF.

Un cadre légal à respecter au quotidien

- Les chiens de première catégorie sont interdits à la vente, à la donation et à l'importation. Les maîtres de ces chiens nés avant la loi doivent obligatoirement être majeurs et leur casier judiciaire doit être vierge.

Ils doivent respecter un certain nombre de règles précises : déclaration de l'animal en mairie, stérilisation chirurgicale définitive des mâles et des femelles (prouvée par un certificat établi par le vétérinaire) et le port de la muselière et de la laisse ou du harnais lors de sorties sont obligatoires.

L'animal doit être tatoué et/ou identifié par une puce électronique, il doit être correctement vacciné contre la rage et son maître a l'obligation de souscrire une assurance responsabilité civile.

L'accès aux transports en commun leur est interdit, ainsi que les lieux publics (à l'exception de la voie publique, c'est-à-dire la rue) et les locaux ouverts au public. Il est donc difficile de promener un tel chien en ville !

Les propriétaires de logement peuvent également interdire à un locataire maître de « pitt-bull » d'emménager dans ses locaux (cette clause a notamment souvent été appliquée en offices HLM dans le but de prohiber la détention des chiens de première catégorie). Le stationnement de ces chiens dans les parties communes des immeubles collectifs est également prohibé par la loi.

Les sanctions prévues par la loi en cas de non-respect de ces consignes peuvent être très lourdes : jusqu'à 6 mois d'emprisonnement et amendes élevées (15 000 euros), avec éventuellement confiscation de l'animal.

- Les chiens de seconde catégorie doivent obligatoirement porter la muselière et être tenus en laisse (ou harnais) sur la voie publique, dans les parties communes des immeubles collectifs, de même que dans les lieux publics, les transports en commun et les locaux ouverts au public. Le maître du chien doit obligatoirement être majeur et ne jamais avoir été condamné. La déclaration de l'animal est obligatoire en mairie, ainsi que son tatouage et le vaccin contre la rage. Le maître doit par ailleurs souscrire une assurance responsabilité civile qui le couvre en cas d'accident causé par son chien.

Nombreux sont ceux qui hésitent à se procurer une muselière en raison du stigmate perçu. Alors, à vous de choisir : stigmate ou tranquillité d'esprit ? Autre chose : imaginez que votre chien morde réellement quelqu'un. Alors, pourquoi prendre le risque quand vous avez une solution aussi simple ?

Agressivité des chiens dont l'instinct de meute est développé

L'instinct de meute consiste en comportements associés à la reproduction et à la vie en groupe. On a dès lors du mal à croire qu'un chien dont l'instinct de meute est prononcé puisse être agressif, et pourtant, il est capable de :

- Montrer des signes d'agressivité envers les personnes
- Attaquer d'autres chiens sans motif apparent
- Ne pas renoncer à cette offensive même si l'autre chien se soumet

Facteurs déclencheurs

Le problème avec ce type d'agression, c'est qu'il n'existe pas vraiment de stimulants manifestes. On observe souvent que les chiens qui ont été retirés de leur portée et de leur mère avant 7 semaines. Entre 5 et 7 semaines, la mère apprend à son chiot à ne pas mordre (voir chapitre 3). Alors ceux qui n'ont pas reçu cet apprentissage ont tendance à être trop protecteurs envers leurs maîtres et agressifs envers les autres personnes et les chiens. Ils ne connaissent ni le langage corporel canin, ni le réflexe de morsure inhibée.

Dans une famille où cohabitent deux chiens, celui qui recevra plus de caresses que l'autre risque de se montrer agressif envers le plus cajolé. Cette possessivité exacerbée est fréquente chez les chiens plus âgés qui ont été adoptés ou recueillis.

Un manque de socialisation avec les êtres humains et les chiens avant l'âge de 6 mois peut induire des comportements agressifs. Nous l'avons vécu avec plusieurs jeunes femmes venues nous voir parce que leur chien était agressif avec les hommes. Les chiens en question n'étaient pas suffisamment socialisés et rencontraient peu d'hommes. Tant que le chien n'était pas à proximité d'eux, tout se passait bien, mais s'il s'agissait du petit ami par exemple, les choses se compliquaient.

Comment remédier à ce manque de socialisation ?

Vous pouvez résoudre ce problème en lui apprenant progressivement à accepter quelqu'un d'autre. Prenons le cas du chien agressif envers les hommes : comme toujours, la tâche est plus aisée si le chien a reçu une éducation élémentaire et qu'il obéit aux ordres « Assis » et « Pas bouger ». Voici ce qu'il convient de faire :

1. **Oscar est assis au pied, en position de contrôle.**
2. **Demandez à la personne qui participe de passer devant le chien à une distance de 2 mètres, sans le regarder.**
3. **Juste avant qu'elle passe devant le chien, demandez-lui de lui jeter une petite friandise.**
4. **Répétez les étapes une à trois cinq fois par séance, pas plus.**
5. **Réduisez la distance quand Oscar ne montre plus aucun signe d'agressivité.**
6. **Réduisez la distance jusqu'à ce qu'Oscar prenne la friandise, paume ouverte.**

   La personne en question ne doit pas regarder le chien, simplement faire une halte pour lui donner la friandise et passer son chemin.

7. **Passé ce cap, suivez les conseils donnés pour les mictions de soumission (voir chapitre 10).**

   Si votre chien est agressif avec ses congénères, mieux vaut prévenir que guérir : gardez votre chien en laisse et ne lui donnez pas l'occasion d'agresser un autre chien.

Le chien et sa gamelle

Votre chien grogne quand vous vous approchez de sa gamelle ? Vu sous cet angle, on dira qu'il protège instinctivement sa nourriture et que cette réaction est fréquente. La question est : faut-il tenter de résoudre le problème ? Et si oui, comment ?

Le fait que le chien soit agressif quand il mange, qu'il soit à ce point possessif quand il est devant sa gamelle ne nous a jamais vraiment posé de problème, à condition qu'il ne se montre agressif qu'en de telles circonstances. Cependant, certaines personnes ont tendance à exacerber involontairement ce comportement en essayant de lui prendre sa gamelle pendant qu'il mange, ce qui n'est pas vraiment recommandé. Pourquoi créer des problèmes là où il n'y en a pas ? Il est inutile d'essayer de lui prendre et de lui redonner ensuite, imaginez que l'on vous fasse la même chose pendant que vous êtes à table. En un rien de temps, vous deviendriez parano. Ce comportement ne fait que générer une appréhension et exacerber les grognements et l'envie de protéger la gamelle.

Pour modifier ce comportement, changez sa gamelle de place : veillez à ce qu'Oscar mange dans une pièce où les enfants et les autres chiens ne puissent pas avoir accès à sa gamelle. L'idéal serait de lui donner sa gamelle ou son os là où il peut être tranquille sans que personne ne vienne le perturber.

La morsure due à la peur – les chiens à l'instinct de fuite prononcé

Le terme agression n'est pas approprié quand on parle d'un chien qui mord par peur. Il n'agresse pas, il se défend et il mord parce qu'il a peur. Il se sent coincé et incapable de fuir. Il opte pour la morsure en dernier recours, il préférerait s'enfuir.

Évitez de placer le chien dans une position qui l'incite à croire qu'il doit mordre. Utilisez une méthode identique à celle abordée dans le chapitre 10 sur les mictions de soumission. Les chiens qui mordent par peur se sentent plus à l'aise s'ils savent ce que l'on attend d'eux, notamment en matière d'éducation. Le tempérament craintif peut refaire surface s'ils sont livrés à eux-mêmes et si on ne leur donne pas de directives quant à la façon de se comporter.

Le chien dont l'instinct de fuite est développé paraît timide face à des inconnus, d'autres chiens ou des situations nouvelles. Dans ce cas, il se cache derrière leur maître et a besoin d'espace. Maintenez-le à une certaine distance de ces personnes ou de ses semblables et ne le coincez que si vous avez une bonne raison. Communiquez avec lui à l'aide de gestes pour le rassurer, agenouillez-vous pour être à sa hauteur et ne le toisez pas, amadouez-le avec un peu de nourriture. Soyez patient pour gagner sa confiance et ne tentez jamais de l'attraper.

Un chien un peu craintif a besoin d'être mis en confiance. Il s'épanouira si vous adoptez une démarche positive et si vous l'encouragez quand vous l'éduquez. Prenez conseil auprès de votre vétérinaire, emmenez-le à un stage d'obéissance, faites-lui rencontrer d'autres personnes et d'autres chiens. Faites montre de patience et allez-y doucement. Si vous essayez de forcer un problème, vous risquez de gommer les quelques progrès qui ont été réalisés.

Il a besoin d'un environnement structuré et prévisible. Il faut le promener, le nourrir et jouer avec lui aux mêmes heures tous les jours pour qu'il sache ce qui va se passer. Son horloge biologique est telle que si vous la déréglez en perturbant son emploi du temps, vous risquez de faire ressurgir des comportements gênants.

Les chiens recueillis, et en particulier ceux qui ont vécu au sein de plusieurs familles, présentent davantage de comportements de fuite. Si vous suivez votre emploi du temps à la lettre, vous parviendrez à le remettre sur la bonne voie.

Que faire si votre chien est agressé par un autre chien ?

Si un chien attaque votre chien pendant que vous le promenez en laisse, faites ce qui suit :

Peu importe la situation, ne criez pas et ne hurlez pas. Souvenez-vous, l'instinct de prédation est stimulé par les sons, surtout les sons aigus.

Les cris ne font qu'attiser une lutte entre chiens. Essayez de garder votre calme quoi qu'il arrive.

Tant que votre chien est attaché, il est à la merci de son agresseur, alors lâchez-le pour qu'il puisse fuir ou se défendre.

Pour votre sécurité, ne tentez pas de les séparer, vous risquez de vous faire mordre. Dans la majorité des cas, l'un finit toujours par capituler.

Cherchez à savoir à qui appartient le chien qui se promène sans laisse pour agir en conséquence.

Quand nous emmenions Ty, notre yorkshire, en concours, nous avions pris l'habitude d'être très vigilants quant aux intentions des autres chiens, en nous maintenant toujours entre les deux pour qu'ils ne puissent pas se regarder. Nous n'avons heureusement jamais rencontré de problème.

Les clôtures électriques sont-elles efficaces ?

Si vous n'avez pas de jardin fermé, un problème se pose si vous voulez maintenir votre chien dans un endroit clos. Or, l'attacher au bout d'une chaîne n'est pas une solution. Alors que faire ?

Heureusement, la technologie est là pour nous fournir une réponse avec les clôtures électriques. Un câble enterré fait le tour de la maison là où il devrait y avoir une clôture. Le chien porte un collier qui fait office de récepteur. S'il tente de franchir la clôture invisible, il reçoit une décharge électrique. Comprenant très vite, il reste dans le jardin le plus loin possible de la clôture.

Cela semble trop beau pour être vrai ? Hélas oui... Quand il court après un chat ou un autre animal, dans le feu de l'action, le chien qui présente un instinct de prédation prononcé et un seuil d'inconfort élevé peut ne pas respecter la clôture et passer outre. Mais une fois que le taux d'adrénaline est redescendu, il n'est pas dit qu'il ne veuille retourner dans la zone clôturée de peur de recevoir une décharge électrique. Autre inconvénient majeur, si la clôture remplit son rôle : *elle empêche le chien de se sauver*, mais elle n'empêche pas les autres chiens ou les enfants de rentrer. Vous n'empêcherez pas non plus les prétendants de votre chienne en chaleur de faire irruption dans la jardin. Avec une clôture électrique, le chien risque de se mettre à avoir peur des autres chiens et de devenir agressif. Alors, mieux vaut garder un œil sur lui quand il est dehors et ne pas le laisser trop longtemps sans surveillance.

Chapitre 12
Le concours du bon citoyen canin

Dans ce chapitre :
▶ L'intérêt de se présenter au concours
▶ En quoi consistent les épreuves ?
▶ Potasser les épreuves
▶ Tout pour réussir le test

Au Canada et aux États-Unis, il est possible d'inscrire son chien au concours du « bon citoyen canin ». En France, il n'y a, à l'heure actuelle, pas d'équivalent « officiel ».

Le but de ce certificat est de vérifier si votre compagnon, votre chien, est un membre respectueux de la communauté ; s'il est entraîné et capable de bien se comporter partout où il va, chez lui, dans les endroits publics et en présence d'autres chiens.

Ce test est ouvert à tous les chiens, qu'ils soient de race croisée ou de race pure.

Ce chapitre vous permettra d'en savoir plus sur la préparation à ce concours et vous donnera sans doute quelques idées d'éducation canine ! Êtes-vous prêt à relever le défi ?

Les différentes épreuves

Pour devenir un bon citoyen canin, le chien doit passer une série d'épreuves qui démontrent qu'il est capable de se conduire correctement en public.

- Accepter la présence d'un inconnu
- Se laisser caresser par un inconnu
- Se laisser brosser et examiner
- Marcher en laisse

- Marcher dans la foule
- « Assis », « Couché, pas bouger »
- Rappel
- Réaction en présence d'un autre chien
- Réactions en présence de distractions
- Confier son chien à une autre personne

Ces exercices pratiques permettent de vérifier que vous êtes capable de contrôler votre chien. Lors des épreuves, vous êtes autorisé à répéter plusieurs fois les ordres, à l'encourager et à le féliciter. Cela dit, si vous les répétez trop souvent, vous montrez que vous ne le maîtrisez pas parfaitement. En revanche, vous n'êtes pas autorisé à lui donner des friandises. Toutes les épreuves se déroulent avec le chien en laisse. Vous devez être équipé d'un collier à boucle ou plat en cuir, en tissu ou en chaîne. Les harnais, les colliers de type « haltis » ou les colliers étrangleurs sont interdits. La laisse peut être en cuir ou en tissu.

Test 1 : Accepter la présence d'un inconnu

Ce test sert à démontrer que le chien accepte qu'un inconnu approche son maître quand vous êtes en promenade. L'examinateur et le conducteur se rencontrent et échangent une poignée de mains et quelques plaisanteries. Le chien ne doit faire montre d'aucune agressivité ou de crainte. Il ne doit pas non plus sauter sur l'examinateur ou tenter de le chevaucher. Si le conducteur est contraint de le contrôler, le chien est recalé.

Test 2 : Se laisser caresser par un inconnu

Cette épreuve a pour but de montrer que le chien sait se laisser caresser au cours de sa promenade avec son maître (voir figure 12.1). Le chien est assis à côté de son maître pendant toute la durée de l'exercice. L'examinateur lui caresse uniquement la tête et le corps.

Il tourne ensuite autour de lui. Le chien ne doit être faire montre d'aucune agressivité ou de réticence. Il peut se mettre debout pendant qu'on le caresse mais ne doit pas reculer pour éviter une caresse, ni sauter sur lui.

Test 3 : Se laisser soigner et toiletter

Cette épreuve a pour objectif de démontrer que le chien accepte d'être toiletté ou examiné par un inconnu, un vétérinaire, un toiletteur, un ami, etc.

Pour cette épreuve, le chien doit être sur son 31. S'il a besoin d'un bon bain, c'est le moment.

L'examinateur regarde si le chien est propre et bien toiletté. Il doit être en bonne condition physique. Apportez le peigne ou la brosse que vous avez l'habitude d'utiliser. L'examinateur doit pouvoir le brosser facilement et examiner gentiment ses oreilles.

Il ne doit pas prendre une position précise pendant l'épreuve. Son maître peut lui parler, le féliciter, l'encourager. Si le chien est trop intimidé, il échoue.

Figure 12.1 : Se laisser soigner et toiletter.

Test 4 : La marche en laisse (non tendue)

Cette épreuve consiste à démontrer que le conducteur contrôle son chien. L'animal peut être placé d'un côté ou de l'autre de son maître. Il doit effectuer un tour à gauche, un tour à droite et un demi-tour avec au moins un arrêt au milieu et un autre à la fin. Le chien n'a pas besoin d'être dans l'alignement de son maître ni de s'asseoir lors de l'arrêt, mais il ne doit pas tirer d'une façon excessive.

Le maître pourra à l'occasion tirer d'un coup sec sur la laisse mais pas tout le temps. De même, s'il renifle trop souvent le sol, ce qui montre qu'il n'est pas suffisamment attentif, il échouera.

Test 5 : Marcher dans la foule

Cette épreuve a pour but de vérifier que le chien sait se comporter de manière civilisée au milieu des piétons ou dans des endroits publics. Le chien et son maître passent près d'un petit groupe de personnes (au moins trois), parmi lesquelles il peut y avoir des enfants, voire un autre chien en laisse. Le chien peut manifester de l'intérêt envers les inconnus, mais ne doit pas être trop excité ou au contraire trop craintif. Il ne doit pas non plus trop tirer sur la laisse. Tout au long de ce test, le conducteur est autorisé à parler au chien et à l'encourager.

Test 6 : « Assis », « Couché » sur commande et « Pas bouger »

Ce test a pour but de montrer que le chien a atteint un certain niveau d'obéissance. Il doit répondre aux ordres « Assis » ou « Couché ».

Avant l'épreuve, on remplace la laisse par une longe de 6 mètres. Le conducteur peut prendre tout le temps nécessaire et utiliser plusieurs ordres pour faire asseoir le chien ou le faire coucher. C'est l'examinateur qui détermine si le chien a bien obéi aux ordres annoncés. Il ne doit pas le forcer à se mettre dans telle ou telle position, mais il peut le toucher pour l'aider à prendre la position voulue.

À la demande de l'examinateur, le conducteur ordonne au chien de ne pas bouger et s'éloigne jusqu'au bout de la longe. Le chien doit rester sur place (mais il peut changer de position, voire se lever) jusqu'à ce que l'instructeur demande au conducteur de le libérer.

Test 7 : Le rappel

L'objectif de cette épreuve est de montrer que le chien revient vers son maître quand il l'appelle. Là encore, on utilise une longe de 6 mètres. Le maître s'éloigne de 3 mètres, se place face au chien et l'appelle. Il peut dire à son chien « Pas bouger » ou « Attends » et l'encourager à le rejoindre, y compris en faisant des gestes. Si le chien tente de le suivre, l'examinateur pourra le distraire (en le caressant par exemple) le temps que son maître s'éloigne.

Le but est de vérifier si le chien est capable de rester près de son maître quand il lui a demandé de venir et s'il peut lui mettre sa laisse sans difficulté.

Test 8 : Réaction du chien en présence d'un autre chien

Cette épreuve consiste à vérifier que le chien est capable de se contrôler et de se montrer courtois en présence d'autres chiens. Deux conducteurs accompagnés de leur chien s'approchent l'un de l'autre. Ils s'arrêtent, se serrent la main et échangent quelques plaisanteries. Ils passent ensuite leur chemin. Les chiens doivent rester pratiquement indifférents l'un en présence de l'autre. Ils ne doivent pas non plus s'approcher de l'autre chien ou du conducteur (voir figure 12.2).

Figure 12-2 : La position idéale du chien en présence d'un autre chien.

Test 9 : Réaction du chien en présence de distractions

Cette épreuve a pour objectif de montrer que le chien est toujours à l'aise et imperturbable quand il est confronté à différentes situations banales. L'examinateur choisit toujours deux des distractions suivantes (remarque : étant donné que les chiens sont sensibles aux sons et d'autres aux objets en mouvement, la plupart des épreuves imposent une distraction visuelle et une distraction auditive).

- Une personne marchant avec des béquilles, en fauteuil roulant, un passant
- Une porte que l'on ferme ou que l'on ouvre
- Laisser tomber un objet lourd, une chaise, etc. à moins de 2 mètres derrière le chien
- Un jogger qui passe devant le chien
- Une personne poussant un caddie ou un landau à moins de 2 mètres
- Un cycliste passant à moins de 3 mètres
- Pour les chiens qui adorent un peu trop les chats, vous êtes tranquille, il n'y en a pas !

Le maître est autorisé à parler à son chien et à le féliciter pendant l'épreuve, ce que vous feriez si vous étiez en situation réelle.

Le chien peut manifester une curiosité naturelle pour ce qui se passe, il peut être surpris par un son, mais il ne doit ni paniquer, ni essayer de se sauver, ni aboyer d'une façon agressive ou exagérée.

Test 10 : Confier son chien à une autre personne

Cette épreuve vise à montrer que le chien peut être laissé avec une autre personne et se conduire de la même façon qu'avec son maître pendant que celui-ci s'éloigne. L'examinateur dira par exemple : « Voulez-vous que je surveille votre chien en votre absence ? »

Le conducteur attache le chien à une longe de 2 mètres, la donne à l'examinateur et s'éloigne hors de vue du chien pendant 3 minutes. Le chien ne doit pas aboyer, couiner, hurler ou montrer qu'il est agité et nerveux.

Aucune position n'est requise pour cet exercice.

Les chiens sont testés un par un, pas en groupe, mais il arrive qu'ils passent le test parmi d'autres chiens qui concourent en même temps.

Êtes-vous prêt à passer le test ?

Si vous lui avez déjà inculqué les ordres de base, vous avez déjà fait la moitié. Les exercices sur lesquels il faut insister sont ceux qui font intervenir des distractions :

- Accepter la présence d'un inconnu
- Accepter de se faire caresser par un inconnu
- Accepter de se faire brosser ou examiner
- Réaction en présence d'un autre chien
- Réaction en présence de distractions
- Confier son chien à une autre personne

S'entraîner à accepter la présence d'un inconnu et se laisser caresser

Nous vous recommandons de commencer par l'exercice « Assis ». Vous aurez besoin d'un complice pour vous entraîner.

Le chien en position au pied, commencez comme vous le faites pour le « Assis, pas bouger ». Dites « Pas bouger » en faisant le signe et faites approcher votre complice à environ 2 mètres à votre gauche. La personne doit avoir une attitude amicale. Demandez-lui d'avancer la paume de la main vers le chien, sans se pencher, et de passer son chemin. Si Oscar ne bouge pas, félicitez-le et libérez-le. S'il tente de se lever, donnez un petit coup sur la laisse de la main gauche et dites « Pas bouger ». Recommencez tout de suite.

Si le chien se montre inquiet quand il voit votre ami s'approcher et qu'il veut bouger, demandez-lui de passer devant le chien à environ 1 mètre sans le regarder, car le chien pourrait percevoir ce regard comme une menace. Une fois qu'il s'habitue, demandez à votre ami de lui présenter une friandise, placée dans la main, quand il passe et toujours sans le regarder. Peu importe que le chien la prenne ou non, c'est le geste qui compte. S'il accepte que cette personne passe devant lui et qu'il prend la friandise, mettez un terme à la séance.

Lors de la séance suivante, demandez à votre complice de lui donner la friandise en lui caressant la tête, mais toujours sans le regarder. Ensuite, il peut tenter de le regarder quand il le touche et passer son chemin. Pour cette épreuve, le regard est l'élément le plus difficile à maîtriser et il vous faudra plusieurs séances pour habituer le chien.

Le but de cet exercice est de laisser un inconnu s'approcher et caresser le chien. En général, il ne pose pas de problème, mais il demande un peu de pratique.

Se laisser brosser et examiner

Vous pouvez passer à cet exercice une fois que le chien se laissera caresser par un inconnu. Demandez à votre complice de brosser Oscar en votre présence. L'examinateur va examiner les oreilles et soulever ses deux pattes avant. Si le chien est réticent, demandez à votre ami de lui donner une friandise au moment où il touche une patte. Conditionnez le chien en le félicitant et en lui donnant une friandise pour qu'il accepte qu'on lui tienne la patte.

Les chiens échoue souvent à ce test parce qu'ils ne laissent pas l'examinateur leur toucher les pattes. Si vous habituez votre chien dès le plus jeune âge à ce qu'on lui touche le bout des pattes (y compris votre entourage), il ne s'en offusquera pas à l'âge adulte.

S'entraîner pour maîtriser la réaction du chien face à un autre chien

Le chien sera assis ou debout pendant l'épreuve. Cependant, il risque moins de s'avancer vers le chien s'il est assis. Pratiquez l'exercice avec un ami qui a lui aussi un chien dressé. En position au pied, approchez-vous l'un de l'autre en respectant une distance d'environ 6 mètres, et arrêtez-vous de façon à pouvoir vous serrer la main. Au moment où vous vous arrêtez, dites à Oscar : « Assis » puis « Pas bouger ».

S'il a envie de dire bonjour à l'autre chien, renforcez l'ordre « Pas bouger ». Dites également à votre ami d'empêcher son chien de faire la même chose.

S'entraîner pour les réactions du chien en présence de distractions

Relisez attentivement la liste des distractions possibles au cours de l'épreuve. Si vous pensez que votre chien puisse être surpris par l'une d'entre elles, apprenez-lui à ne plus y prêter attention.

Selon son profil psychologique, le chien peut réagir plus ou moins bien, alors mettez-le en présence de distractions différentes pour voir comment il réagit pour chacune d'entre elles. Vous aurez peut-être besoin de recommencer plusieurs fois avant qu'il ne s'y habitue. Le meilleur moyen d'y parvenir est de vous montrer ferme avec le « Assis, pas bouger ».

Apprendre à Oscar à s'habituer à une autre personne

Bien que cette épreuve ne fasse pas appel aux distractions, elle permet de tester sa réaction face à l'imprévu et ressemble en cela aux autres épreuves. Elle montre que vous pouvez confier le chien à une autre personne, ce qui démontre un certain civisme. Vous devez donner la laisse à l'examinateur qui surveille le chien quelques minutes. D'autres chiens passant la même épreuve risquent de se trouver non loin de là. Le chien ne doit pas aboyer, couiner ou hurler, ou faire les cent pas, ou encore montrer des signes de nervosité ou d'agitation.

Même si le chien est assis ou couché quand vous partez, il peut bouger avant que vous ne reveniez, l'essentiel est qu'il ne s'exprime pas et qu'il ne fasse pas les cent pas. Cependant, si vous avez habitué votre chien à ne pas bouger, il risque moins d'aboyer ou de s'agiter. Pour cet exercice, nous vous recommandons simplement de pratiquer le « Couché, pas bouger ».

Le jour J

L'ordre de passage des épreuves est établi par le club. En général, elles se déroulent dans l'ordre que nous vous avons présenté dans ce chapitre. Cet exercice peut se dérouler en présence d'autres chiens qui passent la même épreuve.

À faire et à ne pas faire le jour des épreuves

Votre attitude et votre état d'esprit exerceront une énorme influence sur le déroulement des épreuves. Si vous êtes très nerveux, votre chien le sera également. Maintenez une attitude positive et fiez-vous à ce que vous lui avez appris.

Chapitre 12 : Le concours du bon citoyen canin

À faire :

- Révisez l'épreuve avec des amis, cela vous permettra d'être moins nerveux le jour de l'épreuve. Vous pourrez par la même occasion améliorer certains points.
- Donnez un bain à votre chien avant le test et brossez-le soigneusement.
- Utilisez le matériel adéquat : un collier à boucles ou un collier plat en cuir, en tissu ou en chaîne, et une laisse en cuir ou en tissu (voir chapitre 6).
- Faites faire un peu d'exercice à Oscar avant les épreuves. Attention, si le chien urine pendant les épreuves, il échouera.
- Dégourdissez-le avant de passer une épreuve de façon à ce que vous soyez tous les deux aussi détendus que possible.
- Prévoyez un deuxième ordre au cas où.
- Parlez à votre chien pendant les exercices pour qu'il reste attentif.
- Demandez des explications à l'examinateur si vous ne comprenez pas le déroulement d'une épreuve.

- La laisse ne doit pas être tendue pendant l'épreuve, même entre les exercices. Si vous tirez trop souvent sur la laisse, vous risquez de perdre des points parce que l'examinateur pensera que vous ne contrôlez pas suffisamment votre chien.
- Restez calme et positif quoi qu'il arrive, notamment pour le chien.
- Restez fair-play quoi qu'il arrive.
- Ayez bien en tête que le but de ce concours est que le chien devienne l'ambassadeur de tous les chiens.

Si vous ne réussissez pas, ce n'est pas grave, l'essentiel est d'avoir participé. Le fait de participer à ce genre de test montre déjà votre volonté d'éduquer votre chien.

À ne pas faire :

- Perdre votre sang-froid si votre chien loupe une épreuve. Ne lui faites pas savoir que vous êtes déçu ou frustré, il risque de rater les suivantes.
- Changer d'attitude s'il rate une épreuve. Ne le stressez pas, revoyez plutôt l'épreuve suivante. Si vous lui faites perdre confiance en lui, son éducation risque de prendre plus de temps et cette expérience sera moins gratifiante que si vous l'encouragez à chaque épreuve.

Troisième partie
S'entraîner pour les concours

« Tu as 0/20 en anatomie, 0/20 en diagnostic clinique, et tu as mangé le foie d'un cadavre en cours de dissection ?! Je savais bien que tu ne réussirais jamais tes études de médecine ! »

Dans cette partie...

Cette partie vous initie aux concours d'obéissance. Vous commencerez par approfondir les ordres de base puis par perfectionner les exercices d'obéissance. Si vous avez envie de vous présenter à plusieurs concours, vous trouverez dans cette partie de quoi vous préparer. Si tous ces concours ne vous tentent pas, vous pouvez vous contenter de lui apprendre à rapporter des objets comme nous vous le proposons au chapitre 15.

Chapitre 13
Préparez-vous pour les concours

Dans ce chapitre :
▶ Apprendre à retenir l'attention du chien
▶ Suite au pied et figure 8
▶ Participer au rallye
▶ Renforcer l'éducation de votre chien

*S*i vous aimez travailler ensemble, alors tout est possible. Vous pouvez participer à des concours d'obéissance et obtenir des titres. Vous y prendrez beaucoup de plaisir et rencontrerez un tas de personnes différentes.

Vous pourrez présenter votre chien à un concours et montrer au public ce que vous savez faire. D'un côté, il y a les concours de beauté, où le chien est jugé sur son apparence, et de l'autre il y a les concours d'obéissance où le chien et vous êtes jugés sur vos capacités à tous les deux. Ils peuvent avoir lieu en même temps ou séparément.

En France, qu'est-ce qu'un concours d'obéissance ?

Quels sont les critères pour concourir ?

Tout chien appartenant à une race reconnue par la Société centrale canine (SCC) peut participer à un concours d'obéissance, même s'il n'est pas confirmé. Pour participez à ces concours, vous devez posséder le carnet de travail du chien, qui est délivré par la SCC.

Le chien doit être âgé de 12 mois au minimum. Les chiennes en chaleur peuvent participer au concours, mais passeront à la fin de façon à ne pas perturber les mâles qui concourent. Les chiens ayant des malformations testiculaires (appelées monorchidie ou cryptorchidie) ne sont pas admis à concourir, ainsi que ceux présentant des maladies contagieuses ou encore les chiens agressifs.

Le maître est le « conducteur »

Il doit présenter le matin du concours le carnet de vaccination de son animal, attestant de la vaccination antirabique. Le conducteur doit également appartenir à un club reconnu par la SCC.

Trois classes sont définies

Ces classes permettent d'assurer une progression pour le chien.

La classe 1 est réservée aux concurrents débutants. Après avoir obtenu au moins une mention excellent en classe 1, le chien passe en classe 2. Après avoir obtenu ensuite au moins deux excellents en classe 2 sous deux juges différents, le chien passe en classe 3 et peut participer aux tests de classe internationale d'obéissance et au championnat de France, qui est organisé chaque année, dans le cadre d'une exposition nationale.

Quel est le programme de ces concours ?

Les concours d'obéissance comprennent différents exercices, suivant la classe. Chaque exercice est noté sur 10 points et est assujetti d'un coefficient plus ou moins important suivant les difficultés de l'exercice concerné. Ces exercices d'effectuent suivant un ordre défini pour chaque classe.

- **Pour le brevet** : sociabilité, absence couchée, suite au pied en laisse, rappel, saut de haie, positions à distance.
- **Pour la classe 1** : sociabilité, suite au pied en laisse, suite au pied sans laisse, debout pendant la marche, rappel simple, en avant avec couché dans carré, rapport d'objet personnel, saut de haie aller-retour sans blocage, odorat et rapport, positions à distance, absence « couchée » 1 minute (seul), impression générale
- **Pour la classe 2** : suite au pied sans laisse, debout et assis pendant la marche, rappel avec couché, en avant, debout et couché dans carré, rapport d'objet, saut de haie aller-retour avec rapport objet, odorat et rapport, positions à distance, absence assise en groupe, absence couchée en groupe, impression générale

✔ **Pour la classe 3** : suite au pied sans laisse, debout, assis, couché pendant la marche, rappel avec debout et couché, en avant, debout et couché dans carré, rapport directionnel, saut de haie avec rapport objet, odorat et rapport, positions à distance, absence assise en groupe, absence couchée en groupe

S'entraîner pour les concours : Prélude à l'exercice 1 : Lui inculquer l'ordre « Prêt ! » « On y va »

Commencez par lui apprendre à marcher au pied sans laisse. Pour démarrer, nous utilisons le terme « Prêt ! », avec un point d'exclamation certes mais que vous prononcerez le plus doucement possible.

Il vous permet de démarrer en même temps lors d'un concours lorsque le juge vous demande si vous êtes prêts.

La position de contrôle

On l'utilise quand on veut que le chien soit particulièrement attentif et qu'il reste en position « Au pied ».

Figure 13.1 : L'utilisation de la position de contrôle.

Pour tenir la laisse en position de contrôle :

1. **Fixez la laisse au collier du chien.**
2. **Repliez la laisse en accordéon dans la main droite.**
3. **Placez la paume de la main droite contre la jambe.**
4. **Saisissez la laisse devant la jambe gauche avec la main gauche.**

Gardez les deux mains sous la taille, les coudes relâchés et le long du corps. Gardez un mou suffisant pour que le fermoir de la laisse soit parallèle au sol.

Savoir retenir son attention

Le but des séquences suivantes est d'apprendre systématiquement un ordre à Oscar signifiant « Sois attentif ».

1. **Fixez la laisse au collier du chien et faites-le asseoir en position « Au pied ».**
2. **Tenez la laisse en position de contrôle et regardez votre chien.**

   N'oubliez pas de sourire et de rester détendu.

3. **Prononcez le nom de votre chien, libérez-le avec un « C'est bon » sur un ton enjoué et avancez de cinq pas en trottinant, en gardant les mains en position de contrôle.**

   Peu importe ce que fait Oscar, concentrez-vous sur ce que vous faites.

4. **Recommencez dix fois cette séquence.**

Lui inculquer l'ordre « Prêt ! »

Le but de la séquence 2 est de lui apprendre l'ordre « Prêt ! ».

Pour cet exercice, gardez les mains en position de contrôle et les épaules bien droites. Le langage corporel est important pour lui communiquer ce que vous attendez de lui. Si vous laissez tomber l'épaule gauche ou que vous la mettez en arrière, vous lui dites l'inverse de ce que vouliez lui faire comprendre.

1. **Attachez la laisse au collier et faites asseoir votre chien en position « Au pied ».**
2. **Tenez la laisse en position de contrôle et regardez votre chien, en gardant l'épaule gauche bien droite.**

3. Dites calmement « Prêt ! » sur un ton très enjoué.

4. Dites « Oscar, au pied », faites cinq pas en avant rapidement et libérez-le.

Attendez la fin de l'ordre pour avancer sinon il comprendra qu'il doit avancer quand vous prononcez son nom ou que vous bougez.

5. Répétez dix fois l'exercice.

Ne prêtez pas attention à ce que fait Oscar, rassurez-vous, il s'amuse, concentrez-vous plutôt sur la position de vos mains et la position de la jambe de départ.

Le faire obéir à l'ordre « Prêt ! »

Le but de la séquence 3 est de le faire obéir à l'ordre « Prêt ! ».

1. Attachez la laisse au collier et faites asseoir votre chien en position « Au pied ».

2. Tenez la laisse en position de contrôle et regardez votre chien, en gardant l'épaule gauche bien droite.

3. Dites doucement « Prêt ! » sur un ton très enjoué.

4. Dites « Oscar, au pied », faites cinq pas en avant rapidement et libérez-le.

5. Répétez cinq fois la séquence.

Voici quelques conseils utiles pour les toutes premières répétitions :

- Attendez d'avoir annoncé l'ordre avant de commencer à trotter. Il ne faut pas que le chien démarre sans que vous lui ayez dit ce que vous voulez. Il faudra peut-être tirer un peu sur la laisse pour qu'il comprenne qu'il doit démarrer en même temps que vous.

- Évitez de laisser traîner la main gauche derrière vous s'il tire sur la laisse, et ne laissez pas retomber l'épaule gauche. Placez le pouce de la main gauche sous la ceinture sans le bouger et veillez à garder l'épaule gauche bien droite.

Après quatre ou cinq tentatives, Oscar doit effectivement obéir et même démarrer avant vous.

Récompenser Oscar

Le but de la séquence 4 est de récompenser le chien d'avoir obéi à l'ordre « Prêt ! » et de l'aider s'il a un peu de mal à tout saisir.

1. Faites asseoir Oscar en position « Au pied », pliez soigneusement la laisse dans la main gauche placée au niveau de la boucle de votre ceinture.
2. Tenez une friandise dans la main droite placée le long du corps.
3. Regardez votre chien en lui souriant et dites : « Prêt ! ».
4. Faites comme suit :
    - S'il vous regarde, dites-lui combien il est intelligent, donnez-lui une friandise et libérez-le.
    - S'il ne vous regarde pas, présentez-lui la friandise sous le museau et dirigez-la vers votre bouche. S'il la suit du regard, félicitez-le, donnez-lui la friandise et libérez-le.
5. Recommencez jusqu'à ce qu'il obéisse sans hésitation à l'ordre « Prêt ! ».

Renforcer l'ordre « Prêt ! »

Oscar sera parfois si distrait qu'il ne réagira pas à une bonne friandise et encore moins à un ordre. Dans ce cas, renforcez l'ordre pour qu'il comprenne qu'il doit être attentif quand vous dites le mot magique « Prêt ! », peu importe ce qui se passe autour de lui. C'est le but de la séquence 5. Suivez par conséquent les étapes suivantes :

1. Attachez la laisse au collier et faites asseoir votre chien en position « Au pied ».
2. Tenez la laisse en position de contrôle et regardez votre chien, en gardant l'épaule gauche bien droite.
3. Dites « Prêt ! » sur un ton enjoué.
4. Faites comme suit :
    - S'il vous regarde attentivement, félicitez-le puis libérez-le.
    - S'il ne vous regarde pas, tirez légèrement vers vous. Quand il vous regarde, félicitez-le et libérez-le.

Ne l'enquiquinez pas en tirant inefficacement. Faites-le réagir tout de suite pour pouvoir le féliciter et le libérer. Si ça ne marche pas, revoyez les séquences précédentes.

5. **Recommencez jusqu'à ce qu'il obéisse parfaitement à l'ordre.**

Apprendre à Oscar à ignorer les distractions

Le but de la séquence 6 est de lui apprendre à ignorer les distractions qui l'entourent. Elle consiste à revoir entièrement l'exercice « Prêt ! ».

Vous pouvez maintenant faire appel à un complice qui distraira le chien de ces trois manières :

- **Visuelle, ou premier degré** : Il s'approche mais ne bouge pas.
- **Auditive, ou second degré** : Il s'approche mais ne bouge pas.
- **Objet d'attraction, ou troisième degré** : Il s'approche et présente un jouet ou une friandise.

Procédez comme suit en vous servant du premier degré jusqu'à ce qu'il ignore l'objet perturbateur. Passez ensuite aux deuxième et troisième degrés.

1. **Tenez bien la laisse dans la main droite et placez la gauche autour de la laisse juste sous la main droite, comme si vous teniez une batte de base-ball.**

    Laissez un mou de 5 cm et gardez les deux mains contre la boucle de votre ceinture ou au niveau de la taille.

2. **Dites : « Prêt ! ».**
3. **Faites approcher votre complice d'une manière naturelle et amicale.**

   Pour cet exercice, faites approcher votre chien à un angle de 45 degrés, pas en arrivant face à lui. Il doit s'arrêter à moins d'un mètre de lui.

4. **Faites ce qui suit selon le comportement du chien :**
    - **S'il est très attentif, félicitez-le avant de le libérer.**
    - **S'il est un peu distrait, renforcez l'ordre puis félicitez-le avant de le libérer.**

Revoyez régulièrement cet exercice avec le chien.

La marche au pied avec distractions

Maintenant que vous avez appris à Oscar à rester attentif à vos gestes et ordres et pendant qu'il est « assis au pied », reste à lui apprendre à être attentif pendant la marche. Si vous aviez commencé son apprentissage dans un endroit tranquille, voire toujours au même endroit (voir chapitre 8), il est temps d'explorer d'autres terrains et de l'emmener ailleurs.

Pour Oscar, tout nouvel endroit prête à curiosité. Tout est différent, surtout les odeurs. Une fois sur place, laissez-le d'abord s'habituer à l'endroit, à savoir renifler et regarder autour de lui. C'est également le moment de faire une « pause pipi ».

Si vous participez à un concours d'obéissance, si le chien défèque sur le parcours, il sera immédiatement éliminé, alors apprenez-lui que lorsqu'on travaille, ce n'est ni le moment, ni l'endroit pour faire ses besoins.

La marche pied dans de nouveaux endroits

Dans un lieu nouveau où il y a beaucoup de choses à découvrir, le but est que votre chien reste malgré tout attentif. Chaque fois que son attention vagabonde, rappelez-lui qu'il doit s'occuper de vous et non de ce qui se passe autour en tirant d'un petit coup sec sur la laisse.

S'il est bien attentif, dites-lui combien vous êtes fier de lui et libérez-le.

Quand vous le libérez du mot magique « OK », avancez de cinq pas au petit trot en gardant les deux mains sur la laisse. Le but est qu'il soit content de marcher au pied en même temps que vous. S'il s'excite un peu trop, libérez-le d'une manière moins enthousiaste en tirant légèrement sur la laisse avant. Il faut que ce soit amusant pour lui de vous regarder.

Apprendre à rester concentré coûte que coûte

Le but est évidemment que votre chien reste imperturbable en présence de distractions et qu'il se concentre sur ce qu'il a à faire. Peu importe la manière, l'essentiel est qu'il y parvienne. Les chiens ont une excellente vison périphérique et peuvent parfaitement marcher au pied sans vous regarder dans les yeux.

Faites appel à un complice qui peut être debout, assis ou accroupi, l'essentiel étant qu'il lui sourie quand vous passez devant lui. S'il se laisse distraire, tirez légèrement pour recentrer son attention. S'il n'y prête pas attention, félicitez-le et libérez-le. Recommencez jusqu'à ce qu'il ignore ce qui se passe autour de lui et qu'il soit attentif à vous.

Une fois qu'il a compris le principe, utilisez de moins en moins souvent le mot magique pour le libérer, puis plus du tout.

Les responsabilités du chien pendant la suite au pied

Vous avez tous les deux des responsabilités (voir tableau 13.1), vous bien plus que lui.

Tableau 13-1 : Responsabilités

Vous	Lui
Maniement de la laisse	Vous prêter attention
Position du corps	Rester dans la bonne position
Cadence et rythme	
Concentration sur le chien	
Utilisation de la laisse	
Anticipation du coup sur la laisse	
Direction du coup de laisse	
Quand et comment récompenser le chien	

Ce que l'on attend d'Oscar et vous

La marche en laisse

La marche au pied, c'est comme une danse dont vous êtes le meneur. Si vous êtes un piètre danseur, cela risque d'être un peu compliqué.

Le chien suit votre marche, vous devez donc lui donner des indices permettant de savoir comment et quand changer de direction ou de cadence.

Il est important que vous revoyiez la marche au pied parmi des distractions. Qui plus est, il faudra perfectionner les exercices sur les changements de direction et de cadence.

Si votre chien est attentif et que vous ne commettez pas d'erreurs sur les indices à donner, tout devrait bien se passer. En revanche, chaque manœuvre fait l'objet d'un exercice distinct, comme si vous appreniez différents pas de danse.

Le tableau 13.2 vous montre comment pratiquer les différents exercices. La colonne « réactions possibles » vous informe sur ce qui ne va pas et qu'il faut travailler. Si vous devez tirer sur la laisse, faites-le avant de le libérer. Et quand le chien obéit correctement à un ordre, n'oubliez pas de lui donner une friandise ou de le féliciter.

Tableau 13.2 : Les différents éléments de la marche au pied

Élément	Responsabilité du chien	Ce que vous devez faire	Réactions possibles du chien
Démarrage	Accélérer	Démarrer rapidement	Démarre lentement, est à la traîne
Cadence normale	Cadence normale	En ligne droite ou en rond. Si le chien est distrait, tirez d'un petit coup sur la laisse et libérez-le	Est à la traîne, en avance ou s'éloigne, renifle et se laisse distraire (instinct de chasse)
Arrêt	Ralentir	Le faire asseoir puis le libérer	Part en avant, ne s'assied pas en se tenant droit
Normal à lent Rapide à normal	Ralentir	Tirer sur la laisse quand vous ralentissez	Part en avant quand vous ralentissez
Lent à normal Normal à rapide Tour à droite Demi-tour	Accélérer	Alterner entre libérer, récompenser et tirer sur la laisse	Est à la traîne ou part sur le côté
Tour à gauche	Ralentir	Tirer sur la laisse	Part en avant puis à la traîne, s'écarte
Tour à gauche	Accélérer	Alterner entre libérer, récompenser et tirer sur la laisse	Part en avant puis à la traîne, s'écarte

Marquer un temps d'arrêt

Quand vous vous arrêtez, Oscar est censé s'asseoir au pied sans ordre ni signal. Lors d'un concours, vous serez pénalisé si vous donnez un ordre ou un signal pour qu'il s'arrête. Il doit le faire de lui-même.

Pour lui apprendre le « assis automatique », la boucle du collier doit être placée sous le menton du chien. Quand vous vous arrêtez, tirez d'un coup sec sur la laisse de la main gauche. Attention à ne pas tirer de travers sinon le chien ne posera pas le derrière où il faut. Pratiquez l'exercice deux ou trois fois en tirant d'un coup sec, puis sans. C'est votre chien qui vous indiquera si vous faites bien ou non.

Changements de cadence et de direction

Pour changer de direction ou de cadence, nous apprenons à nos chiens à se concentrer sur la jambe de départ. Nous utilisons trois techniques :

- Le libérer
- Un objet d'attraction : un jouet ou une friandise
- Tirer d'un petit coup sec sur la laisse

Changement de cadence

Supposez que vous vouliez apprendre à votre chien à rester avec vous quand vous changez de cadence, d'un pas lent à un pas normal :

1. **Libérez le chien de la cadence lente en vous servant de la jambe de départ.**

    L'idée est de lui donner envie d'accélérer en même temps que vous.

2. **Au moment de changer de cadence, utilisez une friandise pour faire avancer le chien quand la jambe de départ fait la transition.**

    Tenez la laisse dans la main gauche et la friandise dans la main droite. Montrez-lui au moment où vous allez changer de cadence, et tirez-le vers l'avant de la main droite quand vous accélérez.

3. **Tenez la laisse en position de contrôle (voir dans cette section) et à l'occasion, seulement si c'est nécessaire, tirez d'un petit coup sec vers l'avant au moment où la jambe fait la transition.**

    Le fait de tirer sur la laisse lui montre que c'est à lui d'accélérer quand vous changez de cadence, qu'il soit attaché ou non.

 Pour ces exercices, il faut toujours libérer le chien ou utiliser une friandise.

Changement de direction

Quand vous tournez, veillez à garder un rythme de marche bien régulier pour que le chien puisse suivre. Pour tourner à droite et faire demi-tour à droite, il doit apprendre à accélérer et rester à vos côtés. Vous pouvez faire comme suit :

- Le libérer après avoir tourné
- Utiliser une friandise pour le guider
- Si nécessaire, tirer légèrement sur la laisse après avoir tourné

Si vous utilisez une friandise :

- Pliez soigneusement la laisse dans la main gauche et placez-la contre votre hanche droite de façon à avoir les épaules dans la bonne direction.
- Tenez la friandise dans la main droite placée le long du corps.
- Juste avant de tourner, montrez-lui la friandise et guidez-le avec elle.
- Tenez-la tout près de la jambe gauche pour qu'il apprenne à bien tourner.

Pour tourner à gauche, il doit d'abord ralentir pour éviter que vous ne l'enjambiez au moment d'accélérer.

 Il est inutile d'enchaîner l'exercice de nombreuses fois, deux ou trois fois par séance suffiront. Le vrai test pour vous, c'est sans laisse.

Une fois par semaine, vérifiez si Oscar a bien compris la marche au pied en vous mettant en situation de concours. Sur le parcours, vous n'êtes pas autorisé à tirer sur le collier du chien et la laisse ne doit pas être tendue. Le vrai test, c'est quand il est sans laisse, mais vous pouvez aussi essayer avec la position de démonstration : pour cela, il faut bien tenir la laisse dans la main gauche, la placer au niveau de la ceinture pour avoir un mou de 7 à 20 cm, selon la taille du chien.

 Le but est de voir si le chien a bien compris la marche au pied et le cas échéant d'améliorer certains points. Ne faites ce test qu'une fois toutes les quatre ou cinq séances, le reste du temps, entraînez-vous.

Faire un 8

Il s'agit d'un exercice amusant, pratiqué dans les concours d'obéissance aux États-Unis. Il faut tourner autour de deux personnes placées à 3 mètres l'une de l'autre. Pour vous, le mieux est d'utiliser des chaises. Pour rester en position « au pied », le chien doit accélérer pour le tour vers l'extérieur et ralentir pour le tour vers l'intérieur tout en maintenant une cadence rapide.

On entend souvent cette complainte : « Il le fait bien à la maison, mais dès qu'on l'emmène quelque part, il n'y a plus rien à faire ! » Il faut donc l'habituer à de nouveaux lieux, en commençant par des endroits très calmes, pour voir comment Oscar réagit.

Avant de maîtriser l'exercice, votre chien aura tendance à être en avance pour le tour vers l'intérieur et à la traîne ou s'écarter pour tourner vers l'extérieur. Votre corps sera votre meilleur outil de communication. Si vous faites une rotation du haut du corps et que vous êtes dos au chien, il ralentira ou accélérera. L'épaule gauche sert à lui indiquer ce qu'il doit faire. Si elle part en arrière, il ralentira ; si elle part en avant, il accélérera.

Allez-y, essayez ! C'est comme le twist, mais sans le mouvement des jambes. Rotation du haut du corps à gauche puis à droite. Ce mouvement permet de contrôler la vitesse du chien.

Préparer Oscar au grand huit

Avant de commencer, apprenez-lui à accélérer quand vous décrivez un cercle vers la droite et à ralentir quand vous le décrivez vers la gauche.

Pour le tour vers l'intérieur :

1. **Le chien doit être assis en position « au pied » et votre laisse en position de contrôle.**
2. **Dites : « Oscar, au pied » et décrivez lentement un cercle d'environ 1,5 m de diamètre vers la gauche.**
3. **Vrillez à gauche en marchant.**
4. **Libérez votre chien après avoir accompli le cercle.**

Après deux ou trois tentatives, vous verrez comment il réagit aux indices corporels. Si rien ne se passe, exagérez le mouvement.

Pour le tour vers l'extérieur :

1. Le chien doit être assis en position « Au pied » et votre laisse en position de contrôle.
2. Placez la main gauche contre votre hanche droite.

   Ceci permet à l'épaule gauche d'avancer.
3. Tenez une friandise dans la main droite.
4. Dites : « Oscar, au pied » et décrivez un cercle vers la droite d'environ 1,5 m de diamètre en marchant normalement.
5. Utilisez la friandise, située juste devant son museau, pour guider le chien, et donnez-lui après avoir effectué le cercle.

Lui apprendre à faire un 8

Le but de la séquence 2 est de lui apprendre la figure. Suivez les étapes suivantes :

1. Placez deux chaises à environ 3 mètres l'une de l'autre.
2. Commencez avec le chien assis en position « Au pied », à environ 70 cm de la ligne médiane, à égale distance entre les chaises.
3. Repliez soigneusement la laisse dans la main gauche et placez-la contre la boucle de votre ceinture. Tenez la friandise dans la main droite.
4. Dites : « Oscar, au pied » et démarrez lentement en contournant la chaise sur votre gauche, et en faisant une rotation du haut du corps vers la gauche.
5. Une fois au centre, entre les chaises, montrez-lui la friandise et guidez-le pour contourner la chaise à votre droite au petit trot, en gardant l'épaule gauche vers l'avant.
6. Arrêtez-vous au centre et faites asseoir le chien. Félicitez-le et libérez-le.

Tenez la friandise du côté droit de façon à ce qu'Oscar ne la voit pas tant que vous n'avez pas atteint le centre et seulement lorsqu'il doit accélérer. Tenez-la ensuite aussi près que possible de la jambe gauche pour qu'il apprenne à rester près de vous. Ne lui montrez pas quand vous effectuez le tour vers l'intérieur, sinon il essaiera de l'attraper au lieu de ralentir.

Pour réussir à garder Oscar près de vous, sans qu'il avance ou qu'il soit à la traîne, il est important d'utiliser vos épaules pour communiquer avec lui.

Le 8 parfait

Le but de la séquence 3 est de réaliser un 8 parfait :

1. **Revoyez les séquences précédentes en réalisant deux 8 complets.**
2. **Démarrez du centre et effectuez un 8 à une vitesse normale en utilisant les épaules pour lui souffler la réponse.**

    Arrêtez-vous et faites asseoir Oscar. Revoyez les séquences précédentes pour qu'il reste motivé.

3. **Au fil des séances, rapprochez les chaises par paliers de 30 cm jusqu'à ce qu'elles soient à environ 3 mètres l'une de l'autre.**
4. **Effectuez le 8 à l'aide d'une corde (voir chapitre 14) et concentrez-vous sur le mouvement des épaules.**
5. **Tentez la figure sans laisse en guise de test.**

À un moment ou à un autre, vous devrez tirer légèrement sur le collier quand vous tournerez vers l'extérieur pour lui faire comprendre qu'il est important d'accélérer.

Le rallye

Il s'agit d'un concours organisé aux États-Unis par l'équivalent français de la Société centrale canine.

Le chien et son maître doivent effectuer un parcours en suivant une série de dix à vingt signes (ou indices (comme dans les rallyes en voiture), selon le niveau. Il peut s'agir d'un demi-tour ou de marquer un arrêt à tel endroit. Ils doivent aller d'eux-mêmes d'un signe à l'autre. Ce n'est pas le juge qui dirige chaque exercice comme dans les concours d'obéissance. Le conducteur peut parler à son chien, mais il ne peut pas le toucher pour le guider sous peine d'être pénalisé.

Il existe trois niveaux : débutant, avancé et excellence.

- **Niveau débutant** : tous les exercices sont effectués en laisse.
- **Niveau avancé** : tous les exercices sont effectués sans laisse et comprennent un saut.
- **Niveau excellence** : tous les exercices sont effectués sans laisse et comprennent deux sauts.

Votre chien n'est pas un éléphant (renforcement)

Vrai ou faux ? Une fois éduqué, mon chien n'a plus besoin de revoir ses exercices.

Réponse : faux

Votre chien n'ayant pas une mémoire d'éléphant, il faut revoir régulièrement les exercices.

Si vous lui avez appris le jeu du rappel (voir chapitre 8), vous devez le récompenser de façon aléatoire lorsqu'il obéit correctement. Si vous êtes trop laxiste, il fera de moins en moins l'association entre l'ordre et la récompense. Et vous le verrez : d'abord, Oscar ne viendra pas tout de suite. Il fera parfois un détour ou lèvera une dernière fois la patte avant de revenir vers vous. Puis, vous serez obligé de l'appeler de nouveau. Enfin, il vous ignorera quand bien même vous l'implorerez.

Le principe des répétitions successives non renforcées paraît plus simple qu'il n'en a l'air. Ces répétitions sont en réalité ses réactions aux ordres donnés sans renforcement, comme de ne pas lui donner de friandise même s'il obéit.

Chaque fois qu'il obéit sans qu'il faille renforcer l'ordre (une récompense ou une légère traction sur le collier), selon la méthode d'apprentissage choisie, on parle de répétition non renforcée. Le nombre de répétitions est limité et dépend de l'harmonie entre le comportement et les instincts du chien. Une fois qu'un golden retriever a appris à rapporter un objet, il sera toujours content d'aller chercher quoi que ce soit sans renforcer l'ordre. En revanche, un lévrier afghan saura le faire uniquement plusieurs fois avec renforcement. Pourquoi ? Le golden retriever a été dressé pour rapporter, pas le lévrier.

Tous les ordres que vous lui avez appris devront être renforcés de temps à autre pour éviter que l'association ordre/renforcement ne s'estompe.

Il y a plusieurs années, nous avons eu une belle preuve de ce que nous avançons en rendant visite à des amis qui avaient deux délicieux whippets (petits lévriers). Tous les matins, nos amis se promènent dans le parc de la ville pour se dégourdir et laisser les chiens se défouler. Naturellement, nous nous sommes joints à eux.

Le parc est immense, il y a plein de sentiers de randonnées, d'animaux et un grand étang abrite quantité d'oiseaux. À notre grande surprise, nos amis ont lâché leurs chiens dans le parc. Les whippets étant des chiens dressés pour la chasse à vue, leur instinct de prédation est extrêmement développé et ils adorent courir après tout ce qui bouge. Ils sont aussi très rapides et couvrent de longues distances en quelques secondes. Nous nous demandions comment ils allaient faire revenir leurs chiens.

Pour faire court, quand les chiens s'aventuraient un peu trop loin ou qu'ils se mettaient à courir après quelque chose, nos amis les rappelaient. À notre grand étonnement, ils revenaient immédiatement à chaque fois, et à chaque fois ils leur donnaient une friandise. L'ordre était donc renforcé !

Tout ordre inculqué doit être renforcé de temps en temps, que le chien en ait besoin ou non. Et peu importe le nombre de répétitions.

Il est facile de trouver des excuses ou de blâmer le chien, mais ce n'est pas un éléphant et il a besoin qu'on lui rafraîchisse de temps en temps la mémoire.

Chapitre 14
Le titre de chien de compagnie

Dans ce chapitre :
▶ Se présenter debout face au juge du concours
▶ Les exercices sans laisse
▶ Perfectionner l'exercice du rappel
▶ Les exercices en groupe

Dans ce chapitre, nous vous présentons les six exercices requis pour les concours d'obéissance aux États-Unis, dont certains sont organisés aussi en France. Vous y trouverez également quelques notions essentielles pour réussir le premier exercice.

- Se tenir debout face au juge
- La marche au pied sans laisse
- Rappel
- Exercices en groupe
  - Assis long
  - Couché long

 Au cours d'une séance, pratiquez différents exercices en variant leur ordre. Pour vous échauffer, commencez par une bonne marche au pied avec des départs rapides et des changements de cadence. Faites en sorte que les séances soient motivantes.

Lui apprendre à se tenir tranquille

Il s'agit d'une épreuve des concours d'obéissance, mais c'est aussi un ordre utile d'une manière générale. Pour le brosser, le toiletter, lui essuyer le bout des pattes ou pour aller chez le vétérinaire, vous aurez plus de facilité si vous lui avez appris à se tenir tranquille. Il faut utiliser la position au pied (voir chapitre 7) : dites « Pas bouger », avancez de 2 mètres, retournez-vous et tenez-vous face à lui.

Pour commencer, vous pouvez rester debout, vous appuyer sur le genou droit ou mettre le chien sur la table s'il est très petit. Évitez de vous pencher vers lui sinon il essaiera de partir, a fortiori si son instinct de fuite est très prononcé (voir chapitre 5).

Comment procéder ?

Par séquences. Il faut d'abord lui apprendre à se mettre debout sur commande, puis à se tenir tranquille et enfin à le mettre en situation de concours.

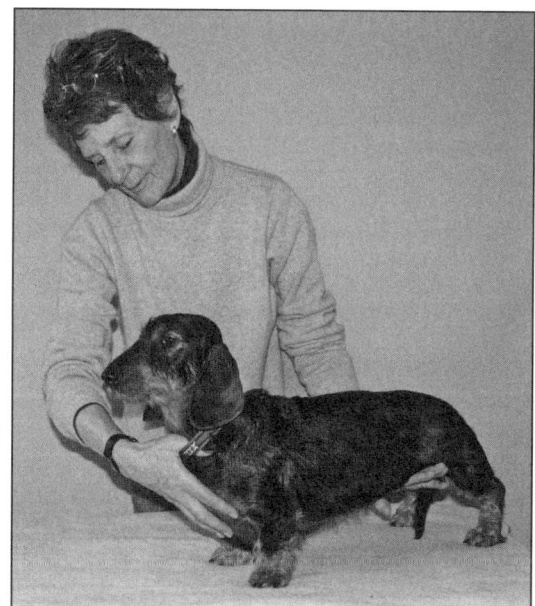

Figure 14.1 : La position des mains pour l'ordre « Debout ».

Le but de la séquence 1 est de lui apprendre l'ordre « Debout ».

1. **Le chien doit être assis à votre gauche, sans laisse, et vous devez regarder tous les deux dans la même direction.**

    Vos épaules doivent être bien parallèles et ne pas pencher vers lui.

2. **Glissez le pouce de la main droite sous son collier au niveau du menton, les doigts dirigés vers le sol, la paume ouverte et plaquée contre sa poitrine.**

3. Tirez légèrement vers le bas, dites : « Debout » et en même temps exercez une légère pression vers l'arrière sur ses grassets (l'articulation de la patte arrière située entre la cuisse et la deuxième cuisse – les genoux du chien) avec le dos de la main. (Voir figure 14.1.)
4. Ne bougez pas les mains et comptez jusqu'à 10.
5. Félicitez-le chaleureusement et libérez-le.

Répétez trois à cinq fois l'exercice par séance.

Apprendre à Oscar à ne pas bouger : avec les mains

Le but de la séquence 2 est de lui apprendre à rester en place.

1. Le chien doit être dans la position « Debout » (voir paragraphe précédent).
2. Maintenez-le dans cette position et comptez jusqu'à 30 en gardant les deux mains sur le chien.
1. Au cours des séances suivantes, augmentez la durée d'attente.

Apprendre à Oscar à ne pas bouger : sans les mains

Le but de la séquence 3 est qu'il reste tranquille sans que vous ne le touchiez.

1. Placez-le en position debout (voir paragraphe précédent).
2. Retirez la main gauche.
3. Comptez jusqu'à 30.

   Remettez-le en position s'il bouge.
4. Félicitez-le puis libérez-le.
5. Quand il est stable sans la main gauche, retirez la main droite du collier.

Il faudra plusieurs séances pour parvenir à vos fins.

Ne caressez pas votre chien quand vous le félicitez, il risque de bouger.

Apprendre à Oscar l'ordre « Debout, pas bouger »

Le but de la séquence 4 est de lui apprendre à se mettre debout et ne pas bouger.

1. Faites-le se mettre debout (voir paragraphe « Apprendre à Oscar à se mettre debout » plus haut dans ce chapitre).
2. Retirez les deux mains posées sur le chien et levez-vous en gardant les épaules bien droites.
3. Dites : « Debout ».
4. Comptez jusqu'à 30, puis félicitez-le et libérez-le.
5. Entraînez-vous jusqu'à ce que vous puissiez rester debout pendant 1 minute sans qu'il ne bouge.

Il ne s'agit pas d'un exercice très amusant pour le chien, alors entraînez-vous avec un objet qu'il aime bien. Une fois que vous l'avez libéré, jouez à la balle ou jetez-lui un bâton.

Laisser Oscar en position « Debout, pas bouger »

Prêt pour la séquence 5 ? Vous allez devoir laisser Oscar dans la position « Debout, pas bouger ».

1. Tenez-vous debout à côté de votre chien assis.
2. Glissez le pouce sous son collier comme dans la séquence 1 (voir « Apprendre l'ordre debout sur commande » plus haut dans ce chapitre).

Selon la taille du chien, vous devrez peut-être plier les genoux pour éviter de le dominer.

3. Dites : « Debout » en exerçant une légère pression sur le collier vers le bas.

Il doit savoir se lever sans que vous ne touchiez ses grassets.

4. Retirez la main droite du collier et tenez-vous bien droit.
5. Dites : « Pas bouger » et placez-vous directement face à lui.
6. Comptez jusqu'à 30, revenez en position « Au pied », dites-lui combien il est intelligent et libérez-le.

Replacez-le dans la position voulue s'il bouge.

7. **Reculez progressivement, jusqu'à 2 mètres.**
8. **À partir de maintenant, quand vous vous éloignez, faites six pas en avant et retournez-vous pour être face à lui (ne lui tournez pas le dos), comptez jusqu'à 30, revenez, félicitez-le et libérez-le.**

Apprendre à Oscar à passer derrière lui

Le but de la séquence 6 est de revenir en passant derrière lui :

1. **Demandez à Oscar de se mettre debout (voir « Apprendre à Oscar l'ordre » Debout, pas bouger « plus haut dans ce chapitre ») et reculez de 2 m face à lui (voir paragraphe précédent).**
2. **Revenez vers lui, posez deux doigts de la main gauche au niveau du garrot et passez derrière lui pour vous replacer en position « Au pied ».**
3. **Marquez une pause, veillez à ce qu'il ne bouge pas, puis félicitez-le avant de le libérer.**
4. **Quand il comprend que vous allez passer derrière lui, ne le touchez plus quand vous revenez en position « Au pied ».**

Les concours pour chiens ont lieu à l'intérieur et à l'extérieur peu importe le temps. Alors : entraînez-vous aussi qu'il pleuve, qu'il vente ou qu'il neige !

Simuler un vrai concours

Le but de la séquence 7 est de lui apprendre la partie examen de l'exercice. Et pour cela, vous devrez faire appel à un partenaire. À ce stade, il peut encore s'agir d'un membre de la famille, mais comme l'examinateur sera un inconnu, homme ou femme, il faudra également vous entraîner avec des personnes des deux sexes qu'il ne connaît pas forcément.

Pour commencer, placez-le en position assise comme au concours, ce qui revient à le faire asseoir sagement et se faire caresser dans le cadre du certificat du bon citoyen canin (voir chapitre 12). Procédez comme suit :

1. **Placez l'anneau de son collier derrière la tête.**
2. **Attachez la laisse au collier.**
3. **Faites asseoir votre chien au pied.**
4. **Repliez soigneusement la laisse dans la main gauche, tenez-la au-dessus de sa tête et dites : « Pas bouger ».**

5. **Demandez à votre équipier de s'approcher du chien en lui présentant la paume de sa main.**

   Si Oscar a envie de lui « faire la fête », renforcez l'ordre « Pas bouger » en tirant d'un petit coup sec sur la laisse.

6. **Demandez-lui de lui caresser légèrement la tête et le dos.**
7. **Félicitez (Oscar !) et libérez-le.**
8. **Revoyez les séquences 1 à 7 jusqu'à ce qu'il soit « mûr » pour passer le concours.**

   Entraînez-vous au cours des séances suivantes.

9. **Répétez les séquences sans laisse, le chien debout au pied, puis vous face à lui, à 1 mètre et enfin à 3 mètres.**

Avant chaque exercice, l'examinateur demande : « Êtes-vous prêt ? ». On répond : « Prêt ! » pour les exercices au pied et « Oui » pour le reste.

Le passage à la marche sans laisse

Pour faciliter cette transition, on utilise la technique du cordon ombilical dans le but d'avoir tous deux la sensation d'être sans laisse alors qu'il est encore attaché. Voyez plutôt :

1. **Oscar doit être assis au pied et la laisse attachée au collier. Tenez la bride dans la main droite et passez-la derrière vous jusqu'à la main gauche.**
2. **À l'aide de la main droite, détachez la laisse, passez le fermoir à travers la bride et rattachez-la au collier.**
3. **Tirez sur la laisse pour nouer le bout de la bride autour de la taille côté gauche.**
4. **Placez la main gauche contre la boucle de votre ceinture (ou au niveau du nombril) et laissez pendre la main droite le long du corps.**
5. **Dites « Oscar, au pied » et démarrez d'un pas décidé.**

   S'il ne reste pas au pied, attrapez lentement son collier. Glissez deux doigts de la main gauche dessous, paume en l'air, au niveau du cou, et ramenez-le dans la position voulue. Continuez de marcher, retirez la main du collier et dites-lui combien vous êtes fier de lui. Si votre chien est petit ou s'il a de longs poils, ramenez-le dans la position voulue en vous aidant du fermoir de la laisse.

Faites des gestes lents pendant l'entraînement pour ne pas l'effrayer. Souvenez-vous, il est toujours en laisse et il ne peut aller nulle part. Si vous le brusquez, il risque de devenir méfiant et de se braquer.

Cette leçon est très importante pour Oscar. Il apprend à accepter que vous saisissiez son collier alors qu'il marche sans laisse. Il faut donc y aller très doucement.

Si vous avez du mal à glisser les doigts sous le collier (parce qu'il est petit ou qu'il a beaucoup de poils sur le cou), utilisez le fermoir de la laisse pour le ramener en position au pied. Quand vous arrivez à l'exercice sans laisse, posez un petite accroche sur son collier pour pouvoir le saisir facilement.

Augmentez progressivement le nombre de pas, tournez à droite, avancez de nouveau de dix pas et marquez une pause pour le féliciter et le libérer. N'oubliez pas de prononcer son nom avant de tourner. Recommencez et cette fois faites un demi-tour. Changez également de cadence. Vous saisissez ?

Au fur et à mesure qu'il s'aguerrit, ajoutez des distractions comme indiqué dans le chapitre 13. Augmentez progressivement la distance et la durée avant de marquer une pause. Combien de temps faut-il passer sur cet exercice ? Après un petit échauffement de 2 minutes au pied en position de contrôle (voir chapitre 13) en formant un cercle ou en ligne droite, en le libérant souvent, passez 1 ou 2 minutes par séance, pas plus.

La marche sans laisse

Ce n'est pas tout à fait la même chose que de marcher en laisse, et pour cause, Oscar le sait. Quand il est en laisse, il donne l'impression d'être parfait, mais une fois libéré, il agit comme s'il n'avait pas la moindre idée de l'objet de l'exercice. Pourquoi ? Parce qu'il sait qu'il n'a plus de laisse.

S'il réagit de la sorte avec vous, revoyez la position au pied en laisse (voir chapitre 13) et renforcez l'ordre « Au pied » avec une friandise ou en tirant légèrement sur la laisse quand il a besoin d'aide. Il en aura peut-être plus besoin pour les changements de cadence ou de direction que si vous marchez normalement.

La marche sans laisse est le test ultime. Avec un peu d'entraînement, Oscar y arrivera sans problème. Pour être certain qu'il a compris, entraînez-vous 90 % du temps en laisse pour lui rappeler ce que vous attendez de lui.

Vous voici prêt pour le grand saut sans laisse. Si vous avez des doutes quant à sa réaction, entraînez-vous dans un endroit tranquille, comme votre jardin.

1. **Commencez par un échauffement de 2 minutes pour lui rappeler la position de contrôle (voir chapitre 13).**

   Marchez en formant un cercle ou en ligne droite. Oubliez les changements, veillez plutôt à ce qu'il soit attentif.

   C'est le moment de lui rappeler que vous être attentif. Tirez un petit coup sec sur la laisse s'il le faut puis félicitez-le avant de le libérer.

2. **Préparez-vous pour l'exercice du cordon ombilical (voir paragraphe précédent), faites dix à quinze pas de cette façon puis libérez-le.**

   Recommencez une fois.

3. **Placez votre main droite contre sa poitrine, faites-le asseoir, et levez-vous.**

4. **Détachez la laisse du collier, et mettez la boucle dans votre poche gauche pour qu'elle pende sur le côté.**

5. **Dites : « Oscar, au pied » et démarrez d'un pas décidé.**

   Si vous devez renforcer l'ordre, saisissez très doucement son collier, ramenez-le en position, retirez la main et félicitez-le.

6. **Arrêtez-vous au bout de dix pas et faites-le asseoir.**

7. **Remettez-le en laisse et libérez-le.**

8. **Passez à un autre exercice ou mettez fin à la séance.**

Ne croyez pas au miracle, ça ne marchera pas du premier coup, il vous faudra plusieurs séances. Ajoutez quelque chose de nouveau à chaque séance, comme un changement de direction ou de cadence. La séance doit être courte et dynamique, il faut que le chien s'amuse. Vous prendrez tous deux confiance progressivement et formerez une équipe. Mais n'essayez pas d'aller au-delà de ses capacités.

Quand vous serez à l'aise avec cet exercice dans un endroit tranquille, essayez des endroits plus animés. Faites comme pour la marche au pied sans laisse, corsez la difficulté à chaque fois. Quand vous vous arrêtez, placez la main contre sa poitrine pour le faire asseoir.

Le rappel

Ce n'est pas tout à fait la même chose que de lui demander de venir vers vous. Le rappel englobe d'autres ordres :

- Pas bouger
- Viens

✔ Devant
✔ Final

Il se pratique de bout en bout. L'examinateur vous demande de le faire mettre en position « Assis, pas bouger » et d'aller à l'autre bout du ring ou carré. Il vous demande ensuite de l'appeler. Il doit donc venir et s'asseoir devant vous. L'examinateur annonce ensuite : « Final » et vous devez dire : « Oscar, au pied ».

Pas bouger

Le chapitre 7 aborde l'ordre « Pas bouger ». Pour le rappel, l'examinateur désigne le point de départ de l'exercice. Vous devez annoncer : « Pas bouger », laisser le chien et aller de l'autre côté du ring où vous attendez que l'examinateur vous demande de l'appeler. Il annonce ensuite le mot « Final » et vous devez dire : « Au pied ».

Lui apprendre à venir vers vous dans un endroit animé

Même s'il obéit à l'ordre : « Viens », vous devez maintenant lui apprendre la même chose dans un endroit animé. Pour ce faire, vous avez besoin d'un partenaire. Laissez Oscar en position « Assis, pas bouger » et éloignez-vous de 7 mètres. Votre complice doit se tenir à égale distance entre le chien et vous. Il doit d'accroupir face à lui et lui sourire.

Appelez Oscar. S'il passe devant « l'élément perturbateur », libérez-le d'un « OK » très enthousiaste et donnez-lui une friandise quand il arrive vers vous. S'il s'arrête devant votre complice, approchez-vous très lentement de lui en souriant. Attachez la laisse à la boucle du collier et en tirant un peu, montrez-lui exactement ce qu'il aurait dû faire en repartant au trot où vous l'avez appelé. Puis félicitez-le avant de le libérer. Il faudra peut-être lui montrer plusieurs fois ce que vous voulez avant qu'il ne comprenne.

Libérez-le chaque fois que vous l'encouragez à venir vers vous. Penchez-vous, écartez les bras pour l'inciter à revenir et avancez de quelques pas en disant « OK ! » sur un ton très enjoué.

S'il contourne votre complice, demandez à une personne supplémentaire de se mettre à 3 mètres du premier, et apprenez au chien à passer entre les deux.

Le but de l'entraînement avec distractions est que vous preniez tous deux confiance et que votre chien se sente capable de faire ce qu'on lui demande. Il lui permet aussi d'apprendre à se concentrer sur ce qu'il fait. Si vous sentez qu'il en a assez, arrêtez et remettez l'entraînement à plus tard.

Devant

Le but de cet exercice est de lui apprendre à s'asseoir là où vous lui demandez. Vous pouvez pratiquer l'exercice à l'intérieur sous forme de jeu. L'ordre « Devant » est un peu identique au « Assis au pied automatique » (voir chapitre 13) dans le sens où le chien est censé venir vers vous et s'asseoir devant vous. Nous utilisons une sorte de glissière pour qu'il s'assied exactement là où on lui demande. Nous utilisons des gouttières correspondant à la taille du chien : elles doivent être de la même longueur que lui. Posez-les à terre en les espaçant suffisamment pour qu'il puisse s'asseoir confortablement entre les deux.

Pour cet exercice, tenez-vous bien droit. Si vous vous penchez vers lui, il ne s'approchera pas assez près. Si vous devez vous mettre à son niveau, dans ce cas, fléchissez les genoux.

Comment habituer Oscar à la glissière ?

Le but de la séquence 1 est de l'habituer à l'objet.

1. Posez-la par terre.
2. Faites passer plusieurs fois le chien entre les deux.
3. Demandez-lui de se mettre en position au pied dans la glissière et faites-le asseoir.
4. Répétez les étapes 1 à 3 jusqu'à ce qu'il parvienne à s'asseoir dans la glissière.

Comment l'habituer à venir dans la chute ?

Eh oui, le but de la séquence 2 est de lui apprendre à venir dans la chute.

1. Emmenez Oscar au pied jusqu'à la chute et dites-lui de ne pas bouger.
2. Passez entre les deux objets et mettez-vous face à lui.
3. Tenez une friandise dans les deux mains placées sous la taille.
4. Appelez votre chien et ramenez les mains à la taille pour qu'il voit les friandises quand il arrive.
5. Donnez-lui la friandise, félicitez-le et libérez-le une fois de retour au point de départ.

6. Répétez toutes les étapes environ cinq fois.

7. Une fois que le chien a compris le truc, laissez-le en position « Pas bouger », allez à 1 mètre de la chute et appelez-le.

8. Augmentez la distance par paliers de 70 cm jusqu'à ce qu'il soit à environ 10 m de l'entrée de la chute.

Il faut qu'il s'asseye le plus près possible de vous sans vous toucher. En utilisant les friandises, vous pouvez vous entraîner à l'intérieur, sans la chute. Appelez-le et faites-le asseoir en lui montrant la friandise et donnez-lui lorsqu'il est assis bien droit. Sinon, recommencez.

Lors d'un concours, vous n'avez ni le droit d'avoir de la nourriture sur vous, ni de répéter deux fois un ordre, sauf pour le « Pas bouger » que vous pouvez accompagner du signe.

Au final, Oscar doit s'asseoir devant vous, alors que vous avez les mains ballantes le long du corps. Vous devez donc le regarder avec les mains face à lui. Rien ne vous empêche de continuer à lui donner sa petite récompense pendant les entraînements.

Final

Quand le chien est assis face à vous, l'examinateur annonce le mot « Final ». Le chien doit alors se mettre au pied, à votre gauche (en utilisant l'ordre « Au pied ») ou à droite en marchant derrière vous au pied (en utilisant l'ordre : « En place »). En réalité, nous préférons utiliser un signal plus parlant pour le chien. Pour le final à gauche, indiquez-lui de la main gauche, pour le final à droite, de la main droite.

Apprendre le final à gauche

Le but de la séquence 1 est de lui présenter l'exercice.

1. Faites asseoir votre chien, dites : « Pas bouger » et placez-vous face à lui.

2. Dites « Oscar, au pied » et reculez d'un pas avec la jambe gauche en gardant la jambe droite bien en place quand vous le guidez avec la friandise dans la main gauche en dessinant un demi-cercle pour vous placer en position au pied.

   Il faut que le demi-cercle soit suffisamment grand pour qu'il finisse dans la position voulue.

3. Donnez-lui la friandise, félicitez-le et libérez-le.

4. Revoyez les étapes 1 à 3 jusqu'à ce qu'il se mette rapidement et avec enthousiasme en position au pied.

Le guidage de la main gauche deviendra son signal.

 Chaque fois que vous voulez que le chien se déplace, prononcez son nom avant d'annoncer l'ordre. Pourquoi ? En fait, parce qu'il est content… Si vous ne voulez pas qu'il bouge, ne l'utilisez pas (par exemple : « Pas bouger »). En fait, le chien est content qu'on dise son nom et ça lui donne envie de se déplacer. Ne pas le prononcer l'aide à se concentrer.

Apprendre un final sur commande ou à l'aide d'un signal

C'est le but de la séquence 2 :

1. Fixez la laisse sur le collier.
2. Repliez-la soigneusement dans la main gauche.
3. Placez-vous face au chien, dites : « Oscar, au pied » et reculez avec la jambe gauche en utilisant la laisse pour le guider.
4. Félicitez-le en lui donnant une récompense et libérez-le.
5. Revoyez les étapes 1 à 4 jusqu'à ce qu'il prenne la position sans exercer aucune tension sur la laisse.
6. Éliminez le pas de recul avec la jambe gauche et tentez le signal ou l'ordre.

Apprendre un final à droite

La seule différence est que vous devez reculer avec la jambe droite et non plus la jambe gauche et guider Oscar en le faisant passer derrière vous pour se placer. Si vous utilisez une friandise, passez-la de la main droite vers la main gauche derrière le dos. Faites de même pour la laisse.

Sa réaction vous dira dans quelle direction il se sent plus à l'aise. En général, un grand chien préfère se placer à droite.

Les exercices en groupe

Certains exercices du concours d'obéissance se déroulent en groupe : couché et assis longs entre 1 et 4 minutes, sans laisse et en groupe. Sur ordre du juge, les équipes doivent s'aligner sur le côté du ring. Les conducteurs font asseoir leur chien et se rendent de l'autre côté du ring, se retournent pour être face au chien. Au bout d'environ 1 minute, ils reviennent en passant derrière le chien pour se placer en position au pied. C'est exactement la même chose pour l'épreuve de 4 minutes.

 Quand vous vous entraînez pour le « Pas bouger » par exemple, modifiez la distance ou la durée, mais pas les deux en même temps.

Bien que vous puissiez utiliser un ordre verbal ou un signal, vous saurez vite ce que votre chien comprend le mieux selon son profil psychologique (voir chapitre 5). L'exercice « Pas bouger » est destiné à un chien à l'instinct de meute développé. Pour un chien dont l'instinct de fuite est peu prononcé, le signal peut le mettre mal à l'aise et il risque de venir vers vous, voire de couiner et de remuer.

Ce n'est pas terminé, il faut maintenant ajouter quelques difficultés et vous entraîner :

- Avec des distractions
- Sans laisse
- À la bonne distance
- Pour le temps requis
- Dans différents endroits et sur différentes surfaces

Revoyez le test « Assis, pas bouger » (voir chapitre 7).

Introduire des distractions spontanées

Pour cet exercice, fixez la laisse au collier, la boucle sous le menton. Dites : « Pas bouger » en vous aidant du signal correspondant, et avancez de trois pas. Placez la main gauche contre la boucle de votre ceinture et tenez la main droite prête à renforcer l'ordre. Sautez à droite, au centre, à gauche, au milieu, en avant et en arrière. Si le chien essaie de bouger, renforcez l'ordre.

Soyez très encourageant, applaudissez.

Augmenter le degré de difficulté

Faites les mêmes exercices sans laisse et en vous plaçant à 1 mètre puis à 3 mètres de lui. Si vous avez besoin de renforcer l'ordre, approchez-vous lentement de lui et ramenez-le dans la position voulue en glissant deux doigts sous le collier. S'il vient vers vous, replacez-le devant vous en le guidant, mais ne répétez pas l'ordre.

Revoyez également l'ordre « Couché, pas bouger » en essayant de le distraire de la même façon que pour le « Assis, pas bouger », avec et sans laisse.

Approchez-vous toujours de lui lentement pour ne pas l'inquiéter ou l'effrayer.

Augmentez progressivement la durée : 2 minutes pour le « Assis, pas bouger » et 4 minutes pour le « Couché, pas bouger ». Certes pratiques, ces exercices sont plutôt ennuyeux pour lui comme pour vous, mais vous n'avez pas besoin de les revoir à chaque séance, une fois ou deux par semaine suffiront. Ensuite, récompensez le chien avec quelque chose qu'il aime bien, un de ses jouets préférés ou un bâton.

S'il parvient à tenir suffisamment longtemps dans l'une de ses positions, éloignez-vous jusqu'à 10 ou 12 mètres. Et pour finir, entraînez-vous dans des endroits différents.

Chapitre 15
Rapporter un objet

Dans ce chapitre :
▶ Les bases de l'activité
▶ Rapporter un objet en se faisant aider
▶ Rapporter un objet comme un grand
▶ Rapporter un objet dans un endroit animé

*V*ous n'êtes pas des plus ravis quand Oscar se promène avec vos affaires et vous préféreriez sans doute qu'il limite son instinct de rapporteur à ce qui lui appartient.

Les chiens sont nombreux à aimer rapporter, ou au moins poursuivre, quantité d'objets. Il s'agit pour eux d'une activité gratifiante. Ils le font parce qu'ils aiment ça. Certains sont capables de rapporter une balle, un frisbee ou un bâton que vous relancez ensuite. Ils arrêtent quand ils en ont assez. En outre, ils ne rapportent que les objets qu'ils aiment bien. Si votre chien aime rapporter sa balle, il tournera peut-être la tête s'il s'agit d'un gant.

Un chien qui a été éduqué pour rapporter un objet le fait pour lui mais aussi pour vous. Même s'il y prend du plaisir, il sait qu'il n'a pas le choix.

Dans ce chapitre, nous vous aiderons à franchir les différentes étapes pour qu'Oscar devienne un bon rapporteur. S'il sait déjà comment rapporter un objet, il faut malgré tout lui apprendre encore quelques règles du jeu.

Les différentes étapes pour rapporter correctement un objet

Pour qu'il rapporte un objet sur commande, votre chien doit savoir le prendre mais aussi le rendre, ce qui n'est pas toujours simple. En lui apprenant cet exercice, vous parviendrez à le convaincre de céder.

Le rapport est pratique aussi pour d'autres choses comme de rapporter le journal. L'un de nos participants voulait que Sunny, son golden retriever, lui apporte son journal du matin, de préférence en bon état. Nous lui avons donc appris dans un premier temps à rapporter un objet. Nous lui avons demandé ensuite de sortir avec Sunny, de lui faire ramasser le journal, de le lui faire rapporter à la maison et enfin de le récompenser en lui donnant un biscuit pour chiens.

Il n'a fallu que deux séances à Sunny pour comprendre le principe et depuis, tous les matins, il apporte le journal. Au bout de plusieurs jours, nous avons reçu un coup de téléphone affolé de notre participante : visiblement Sunny avait entrepris d'apporter le journal de tous les voisins dans l'espoir d'avoir un biscuit supplémentaire à chaque fois. Heureusement, le problème a été vite résolu : un biscuit pour le premier journal, rien de plus. Une fois qu'il a compris, il s'est contenté du journal de sa maîtresse.

En apparence, cet exercice est simple mais, en réalité, il se compose de plusieurs comportements distincts que le chien doit impérativement apprendre :

- Se diriger vers l'objet
- Le ramasser
- Le tenir
- Marcher en le portant
- Le rapporter
- Le donner

Pour un chien qui sait déjà rapporter spontanément un objet, lui apprendre à le faire sur commande, c'est du gâteau. Mais pour ceux qui ne savent pas, là il faudra être plus patient. La facilité avec laquelle il apprendra dépend de la tâche pour laquelle il a été dressé et du nombre de comportements dictés par l'instinct de prédation qu'il connaît (voir chapitre 5).

Pour cet exercice, nous utilisons un haltère en bois. On en trouve dans les animaleries. Il faut qu'il soit adapté à la taille et à la forme de la gueule du chien. Vous pouvez aussi vous en procurer un en plastique. L'avantage est qu'il dure plus longtemps.

Pour commencer, il vous faut le matériel suivant :

- Une bonne dose d'enthousiasme
- Un chien pressé de manger
- Une petite boîte de friandises

- Une cuillère en métal
- Un haltère en bois
- Une chaise

Nous utilisons les friandises pour récompenser les chiens que nous dressons. Comme ils n'aiment pas trop rapporter les objets en métal, utilisez une cuillère dans ce matériau pour l'habituer.

Rapporter sur commande

Même s'ils rapportent toutes sortes d'objets d'eux-mêmes, ils ne le feront pas forcément si on leur demande. Par conséquent, commencez par créer une association entre l'ordre et ce que vous voulez qu'il fasse : prendre un objet dans la gueule. En général, l'objet auquel le chien ne résiste pas, c'est la nourriture. Nous allons donc commencer par cela.

Le moment idéal pour débuter l'exercice, c'est quand le chien a faim, donc avant l'heure de son repas.

1. **Posez l'aliment, la cuillère et l'haltère sur une chaise.**
2. **Mettez-vous face à la chaise, Oscar à votre gauche.**
3. **Mettez un peu de nourriture dans la cuillère et présentez-lui en disant : « Prends ! ».**
4. **Annoncez l'ordre sur un ton enjoué pour susciter un comportement dicté par l'instinct de prédation.**

   (Voir chapitre 5 pour les comportements dictés par les instincts dominants.)

5. **Recommencez une dizaine de fois jusqu'à ce qu'Oscar ouvre la gueule spontanément pour prendre la nourriture.**

   Il est rare qu'un chien résiste à cette friandise.

Introduire l'objet à rapporter

Dès qu'il comprend ce que veut dire « Prends ! », mettez-le en présence de l'haltère. Évidemment, passer de la nourriture à un haltère ne va pas se faire en un clin d'œil, alors soyez patient avec lui.

Quand vous lui apprenez les comportements associés au rapport d'objet, votre position est importante. Vous devez vous tenir à sa droite sans vous pencher ni le dominer pour éviter toute réaction défensive de sa part puisqu'il faut réveiller son instinct de prédateur.

Pour les friandises, essayez-en plusieurs avant de trouver celle qu'il préférera. Posez-en une petite dizaine sur la chaise et démarrez. Veillez cependant à ne pas lui en donner trop !

1. **Face à la chaise, le chien à votre gauche, posez la paume de la main sur son museau et placez l'index derrière sa canine gauche (voir figure 15.1).**

Figure 15-1 : Ouvrez doucement la gueule de votre chien.

2. **Ouvrez doucement sa gueule et glissez-y l'haltère de la main droite en annonçant : « Prends ! ».**
3. **Laissez le pouce de la main droite sur son museau, les doigts sous son menton, et maintenez sa gueule fermée (voir figure 15.2).**
4. **Félicitez-le chaleureusement, dites immédiatement : « Donne » et retirez l'haltère.**

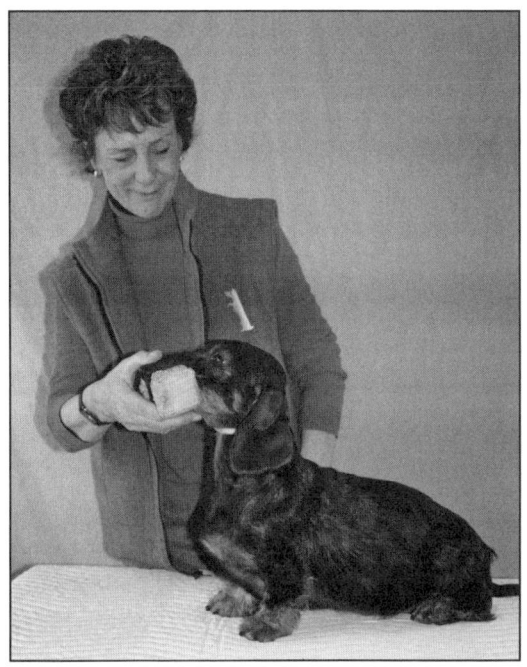

Figure 15.2 : Placez l'haltère dans sa gueule.

Le but de l'exercice est qu'il accepte volontiers l'haltère. Il ne s'agit que d'une introduction, vous ne devez pas refermer son museau sur l'haltère plus d'une seconde. Une fois qu'il est habitué, passez à la séquence suivante.

   5. Récompensez-le en lui offrant une friandise.

   6. Recommencez dix fois pendant cinq séances.

Nous pratiquons cet exercice cinq jours de suite. Mais vous pouvez le faire plusieurs fois par jour à condition que le chien ne finisse pas par s'ennuyer. En revanche, soyez assidu car le chien risque d'oublier ce qu'il a appris au cours de la séance précédente et vous devrez recommencer depuis le début.

Aider le chien à rapporter l'objet

Une fois qu'Oscar a l'habitude d'avoir l'haltère dans la gueule, vous pouvez attaquer l'étape suivante. Le but est qu'il l'attrape de lui-même quand vous lui demandez.

   1. Faites asseoir Oscar à votre gauche, préparez la chaise avec les friandises et glissez deux doigts sous son collier, paume dirigée vers vous.

2. **De la main droite, placez la barre de l'haltère face à lui, tout près de ses moustaches.**
3. **Dites : « Prends ! » et quand il le fait, fermez vite sa gueule et félicitez-le.**
4. **Dites : « Donne », prenez l'haltère et donnez-lui une friandise.**

   À ce stade, le chien ne saura peut-être pas encore prendre l'haltère, mais il ouvrira la bouche. Alors, mettez-la vous-même, fermez son museau et ainsi de suite.

Observez bien s'il a un comportement annonçant qu'il a l'intention de faire quelque chose. Les comportements d'intention sont ceux qui indiquent ce à quoi pense le chien (voir chapitre 1) : les discrets ont les moustaches pointées vers l'avant et les plus ostentatoires reniflent, se lèchent les lèvres ou regardent fixement l'haltère. Il aimerait bien l'attraper mais il n'est pas certain d'en avoir le droit.

Si vous observez ce genre d'attitude, ouvrez-lui la gueule, glissez-y l'haltère et refermez-la brièvement. Félicitez-le, retirez l'haltère et donnez-lui une friandise. Recommencez jusqu'à ce qu'il ouvre spontanément la gueule pour prendre l'haltère. Il est important de le féliciter pendant qu'il la tient dans sa gueule.

Soyez patient. Il peut se passer parfois plusieurs minutes avant que le chien ne réagisse. Si vraiment rien ne se passe et qu'il a l'air d'être au point mort, recommencez cinq fois l'étape précédente et essayez de nouveau. Certains se montrent plus lents à prendre spontanément l'haltère sur votre demande, mais ils finissent toujours par y arriver !

Savoir garder l'objet dans la gueule

Avant de passer au rapport proprement dit, Oscar doit apprendre à faire ce que vous voulez qu'il fasse une fois l'haltère dans la gueule. Il ne doit pas la recracher avant que vous n'ayez annoncé l'ordre « Donne ». Cela vous paraît sans doute évident, mais lui ne sait pas tant qu'on ne lui a pas appris.

Le but est qu'il tienne fermement l'haltère jusqu'à l'annonce de l'ordre « Donne ».

1. **Commencez dans la position habituelle : Oscar à votre gauche et les friandises sur la chaise.**
2. **Mettez l'haltère dans sa gueule et dites : « Tiens-le ».**

   Tenez-vous bien droit de façon à ne pas vous pencher sur lui.

3. **Fermez le poing de la main droite et placez-le sous son menton (voir figure 15.3).**

   Si vous mettez la paume et non le poing sous son menton, il va penser qu'il doit lâcher l'haltère.

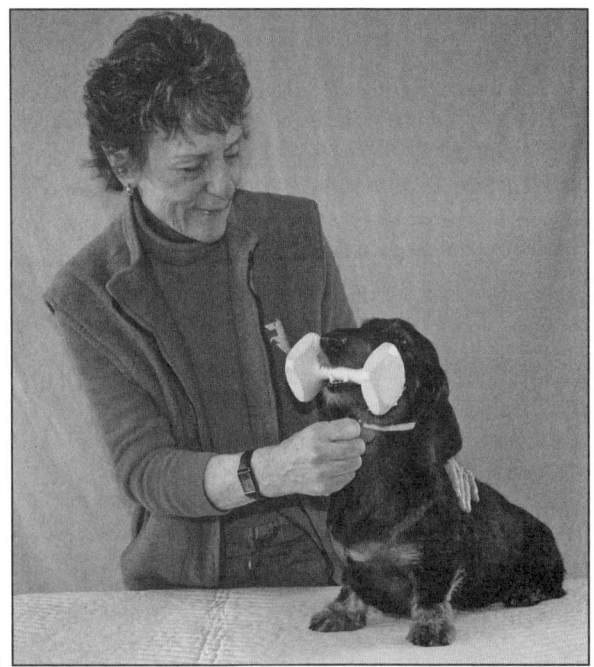

Figure 15-3 : Placez le poing sous le menton du chien.

4. **Souriez et comptez jusqu'à 5.**
5. **Félicitez-le, retirez l'haltère et offrez-lui une friandise.**
6. **Recommencez vingt fois, en augmentant progressivement le temps d'attente par paliers de 5 secondes jusqu'à 30 secondes.**

Si Oscar commence à le rouler dans la gueule comme s'il était prêt à le lâcher, tapotez-lui gentiment le menton et dites : « Tiens-le ». Retirez-le et félicitez-le chaleureusement en lui donnant un biscuit.

Apprendre à récupérer l'haltère

Une fois qu'il a compris qu'il doit garder l'haltère dans la gueule, apprenez-lui à l'attraper.

1. **Glissez deux doigts de la main gauche sous son collier au niveau du cou, paume vers vous et tenez l'haltère à 5 cm de sa gueule.**

2. Dites : « Prends ! ».

3. S'il obéit, refermez sa gueule en disant : « Tiens-le » comptez jusqu'à 5, félicitez-le, retirez l'haltère en disant : « Donne » et donnez-lui une friandise.

4. S'il n'obéit pas, effectuez un quart de tour sur son collier en le tirant vers vous pour approcher sa tête de l'haltère jusqu'à ce qu'il l'attrape.

5. Refermez sa gueule en plaçant la paume sur son museau en disant : « Tiens-le », comptez jusqu'à 5, félicitez-le, retirez l'haltère en annonçant « Donne » et donnez-lui une friandise.

Ne tournez pas le collier plus de 30 secondes et n'allez pas au-delà d'un quart de tour.

6. Glissez l'haltère dans sa gueule, refermez-la avec la paume de la main en annonçant « Prends ! », félicitez-le, retirez l'haltère et donnez-lui une friandise.

7. Répétez l'exercice jusqu'à ce qu'il l'attrape de lui-même.

Augmentez la distance entre Oscar et l'haltère par paliers de 5 cm jusqu'à atteindre la longueur du bras.

Voici ce qui peut se produire si Oscar paraît « stressé » pendant la séance :

- S'il s'agit d'un stress dit *négatif*, il gardera la gueule fermée et tournera la tête quand vous exercerez une pression sur le collier. Dans ce cas, placez-le vous-même, félicitez-le en lui donnant une friandise et essayez de nouveau.
- S'il s'agit d'un stress *positif*, il adoptera diverses attitudes et il saisira notamment l'haltère au moment où vous le féliciterez.

Marcher avec l'haltère

L'étape suivante consiste à lui apprendre à tenir l'haltère dans la gueule en marchant. Vous allez peut-être penser que tout ceci n'est pas utile. Mais tout dépend du chien. À ce stade de son apprentissage, la plupart des chiens ont compris le principe et sont parfaitement capables de tenir l'haltère dans la gueule tout en marchant. Si votre chien en est capable, sautez cette étape. Sinon, et ça nous est arrivé avec certains de nos chiens, apprenez-lui à faire cette transition.

1. Oscar est assis à environ 2 mètres à votre gauche face à la chaise contenant les friandises, glissez l'haltère dans sa gueule en disant : « Prends ! », puis : « Tiens-le ».

Invitez-le à aller vers la chaise.

2. Pour qu'Oscar prenne confiance en lui, placez la main droite sous son collier quand il démarre.
3. Quand il arrive à la chaise, félicitez-le, retirez l'haltère et donnez-lui une friandise.
4. Recommencez jusqu'à ce qu'il marche avec l'haltère sans que vous le teniez.

   Augmentez progressivement la distance jusqu'à vingt pas, par paliers de cinq pas.

Ramasser l'haltère

Dernière étape : lui faire ramasser l'haltère. Même si vous en avez envie, ne lui jetez pas l'haltère en espérant qu'il le ramassera et le rapportera. Il pourrait effectivement y arriver, mais rien n'est sûr. Il risque de courir après mais de ne pas savoir quoi en faire ensuite. Il faut qu'il comprenne d'abord ce que vous attendez de lui.

1. Faites asseoir Oscar à votre gauche et placez la chaise aux friandises derrière vous.
2. Prenez son collier, présentez-lui l'haltère à environ 5 cm et dites : « Prends ! ».
3. S'il obéit, félicitez-le chaleureusement, dites « Donne », retirez l'haltère et donnez-lui une friandise.

   Le but est de baisser progressivement l'haltère par paliers de 5 cm vers le sol pour qu'il la récupère dans votre main.
4. Une fois au sol, tenez l'haltère à un angle de 45 degrés.
5. Dites : « Prends-le / Attrape » et quand il s'exécute, retirez la main du collier, dites : « Tiens-le » et faites deux pas en arrière.

   Il viendra vite fait vers vous pour recevoir sa récompense.
6. Félicitez-le, reprenez l'haltère et récompensez-le.
7. Recommencez jusqu'à ce qu'il soit à l'aise avec cet exercice.
8. Mettez l'haltère par terre tout en gardant la main dessus.
9. Faites-lui récupérer plusieurs fois sans enlever la main.
10. Éloignez d'abord la main de 5 cm, puis 15 et enfin 30 (jusqu'à ce qu'il soit complètement à la verticale).
11. Chaque fois qu'il la prend, reculez encore un peu, félicitez-le, reprenez-le et donnez-lui une friandise.
12. S'il ne le ramasse pas, tirez légèrement sur le collier.

Si cette séance pose problème, en clair, s'il ne veut toujours pas le prendre, revoyez les étapes précédentes en les suivant à la lettre. Il faut que chacune soit parfaitement assimilée avant de passer à la suivante.

13. **Dites : « Pas bouger » en plaçant l'haltère à 30 cm face à lui.**
14. **Dites : « Prends ! ». S'il s'exécute, félicitez-le chaleureusement en reprenant l'haltère et en lui donnant sa petite récompense.**
15. **Recommencez en la plaçant d'abord à 1 mètre puis à 2 mètres face au chien.**

C'est le chien qui vous dira combien de fois de suite vous pourrez lui demander de le récupérer. Si son instinct de prédation est bien développé, il recommencera plusieurs fois. Sinon, il se lassera vite. Mieux vaut arrêter au bout de cinq fois et recommencer plus tard.

Cet exercice n'a rien d'excitant pour le chien, et s'il n'y avait pas les friandises, ce serait pire. Il est cependant utile car il faut qu'il comprenne qu'il fait ça pour vous et non pour lui.

Aller chercher l'haltère

Oscar va maintenant devoir aller chercher l'haltère que vous avez lancé. Commencez par l'envoyer à quelques pas en disant : « Va chercher » ou « Prends ! ». S'il s'exécute, dites-lui combien il est génial. Quand il revient vers vous, reprenez l'haltère en disant : « Donne » et donnez-lui une friandise.

Dans le feu de l'action, certains chiens ne reviennent pas tout de suite. Ils en profitent pour faire un petit détour juste pour le plaisir. Si tel est le cas avec le vôtre, utilisez l'ordre « Viens » dès qu'il attrape l'haltère, félicitez-le et donnez-lui sa récompense quand il revient vers vous.

Lancez l'haltère de plus en plus loin et une fois qu'il se sent parfaitement à l'aise, dites : « Assis » quand il revient vers vous. Comme il n'a pas l'habitude, vous risquez de devoir placer le poing sous son menton pour qu'il ne lâche pas l'haltère. N'oubliez pas de le féliciter, de retirer l'haltère et de le récompenser. À partir de maintenant, faites-le asseoir systématiquement en tenant l'haltère chaque fois qu'il revient.

Mettre sa patience à l'épreuve

Votre chien devra aussi apprendre à ne pas bouger pendant que vous lancez l'haltère et jusqu'à ce que vous lui permettiez. Il va être très pressé d'aller chercher son haltère, alors essayez de faire preuve de la même patience que pour un enfant de 2 ans. Suivez ces conseils :

1. Commencez l'exercice en vous plaçant à la droite d'Oscar.
2. Glissez deux doigts sous le collier, dites « Pas bouger » et lancez la balle à environ 5 mètres.
3. Retirez très délicatement les doigts du collier, comptez jusqu'à 5 et dites : « Attrape ».
4. Félicitez-le, retirez l'haltère et donnez-lui sa friandise.
5. Recommencez jusqu'à ce qu'il sache rester en place sans que vous ne teniez le collier.

Il est important d'annoncer l'ordre sur un ton enjoué pour réveiller son instinct de chasseur. Ne prenez jamais une voix menaçante ou sévère, il risque d'avoir des difficultés à apprendre l'exercice. Si vous voyez qu'il a besoin d'être motivé, lancez l'haltère en disant « Attrape » en même temps et laissez-le courir après.

Félicitations ! Votre chien sait maintenant rapporter un objet sur commande, du moins un haltère. Il est vrai qu'on utilise plutôt un frisbee, une balle ou un bâton mais il ne devrait avoir aucun mal à s'adapter à un nouvel objet. En général, c'est même plutôt le contraire : il va volontiers chercher une balle, mais ne veut plus entendre parler de l'haltère.

Rapporter un objet entouré de distractions

Maintenant qu'il sait rapporter un objet, corsez la difficulté en introduisant des distractions en procédant comme suit :

1. **La personne chargée de distraire le chien doit se tenir à moins de 1 mètre de l'haltère.**

   …et adopter une attitude amicale, en aucun cas menaçante.

2. **Envoyez Oscar chercher l'haltère et félicitez-le chaleureusement dès qu'il le ramasse.**

3. **Une fois que le chien se sent en confiance, demandez à votre complice de se rapprocher un peu, puis de se pencher vers l'haltère.**

   Ensuite, demandez-lui de cacher l'haltère en se plaçant devant, dos au chien, et de poser légèrement le pied dessus. Vous pouvez aussi mettre l'haltère sous une chaise, puis dessus.

Pendant l'exercice, voici les réactions qu'il risque d'avoir :

✔ Il se dirige vers l'haltère puis recule et ne l'attrape finalement pas, un peu comme pour dire : « Je ne me sens pas à l'aise pour récupérer mon haltère en présence de cet individu. »

Que faire ? Sans rien dire, approchez-vous doucement, glissez deux doigts sous son collier au niveau du cou et emmenez-le jusqu'à l'haltère. S'il le ramasse, félicitez-le, reprenez l'objet et donnez-lui une friandise. Sinon, placez-le dans sa gueule, et faites comme indiqué dans la phrase précédente. Ne répétez pas l'ordre.

Essayez de nouveau. Tenez compte de sa façon d'apprendre et du nombre de tentatives à prévoir avant qu'il comprenne le truc. Il faudra peut-être l'aider un peu au début pour qu'il prenne confiance en lui. Une fois qu'il le ramasse de lui-même, arrêtez la séance.

- Il renonce et ne rapporte pas l'haltère, comme pour dire : « Je n'y arrive pas ».

  Que faire ? *Idem.*

- Il ne fait rien du tout comme pour dire : « Si je ne bouge pas, peut-être qu'il va partir. »

  Que faire ? *Idem.*

- Il se laisse distraire comme pour dire : « Je préférerais vous faire une petite visite que de rapporter mon haltère. »

  Que faire ? Toujours pareil.

- Il prend l'haltère à la personne en question.

  Que faire ? Approchez-vous de lui doucement sans rien dire, mettez-lui la laisse et, en exerçant une légère tension sur le collier, montrez-lui exactement ce qu'il est censé faire en le guidant vers vous et sans répéter l'ordre.

- Il anticipe l'ordre « Va chercher » qui signifie qu'il a compris et qu'il veut vous montrer qu'il est malin.

  Que faire ? Approchez-vous de lui doucement sans rien dire, retirez l'haltère de sa gueule, remettez-le là où il l'a pris, retournez au point de départ et renvoyez-lui. Quoi que vous fassiez, ne criez pas : « Non ! » ou ne faites rien qui puisse le décourager de rapporter l'haltère après avoir fait tant d'efforts pour qu'il y parvienne.

- Il fait exactement ce que vous lui avez demandé ? Mettez un terme à la séance.

Donnez-lui ensuite une friandise de façon aléatoire et imprévisible pour qu'il reste motivé.

Une fois l'exercice parfaitement assimilé, corsez la difficulté. Demandez à votre complice de s'accroupir près de l'haltère et de le distraire en lui disant : « Viens donc chercher une caresse » mais sans prononcer le nom du chien.

S'il réagit bien, demandez maintenant à votre ami de lui présenter un biscuit, une balle ou un jouet sans lui donner évidemment.

Les distractions permettent de rehausser le niveau de l'exercice. Elles permettent au chien de prendre confiance en lui et de se concentrer sur ce qu'il fait. Nous vous conseillons cet exercice si Oscar est timide.

Au cours de la séance avec distractions, comprenez bien que chaque fois que vous ajoutez une distraction, il s'agit d'un nouvel exercice pour le chien. S'il se dirige vers la nourriture, récompensez-le de la même manière que vous l'avez fait quand vous l'avez initié à l'exercice avec distractions. Oscar n'est ni méfiant, ni têtu et encore moins stupide, il est simplement perdu parce qu'il ne sait pas trop quoi faire et il attend qu'on l'aide.

Essayez maintenant le même exercice avec d'autres objets. Vous risquez de devoir revoir les premières séquences, ce n'est pas parce qu'il sait rapporter un objet qu'il va forcément en rapporter un nouveau. Il aura peut-être besoin de s'y habituer avant.

En le stimulant et en le défiant, vous lui donnez davantage confiance en lui pour rapporter n'importe quel objet dans n'importe quelle condition.

Quand vous travaillez cet exercice, donnez-lui la possibilité d'y arriver pour lui-même. Ne l'aidez pas trop vite, soyez patient et laissez-lui le temps de comprendre tout seul ce qu'il doit faire. Vous serez agréablement surpris de voir comment il se débrouille.

Chapitre 16
Le titre d'excellence du chien de compagnie

Dans ce chapitre :
- Suite au pied sans laisse et figure 8
- Couché sur rappel
- Rapport d'objet
- Rapport d'objet après saut
- Saut en longueur
- Absence assis
- Absence couché

Il s'agit d'un titre décerné par l'American Kennel Club, qui récompense les qualités d'obéissance du chien. Ce titre s'adresse davantage aux chiens dont l'instinct de meute ou de prédation est très développé. Il trouve quelques équivalents en classe 3 de concours d'obéissance en France.

Suite au pied sans laisse et figure 8

Vous avez dû vous rendre compte que la suite au pied n'est pas si simple que cela et vous avez certainement besoin de revoir les exercices régulièrement. Voici de quoi vous faire réfléchir : la suite au pied est le seul exercice que vous pouvez pratiquer en équipe ; le chien doit faire tous les autres seul. Pourtant, c'est celui qui pose le plus de problème pour le maître.

La suite au pied sans laisse se pratique de la même façon que pour les débutants à l'exception de la figure 8 qui se fait maintenant sans laisse.

Couché sur rappel

Il s'agit d'un mélange des ordres « Viens » et « Couché ». Quand votre chien vient vers vous, vous lui demandez de se coucher, puis vous le rappelez. Cet exercice commence de la même façon, si ce n'est qu'une fois que vous l'avez appelé, l'examinateur vous demande de donner l'ordre ou le signal « Couché » et de le rappeler ensuite. Cela donne à peu près cela : « Oscar, viens », « Couché », « Oscar, viens ». Le chien doit rester couché jusqu'à ce qu'on le rappelle.

S'il connaît déjà certainement les ordres « Couché » et « Viens », il doit maintenant apprendre à s'arrêter dès qu'on lui en donne l'ordre.

Apprendre à Oscar à obéir à l'ordre « Couché »

Commencer par voir s'il comprend de quoi il retourne.

1. **Alors qu'il est assis au pied, et sans lui donner aucun indice (pointer le doigt vers le sol, pencher la tête, plier les genoux), dites-lui calmement : « Couché ».**

   S'il obéit, félicitez-le, comptez jusqu'à 5 et libérez-le.

2. **S'il ne réagit pas, ou pas assez vite par exemple, glissez doucement la main gauche le long de la laisse jusqu'au fermoir et appuyez vers le bas.**

   Gardez le coude et le bras le long du corps.

3. **Levez-vous, comptez jusqu'à 5, félicitez-le et libérez-le.**

4. **Recommencez jusqu'à ce qu'il se couche sur votre demande à côté de vous.**

Voici quelques conseils pour vous aider :

- Vous êtes nombreux à ne pas vous rendre compte des mouvements de votre corps et encore moins à savoir qu'ils donnent des indices visuels au chien. Alors, soyez vigilant avec le moindre de vos gestes, y compris celui d'un doigt et assurez-vous que vous vous tenez toujours bien droit. Ces indices visuels sont importants pour l'éducation de votre chien.

- Si on vous demande de compter jusqu'à 5 après une action réussie, c'est pour que le chien se concentre sur ce qu'il fait et qu'il ne pense pas déjà à faire autre chose.

- Avant de vous dire que tel ou tel acte est inacceptable ou non, dites-vous que la taille ou la structure de votre chien ne lui permet peut-être pas de faire exactement ce que vous lui demandez. Certains chiens n'arriveront par exemple pas à se coucher sans s'asseoir d'abord.

Apprendre à Oscar à se coucher alors qu'il marche

1. **Oscar assis au pied, dites : « On y va » et commencez à marcher.**

   Ne dites pas « Au pied » parce qu'il ne s'agit pas d'une suite au pied.

2. **Après quelques pas, dites : « Couché » au moment où vous allez vous arrêter, mais pas après.**

   Si vous n'êtes pas vigilant sur le moment où vous annoncez l'ordre, il risque de confondre « Couché » avec le « Assis automatique ».

3. **S'il s'exécute, comptez jusqu'à 5 après l'avoir félicité et libérez-le.**

   Pour le libérer, apprenez-lui à se relever rapidement à l'aide d'un mouvement vers l'avant.

4. **S'il ne se couche pas, glissez la main jusqu'au fermoir de la laisse et exercez une petite pression vers le bas**

5. **Félicitez-le, comptez jusqu'à 5 et libérez-le.**

Apprendre à Oscar à se coucher sans vous arrêter de marcher

Avant de passer à cet exercice, revoyez bien les deux premières séquences.

1. **Dites : « On y va » et commencez à marcher.**

2. **Au bout de quelques pas, dites : « Couché » et marchez jusqu'au bout de la laisse.**

3. **Retournez-vous face à lui, félicitez-le, comptez jusqu'à 5 et libérez-le.**

   Quand vous le libérez, vous lui apprenez en réalité à revenir rapidement vers vous après lui avoir donné l'ordre de se coucher (voir chapitre 14).

4. **S'il ne se couche pas, recommencez.**

5. **En annonçant l'ordre, glissez lentement la main gauche le long de la laisse jusqu'au fermoir et tirez légèrement.**

6. **Marchez jusqu'au bout de la laisse, retournez-vous, félicitez-le, marquez une pause et libérez-le.**

   Si tout va bien, passez à l'étape suivante.

Apprendre à Oscar à se coucher immédiatement en pleine course

Revoyez bien les exercices précédents puis observez comment le chien vient vers vous quand vous lui demandez. C'est en fait en se déplaçant à cette vitesse que vous allez lui demander de se coucher. Même si vous ne courez pas aussi vite que lui, apprenez-lui à s'allonger de la sorte tandis que vous continuez de marcher jusqu'au bout de la laisse.

Apprendre à Oscar à s'arrêter et se coucher quand il vient vers vous : la méthode en laisse

Maintenant qu'il sait s'allonger alors qu'il était en train de courir, vous pouvez passer à cet exercice.

1. Laissez le chien en position « Assis, pas bouger » et allez à l'autre extrémité de la laisse face à lui.
2. Dites : « Oscar, viens » pour l'appeler.
3. Au moment où il se dirige vers vous, faites un pas en avant vers lui du pied droit, sans bouger le gauche et en même temps faites le signe en allongeant le bras et dites : « Couché ».

   Gardez le haut du corps bien droit. En faisant un pas en avant, vous allez arrêter sa progression. Vous pouvez également utiliser le bras.

4. Une fois couché, ramenez le pied droit, baissez le bras, félicitez Oscar, comptez jusqu'à 5 et libérez-le.

   Pour libérer le chien, faites-le revenir vers vous rapidement.

Si Oscar ne se couche pas, revoyez la séquence 1 en tirant d'un petit coup sec sur la laisse et la séquence 4, puis réessayez.

Quand Oscar se dirige vers vous, n'exercez aucune tension sur la laisse pour le faire s'allonger ou rien qui puisse le gêner, il risque de se montrer réticent. S'il ne s'allonge pas ou s'il ne s'allonge pas comme il faut, revoyez les séquences 1 à 3.

Apprendre à Oscar à s'arrêter et s'allonger quand il vient vers vous : sans laisse

Si vous pensez que c'est nécessaire, revoyez l'exercice avec laisse avant de vous lancer dans cet exercice. S'il réussit, augmentez progressivement la distance entre vous et lui.

Continuez le geste du pied ou de la main pour ralentir sa progression jusqu'à ce qu'il obéisse de manière fiable. Ensuite, commencez par éliminer le signal puis décidez de ce que vous préférez entre l'ordre verbal et le signal. Vous garderez sans doute les deux.

Apprendre à Oscar à ne pas prêter attention aux distractions qui l'entourent

Demandez à un ami de s'accroupir à environ 1 mètre de la ligne de passage d'Oscar. Appelez-le, annoncez l'ordre ou donnez le signal.

Il risque de faire les choses suivantes :

- Anticiper l'ordre, à savoir, ralentir et se coucher avant
- Se coucher après être passé devant votre ami
- Ne pas se coucher du tout
- Éviter la personne en la contournant
- Ne pas obéir à l'ordre « Viens »
- Faire exactement ce qu'il faut (ce qui est peu probable la première fois)

Voilà ce qu'il faut faire s'il fait l'une des choses citées ci-dessus :

- **Si Oscar anticipe l'ordre** : montrez-lui exactement ce que vous attendez de lui. Dirigez-vous lentement vers lui sans dire un mot, mettez la laisse et tirez légèrement sur le collier pour le guider vers l'endroit où vous étiez quand vous l'avez appelé. (Vous reculez, il avance.) Faites-le s'asseoir devant vous, puis félicitez-le et libérez-le. Ne répétez pas l'ordre. Alternez de façon aléatoire entre « Viens » et « Couché sur rappel » pour éviter qu'il n'anticipe.
- **Si Oscar se couche après être passé devant la personne ou s'il ne s'allonge pas du tout** : dirigez-vous lentement vers lui, et sans rien dire, glissez deux doigts à travers le collier sous le menton, paume vers vous. Emmenez-le là où il aurait dû s'arrêter et s'allonger et renforcez l'ordre

sans le répéter. Félicitez-le, comptez jusqu'à 5 et libérez-le sur un ton enthousiaste. Ce qu'il essaie de vous faire comprendre dans ce cas précis, c'est qu'il n'a pas suffisamment confiance pour s'allonger près de la personne. C'est donc à vous de lui montrer qu'il en est capable. Il prendra confiance au fur et à mesure qu'il réussira.

✓ **Si Oscar contourne la personne ou s'il n'obéit pas à l'ordre « Viens »** : demandez à une personne supplémentaire d'intervenir et demandez-leur de se mettre face à face à environ 3 mètres de distance et apprenez au chien à s'allonger entre les deux.

Il risque aussi de s'allonger avant même de venir vers vous. Si c'est le cas, approchez-vous de lui lentement sans rien dire, glissez deux doigts de la main gauche à travers le collier sous le menton, paume vers vous, et emmenez-le là où il aurait dû marquer un arrêt et renforcez l'ordre « Couché ». Ne répétez pas l'ordre. Félicitez-le, comptez jusqu'à 5 et libérez-le sur un ton enthousiaste.

Quand il aura suffisamment confiance en lui et qu'il obéira correctement à l'ordre, travaillez sur les différents degrés de distractions.

Comme vous ne pouvez pas utiliser les deux, choisissez entre l'ordre verbal et le signal pour demander à Oscar de s'allonger. Voyez avec lui ce qui marche le mieux (quand vous êtes dans le carré). Son profil psychologique vous aidera également (voir chapitre 5). Si son instinct de défense (fuite) est faible, optez pour l'ordre plutôt que le signal. S'il a un instinct de prédation développé, vous réussirez mieux avec le signal.

Le rapport d'objet

Pour cet exercice, le juge vous demande de lancer l'haltère puis d'envoyer le chien le chercher. Il est censé le rapporter, le présenter devant vous, le laisser tomber quand vous le lui demandez et terminer l'exercice en se replaçant en position au pied. La séquence est donc : « Pas bouger », « Prends-le », « Donne » et « Oscar, au pied ». Il doit réaliser tout le reste de lui-même.

Chaque fois que vous changez d'exercice, il s'agit de quelque chose de nouveau pour le chien, vous devez donc revoir ce que vous lui avez appris avant.

Vous trouverez les détails de l'ordre « Rapporte » au chapitre 15.

Remarque : beaucoup de chiens savent rapporter un objet sans qu'on ait besoin de leur apprendre, il s'agit le plus souvent d'un jeu entre le chien et vous. Demandez-vous alors : « Le fait-il pour moi ou pour lui ? » Si vous n'êtes pas certain de la réponse, apprenez-lui à le faire pour vous.

Rapporter un objet en sautant un obstacle

Pour certaines épreuves de concours d'obéissance aux États-Unis, le chien doit sauter un obstacle, ramasser l'haltère et revenir en sautant de nouveau au-dessus de la barre. Les ordres que donne le juge sont les suivants : « Lancez l'haltère », « Envoyez votre chien », « Prenez-le » et « Final ». Vous direz : « Pas bouger », « Saute », « Donne » et « Oscar, au pied ».

Pour cet exercice, utilisez une cible vers laquelle vous enverrez le chien. Ensuite, placez une barre de saut entre la cible et le chien. Pour qu'il parvienne à la cible, il doit franchir l'obstacle. Cet exercice qui ressemble plutôt à un jeu vous permettra de lui apprendre toute une série d'exercices complexes.

La cible : un bon outil pour le guider

C'est tout simple : vous posez une cible par terre à 1 mètre face au chien et vous (nous utilisons des boîtes de fromage blanc en guise de cible). Vous posez ensuite une friandise sur la cible de votre choix (voir figure 16.1) et vous envoyez Oscar vers la cible.

Utilisez des cibles différentes pour varier les plaisirs tout en gardant en tête que l'objectif est que le chien aille jusqu'à la cible.

Figure 16.1 : On pose une friandise sur la cible.

Voici les différentes étapes à suivre :

- **Étape 1** : attirez l'attention du chien sur la friandise, allez jusqu'à la cible, dites : « Vas-y », posez la friandise dessus et laissez le chien la prendre. Recommencez trois fois.
- **Étape 2** : commencez cette fois à 1 mètre de la cible. Dites : « Pas bouger », posez la friandise sur la cible, revenez vers le chien et dites : « Vas-y » en dirigeant le bras et la main gauche vers la cible. Félicitez-le quand il est sur place et rappelez-le. Recommencez trois fois.
- **Étape 3** : au fur et à mesure des séances, augmentez la distance entre la cible et le chien par paliers de 60 cm jusqu'à 15 mètres.
- **Étape 4** : demandez à une autre personne de poser la friandise et envoyez le chien.

Votre chien aimera beaucoup cet exercice, d'autant plus si son instinct de prédation est prononcé.

Quand vous travaillez avec des friandises, assurez-vous que votre chien a faim et essayez-en plusieurs pour voir lesquelles il préfère.

Les différentes étapes du saut

L'obstacle à franchir sera en principe à hauteur du garrot du chien. Pour rappel, il s'agit de la partie la plus haute du chien située derrière le cou, au niveau des omoplates.

Tous les chiens ne savent pas sauter, il s'agit d'une activité athlétique, peu importe la race. Et comme pour toute activité athlétique, il faut être en bonne condition physique. Ce n'est pas parce qu'il saute sur le canapé qu'il saura faire un saut en hauteur. Il faut donc lui apprendre, et pour sa sécurité, lui apprendre correctement comme nous l'expliquons dans les séquences suivantes.

Habituer Oscar à sauter

1. Emmenez Oscar en laisse jusqu'à la barre de saut qui se situe à hauteur de ses coudes (pour lui apprendre).
2. Touchez la barre de la main gauche et laissez-le la renifler.
3. Sautez par-dessus et encouragez-le à faire de même.

    Vous pouvez utiliser une friandise pour l'encourager. L'ordre est : « Oscar, saute ».

4. Recommencez jusqu'à ce qu'il saute sans hésiter.

Chapitre 16 : Le titre d'excellence du chien de compagnie

Apprendre à Oscar à sauter de lui-même

Faites asseoir Oscar à 1 mètre du centre de la barre de saut.

1. **Dites : « Oscar, saute », sautez au-dessus, et placez sa cible à 1 mètre de la barre.**
2. **Face au chien, posez la friandise sur la cible, levez-vous et demandez-lui de venir pour sauter en disant : « Oscar, saute ».**
3. **Recommencez jusqu'à ce qu'il soit à l'aise, cinq à dix fois par séance.**

Apprendre à Oscar à sauter de lui-même – et en prenant des angles différents

1. **Laissez Oscar à 3 m de la barre de saut et allez de l'autre côté en passant au-dessus.**
2. **Attirez son attention sur le centre de la barre, reculez de trois pas, marquez une pause et dites : « Oscar, saute ».**

   Ne tapez pas sur la barre en disant « Saute », car vous lui apprenez à sauter en ayant un indice visuel plutôt qu'en vous écoutant.

3. **Félicitez-le quand il retombe sur ses pattes et libérez-le en lui donnant une friandise.**

Il est rare qu'on arrive à lancer l'haltère là où on voudrait, aussi il serait mieux de lui apprendre à sauter dans des angles différents.

Apprendre à Oscar à sauter avec son haltère

Faites-lui prendre l'haltère dans la gueule et suivez attentivement les étapes de la séquence 3. Ici, vous lui apprenez à revenir en sautant au-dessus de la barre.

Commencer par le motiver pour rapporter l'haltère

1. **Oscar au pied, glissez deux doigts de la main gauche à travers le collier sous le menton, paume vers vous.**
2. **Tenez l'haltère dans la main droite et donnez-lui envie de le récupérer.**
3. **À environ 3 m, dites : « Oscar, saute » et approchez-vous d'un pas brusque de la barre.**
4. **Quand vous êtes à environ 60 cm de la barre, lancez l'haltère et lâchez le chien.**
5. **Rapprochez-vous encore de la barre et quand il le ramasse et qu'il se retourne pour vous regarder, fixez son attention sur le centre de la barre.**

   Quand il s'exécute, reculez-vous pour lui laisser suffisamment de place pour atterrir.

6. Félicitez-le, reprenez l'haltère et libérez-le.

7. Recommencez jusqu'à ce qu'il saute, qu'il rapporte l'haltère et qu'il reparte sans hésiter.

Faites aussi exprès de le lancer dans la mauvaise direction pour l'habituer à sauter depuis un angle différent.

Apprendre à Oscar à attendre

1. Placez-vous face au centre de la barre de saut, à au moins 2,5 m et dites à Oscar : « Pas bouger ».

2. Tenez-le par le collier sous le menton et lancez l'haltère.

3. Lâchez délicatement le collier, comptez jusqu'à 5 et dites : « Oscar, saute ».

4. Une fois qu'il a sauté, suivez-le calmement et une fois qu'il a ramassé l'haltère et qu'il se retourne vers vous, attirez son attention sur le milieu de la barre de saut.

5. Lorsqu'il est sur le point de repartir, reculez pour lui laisser suffisamment de place pour retomber, reprenez l'haltère et libérez-le.

6. Recommencez jusqu'à ce que vous n'ayez plus besoin de tenir le collier et qu'il soit capable de repartir seul, et lancez l'haltère à au moins 2,5 m de la barre de saut.

Pour cet exercice, vous devez vous tenir à au moins 2,5 m de la barre de saut et lancer l'haltère à au moins 2,5 m de la barre. N'oubliez pas non plus de « mal » lancer l'haltère de temps à autre (voir séquence 5).

Plus haut !

Montez la barre par paliers de 5 à 10 cm selon la taille du chien. Si vous voyez que la hauteur de la barre devient un problème, n'insistez pas et fixez-la plus bas.

Les difficultés que vous pouvez rencontrer avec les sauts ne sont jamais d'ordre disciplinaire – le chien essaie simplement de vous dire quelque chose. Il se peut qu'il soit physiquement incapable de faire ce que vous lui demandez ou qu'il ait mal quelque part pour diverses raisons.

Apprendre à Oscar à se concentrer

Revoyez les étapes sur les distractions au chapitre 15. Demandez également à une autre personne de se tenir tout près du poteau quand le chien saute. S'il l'ignore, demandez-lui ensuite d'essayer de le faire contourner la barre au retour en lui parlant ou en le taquinant avec une friandise, mais sans qu'il prononce son nom.

S'il contourne la barre en revenant, approchez-vous doucement et prenez-le par le collier sous le menton, paume vers vous, et emmenez-le là où il a ramassé l'haltère. Dites : « Pas bouger » (il peut être assis, debout ou allongé), sautez par-dessus la barre, fixez son attention sur la première planche, reculez et dites : « Saute ». Quand il retombe sur ses pattes, félicitez-le chaleureusement et libérez-le. Essayez de nouveau.

Ne faites ou ne dites rien qui puisse le décourager. Montrez-lui au contraire ce que vous attendez exactement de lui, même physiquement. Le plus dur pour vous sera de ne rien dire et de rester patient.

Vous savez le temps qu'il faut à Oscar pour comprendre un exercice et combien de fois il faut le répéter avant qu'il n'y arrive, alors restez patient. Le but est qu'il comprenne de lui-même ce que l'on attend de lui et qu'il se dise : « Eurêka ! J'ai compris ce que tu veux ! » S'il parvient à comprendre tout seul, il sera d'autant plus motivé.

Le saut en longueur

Le saut en longueur est un obstacle composé de deux à quatre planches (selon la taille du chien) légèrement inclinées que le chien doit franchir sans les toucher. Pour franchir les haies de certains exercices de concours d'obéissance, le chien devra aussi avoir été entraîné au saut en longueur.

Le juge vous demande de faire sauter le chien. Quand il saute, vous devez effectuer un tour à droite sur place et le chien doit s'asseoir (voir chapitre 14).

Familiariser Oscar avec le saut en longueur

1. **Fixez la longueur du saut à deux fois la hauteur des chiens au niveau des coudes.**

    Avec un petit chien, ce ne sera qu'une planche.

2. **Placez la cible à 2,5 m du centre du saut.**
3. **Emmenez Oscar là où il doit sauter et laissez-le inspecter les lieux.**
4. **Placez-vous tous les deux à 2,5 m du saut.**
5. **Montrez-lui une friandise et utilisez-la pour l'inciter à sauter en disant : « Au-dessus ».**

    À ce stade de l'exercice, peu importe comment il franchit l'autre côté, ce qui compte c'est qu'il le fasse.

6. Posez la friandise sur la cible et laissez-le la prendre.
   7. Félicitez-le et libérez-le.
   8. Recommencez plusieurs fois.

Apprendre à Oscar à sauter sur commande

C'est le but de la séquence 2.

   1. Placez Oscar en position « Assis, pas bouger » à 2,5 m du centre de l'obstacle.
   2. Franchissez l'obstacle et posez une friandise sur la cible.
   3. Regardez le chien et attirez son attention sur la friandise en tapotant la cible.
   4. Demandez-lui de sauter en disant : « Au-dessus ».
   5. Recommencez jusqu'à ce qu'il saute sans hésiter.

Apprendre à Oscar à effectuer un tour

   1. Démarrez comme dans la séquence 2 mais placez-vous à un angle droit du saut à quelques pas de la cible et demandez à Oscar de sauter.
   2. Au moment où vous donnez l'ordre, avancez le pied droit vers la cible et dirigez le bras dans sa direction.
   3. Quand Oscar la prend, ramenez le pied droit, félicitez-le et libérez-le.
   4. Quand il saute sans hésiter, reculez de deux pas de la cible, puis de trois, et ainsi de suite, jusqu'à ce que vous soyez à environ à 1,5 m.

   Chaque fois que vous le laissez, vous devez franchir l'obstacle.

   5. Maintenant qu'il saute alors que vous êtes à 1,5 m de la cible, commencez à vous rendre là où vous serez finalement quand vous ferez sauter Oscar.
   6. À environ 1,5 m de la cible, faites un pas à droite et faites sauter Oscar.

   N'oubliez pas, vous faites un pas et indiquez la cible avec le bras.

   7. Dès qu'il prend la friandise, appelez-le, tournez-vous face à lui et faites-le asseoir devant vous.
   8. Recommencez.

9. Faites un autre pas à droite, faites-le sauter et ainsi de suite.

10. Recommencez la séquence, un pas vers la droite à la fois jusqu'à ce que vous soyez en face de la planche, les pieds à environ 60 cm du saut.

11. Pour terminer, allez directement à votre place face au côté droit du saut, les pieds à environ 60 cm du saut, quelque part entre la première et la dernière planche, et faites-le sauter.

Pensez à faire un pas à droite et à indiquer la cible avec le bras au cours des premières séances. Au final, quand Oscar est à l'aise pour sauter, utilisez l'ordre : « Oscar, au-dessus » ou faites le signal du bras gauche ou droit.

Une fois qu'Oscar maîtrise parfaitement l'exercice, n'utilisez plus l'ordre : « Viens » et apprenez-lui le final. Il est préférable qu'il s'asseye devant vous. Comme il faut qu'il devine, ne lui demandez pas systématiquement.

Les chiens comprennent très vite la finalité de l'exercice et ils finissent par prendre des raccourcis. Par exemple, pour vous rejoindre plus vite, il risque de sauter depuis un angle qui part dans votre direction. Vous pouvez éviter cela en laissant la cible et la friandise en place pour vos séances d'entraînement.

Apprendre à Oscar à se concentrer malgré les distractions

Demandez à un ami de se placer à environ 60 cm de la cible, et travaillez les distractions de premier, deuxième et troisième degrés. N'oubliez pas de mettre un terme à la séance après la première tentative réussie puisque c'est de celle-ci qu'Oscar doit se rappeler. Ne soyez pas tenté de recommencer, même une fois. Qui vous dit qu'il réussira de nouveau ?

Les absences assis ou couché

Pour certains exercices, le chien doit rester assis 3 minutes et rester allongé 5 minutes. Ce sont des exercices très ennuyeux à la maison mais en compétition, ils mettent les nerfs à rude épreuve. Alors, entraînez-vous souvent et dans n'importe quelles conditions, même sous la pluie.

Pour vous aider, procédez comme suit :

1. Laissez Oscar en position « Assis, pas bouger » et allez à environ 2 mètres de lui.

2. **Attendez 10 secondes, passez devant lui, puis placez-vous derrière lui en lui tournant le dos à 2 mètres de lui.**

3. **Pour tenter de le distraire, faites appel à un complice et demandez-lui de vous prévenir quand Oscar bouge et que vous devez renforcer l'ordre « Pas bouger ».**

   À ce stade, rien ne dit que tout se passera comme vous le voudrez. Quand vous (et le chien) êtes prêt à vous éloigner, augmentez progressivement le temps d'attente.

4. **Commencez par une attente de 10 secondes, puis allez jusqu'à 3 minutes pour le « Assis » et 5 minutes pour le « Couché » au fur et à mesure des séances.**

   Si vous avez des difficultés, si Oscar bouge par exemple, écourtez le temps d'attente et recommencez l'exercice depuis le début. S'il échoue, neuf fois sur dix c'est parce qu'il n'a pas assez confiance en lui, alors c'est à vous de l'aider.

Chapitre 17
Le concours de chien d'utilité

Dans ce chapitre :
▶ De quoi s'agit-il ?
▶ Comprendre le lien entre les instincts dominants et les exercices
▶ L'exercice du signal
▶ Retrouver un objet à l'odeur
▶ Rapporter un objet
▶ Se présenter devant le juge
▶ Le saut / Jumping

*L*es concours et épreuves de travail ont pour objectif de mettre en valeur les qualités de travail du chien, suivant les aptitudes spéciales à chaque race.

Donner un signal au chien

Pour cet exercice, le chien doit savoir obéir aux signaux : « Au pied », « Debout », « Pas bouger », « Laisse », « Assis » et « Viens ».

Le signe de la main pour la suite au pied

Le signal est donné de la main gauche, qui se déplace de gauche à droite, paume vers le bas, au niveau des yeux du chien (voir figure 17.1). Commencez par donner le signal en même temps que l'ordre verbal, puis éliminez l'ordre.

Apprendre à Oscar à se lever au signal

Le signal est donné de la main gauche qui se déplace de gauche à droite. La paume est placée vers le bas et parallèle au sol, au-dessus et devant les yeux du chien.

Il ne s'agit pas d'un exercice très drôle pour le chien, alors ne le pratiquez pas plus de cinq fois au cours d'une séance. Faites-lui toujours suivre l'exercice avec quelque chose d'amusant.

Figure 17.1 : Donner un signal à Oscar.

Le signal « Debout »

Le but de la séquence 1 est de lui apprendre le signal « Debout ».

1. **Revoyez l'exercice « Debout au pied » (voir chapitre 14)**
2. **Glissez le pouce de la main droite sous le collier au niveau du menton.**
3. **Faites-le se lever en annonçant l'ordre et en faisant le signe**
4. **Assurez-vous que les pattes avant restent en place.**
5. **Félicitez-le chaleureusement et libérez-le.**
6. **Répétez dix fois la séquence, mais pas forcément le jour même.**

Chapitre 17 : Le concours de chien d'utilité

Debout au signal de la main

Le but de la séquence 2 est de lui apprendre à se lever au signal de la main :

1. **Oscar sans laisse, en position « Au pied », dites : « On y va » et commencez à marcher.**
2. **Au moment de marquer une pause et avant de ramener les pieds ensemble, placez la main droite contre la poitrine du chien, faites le signal de la main gauche et dites : « Debout ».**

   Veillez à l'arrêter en position « Au pied ». Si nécessaire empêchez-le de s'asseoir en plaçant la main gauche contre sa patte droite.
3. **Félicitez-le et libérez-le avec une friandise.**
4. **Répétez 5 fois cette séquence par séance sur les prochains jours.**

   Utilisez le même signe utilise pour le couché immédiat sur rappel (voir chapitre 16) en levant le bras droit en l'air comme si vous vouliez toucher le plafond.

Apprendre à Oscar à se coucher alors qu'il est debout :

1. **Faites mettre Oscar debout au pied, en laisse.**
2. **Repliez soigneusement la laisse dans la main gauche.**
3. **Dites : « Pas bouger » et placez-vous devant lui.**

Figure 17-2 : Comment utiliser le signe « Couché ».

4. Agenouillez-vous et placez deux doigts de la main gauche, paume vers le bas, sous le collier au niveau du menton.

5. Faites le signe de la main droite et dites : « Couché » en appuyant légèrement contre sa poitrine de la main gauche (voir figure 17.2).

   Si besoin est, exercez une légère pression sur le collier. Le but est de l'empêcher d'avancer les pattes quand il se couche, un mouvement naturel chez le chien.

6. Dites : « Pas bouger », levez-vous, félicitez-le et libérez-le avec une friandise.

Lui apprendre à s'asseoir alors qu'il est couché

C'est le but de la séquence 2.

Avec la main droite placée naturellement le long du corps, tournez la paume de la main vers le chien puis tendez le bras. Le but est de lui apprendre à obéir quand vous tournez la main. Pour commencer, vous pouvez l'inviter à s'asseoir avec une friandise :

1. Le chien en laisse, faites-le s'allonger à partir de la position assise comme dans la séquence 1.

2. Dites : « Pas bouger » et levez-vous.

3. Placez la main droite, qui tient la laisse, contre votre hanche droite.

4. Tenez une friandise dans la main droite, placée naturellement le long du corps, et veillez à ce que le dos de la main soit dirigée vers le chien.

5. Dites : « Assis », tournez la paume de la main vers le chien et incitez-le à s'asseoir avec une friandise.

   Placez-la juste au-dessus de sa tête pour qu'il ramène les pattes avant sous lui au lieu d'avancer.

6. Félicitez-le et libérez-le.

Faites un jeu de cet exercice. Tenez la friandise dans la main droite et récompensez-le de façon aléatoire. Comptez bien jusqu'à 5 après chaque changement de position pour que le chien se concentre sur ce qu'il fait. Jouez tant que le chien y prend du plaisir.

Renforcer l'ordre « Assis »

C'est le but de la séquence 3.

1. Commencez comme dans la séquence 2 mais sans la friandise.

2. Annoncez l'ordre et faites le signe de la main – en même temps –, tirez légèrement sur la laisse de la main droite, paume vers le haut, juste au-dessus de la tête du chien.

3. Ramenez la main le long du corps.
4. Félicitez-le et donnez-lui une friandise.

Alternez entre une friandise et un petit coup sec sur la laisse, puis ne prononcez plus l'ordre et entraînez-vous jusqu'à ce qu'il obéisse de manière fiable au signe de la main.

Augmenter la distance

C'est le but de la séquence 4.

1. Demandez à Oscar, en laisse, de s'allonger puis de s'asseoir en vous plaçant à 1 mètre de lui.
2. Au moment de donner le signal, avancez d'un pas du pied droit, sans bouger la jambe gauche.

    Le pas vers l'avant renforce l'ordre dans la mesure où il empêche le chien d'avancer.

3. Ramenez la jambe et le bras dans la position initiale.
4. Félicitez-le et donnez-lui une friandise chaque fois qu'il obéit.

Une fois l'exercice assimilé à cette distance, éloignez-vous progressivement jusqu'à 2 mètres. Il est important d'avancer le pied droit au fur et à mesure que vous vous éloignez. Souvenez-vous, Oscar aura tendance à avancer naturellement vers vous, il faut donc qu'il reste à sa place.

Lui apprendre à rester concentré

Commencez par le premier degré (voir chapitre 13 pour les degrés). La personne chargée de distraire le chien doit se tenir à 3 m de lui à un angle de 45 degrés. Après avoir laissé le chien en position « Debout », demandez à votre partenaire de s'approcher tranquillement du chien jusqu'à environ 70 cm. Faites le signal « Couché immédiat » en avançant d'un pas. S'il s'exécute, félicitez-le et libérez-le chaleureusement. Sinon, approchez-vous lentement de lui et renforcez l'ordre en glissant deux doigts sous le collier de la main gauche (pas celle que vous utilisez pour le signal). Lorsqu'il a compris, n'oubliez pas de le féliciter et de le récompenser, et passez à autre chose.

Passez bien en revue les trois degrés à une distance de 2 mètres, le chien en laisse. Ensuite, retirez-la et augmentez progressivement la distance jusqu'à environ 12 mètres.

Les signes « Viens » et « Final »

Il est temps de revoir tout l'exercice sur les signes de la main :

1. **Laissez le chien dans la position « Assis, pas bouger » et allez à l'autre bout de la laisse.**
2. **En tenant la laisse de la main gauche, dites : « Viens » et faites le signe en soulevant le bras droit en le ramenant contre votre poitrine.**
3. **Félicitez-le et libérez-le.**
4. **Répétez cinq fois les étapes 1 à 3 mais pas nécessairement de suite ou au cours de la même séance.**
5. **Recommencez, mais cette fois en n'annonçant plus l'ordre, puis félicitez-le et libérez-le.**

    Si Oscar n'obéit pas au signal, tirez légèrement sur la laisse.

    Ne prononcez plus du tout l'ordre.

6. **Essayez maintenant de faire le même exercice sans laisse à 2 mètres de lui, sans oublier de le féliciter et de le libérer (voir figure 17.2).**
7. **Pour le final, utilisez le même signe que vous avez utilisé pour la Classe novice et la Classe ouverte.**

Reconnaître un objet parmi plusieurs

Si vous lui avez appris le tour du billet de banque au chapitre 24, vous ne devriez pas avoir de mal à lui apprendre cet exercice. La seule différence, c'est que vous utiliserez ici des objets en métal et en cuir, en général des haltères, cinq de chaque. Oscar doit d'abord en rapporter un, peu importe le matériau, puis celui que vous aurez imprégné parmi les quatre restants.

Évitez l'écueil du genre : « Il devrait le savoir » s'il ne rapporte pas le bon objet. Votre chien ne peut pas savoir, pour lui il est évident qu'il a rapporté le bon.

Apprendre à Oscar à rapporter des objets en métal et en cuir

Vous aurez peut-être besoin de revoir tout l'exercice sur le rapport d'objet au chapitre 15 si Oscar a quelques difficultés. Les objets en métal peuvent poser un problème. Il faut impérativement qu'il sache rapporter l'un ou l'autre avant de passer à l'étape suivante.

Apprendre à Oscar à utiliser son flair

Commencez par lui apprendre le jeu de cache-cache (« Cherche »). Par exemple, quand vous vous entraînez dehors, cachez l'objet dans un coin. Montrez-lui que vous le prenez et revenez. Envoyez-le le chercher. Quand il revient, libérez-le avec enthousiasme et donnez-lui une récompense. La première fois, vous devrez peut-être cependant lui montrer où vous avez caché l'objet.

Une fois qu'il a compris, corsez la difficulté pour l'encourager à utiliser son flair pour trouver ledit objet.

Familiariser Oscar avec les objets

Pour ce faire, utilisez un morceau de planche perforée correspondant à la taille du chien, et suffisamment grand pour y placer les huit objets à 15 cm de distance. Apprenez-lui à marcher et à s'asseoir sur la planche, puis à rapporter l'un des objets qui s'y trouve, d'abord en le lançant sur la planche, puis en le posant dessus, sans oublier de le féliciter puis de le libérer.

Il faut que le chien soit à l'aise pour rapporter un objet de la planche avant d'en ajouter d'autres.

Préparez la planche pour la séance suivante en nouant chaque article par le dessous. Laissez-la s'aérer pendant 24 heures pour qu'il n'y ait pratiquement aucune odeur.

En nouant un objet sur la planche, vous empêchez le chien de prendre le mauvais et l'encouragez à chercher le bon. Vous pouvez également les nouer sur un bout de tapis, mais méfiez-vous, les grands chiens ont tendance à rapporter le morceau entier !

Apprendre à Oscar à reconnaître un objet à son odeur

1. **Vous devez avoir les mains propres, exemptes d'odeurs de produits chimiques et de parfums.**
2. **Tous les deux à 3 m face à la planche, laissez votre odeur sur un haltère en le frottant une vingtaine de secondes et en lui faisant sentir.**
3. **Retirez l'haltère de sa gueule, dites : « Pas bouger » et posez-le sur la planche, en lui montrant où vous le mettez.**

4. Revenez en position « Au pied » et envoyez-le le chercher.
5. Si vous voyez qu'il prend le mauvais, encouragez-le à continuer de chercher en disant par exemple : « Allez, continue ! » sur un ton enjoué.
6. Une fois qu'il attrape le bon, dites calmement : « C'est bien » en souriant.
7. Félicitez-le et libérez-le.

Recommencez en posant l'objet en cuir odorant ailleurs sur la planche jusqu'à ce que vous soyez certain qu'il le trouve en utilisant son odorat. Augmentez progressivement la distance de la planche, jusqu'à 6 mètres. Pendant cette séquence, ne le félicitez plus s'il rapporte le bon, contentez-vous de sourire. Il ne faut pas qu'il attende systématiquement qu'on le félicite avant de revenir.

Nouez deux objets supplémentaires et laissez la planche à l'air pendant 2 heures avant la séance suivante et ainsi de suite pour les suivants.

Apprendre à Oscar à distinguer votre odeur de celle de quelqu'un d'autre

Le but est de lui apprendre à reconnaître votre objet parmi ceux qu'une autre personne a touchés. Avant d'envoyer le chien le chercher, demandez à un ami de toucher les objets de la planche, puis posez le vôtre.

Certains chiens comprenant plus vite que d'autres, c'est à vous de voir comment il se débrouille. Essayez de nouer les huit objets. Si vous voyez qu'il est perdu, n'insistez pas et recommencez depuis le début.

Déshabituer Oscar de la planche

Maintenant, faites l'inverse et dénouez deux objets. Chaque fois qu'il réussit à trouver l'objet, marquez une pause. Au cours des séances suivantes, recommencez jusqu'à ce que les objets soient défaits. S'il revient avec le mauvais haltère, approchez-vous doucement de lui, retirez-lui de la gueule, ramenez-le dans la position initiale et renvoyez-le. Ne faites surtout rien qui puisse le décourager.

Faire l'exercice sur une planche et une autre surface, ce n'est pas tout à fait la même chose. Alors, pour le déshabituer, posez l'objet par terre devant la planche. S'il le rapporte, placez-en deux autres devant la planche. Quand il rend à chaque fois le bon, posez les objets restants par terre face à la planche. Éliminez la planche une fois qu'il sait parfaitement distinguer le bon objet parmi les autres sur le sol.

Même s'il donne l'impression d'avoir bien compris le truc, il risque de régresser au point qu'il ait l'air de n'avoir jamais entendu parler de l'exercice. En clair, il rapportera le mauvais objet plusieurs fois de suite. Rassurez-vous, c'est normal ! Et le mieux dans ce cas est de recommencer l'exercice avec la planche pendant plusieurs jours.

Apprendre à Oscar à faire demi-tour pour aller chercher l'objet

1. Pour finir, vous aurez le dos tourné aux huit objets quand l'examinateur placera celui que vous avez imprégné au milieu.
2. Vous pouvez donc faire un demi-tour sur place et envoyez en même temps le chien chercher l'objet, ou le faire asseoir au pied puis l'envoyer.
3. Montrez-lui l'objet quand il est en position au pied, dites : « Cherche », faites un demi-tour sur place et lancez l'objet pour qu'il aille le chercher.
4. Recommencez jusqu'à ce qu'il ait compris.
5. Mélangez les objets, recommencez depuis le début, et jetez le vôtre dans la pile.
6. Mettez-vous en position au pied, dos aux articles, à environ 7 mètres.
7. Dites-lui : « Pas bouger », posez l'objet imprégné dans la pile, retournez vers Oscar et envoyez-le le chercher en disant : « Va chercher » en faisant un demi-tour à droite.

Nous vous conseillons de l'envoyer chercher l'objet en faisant un demi-tour. C'est plus motivant pour le chien.

Le rapport dirigé

Commencez par vous procurer trois gants blancs en coton, pourquoi pas des gants de jardinage. Le but est de lui faire rapporter un gant (parmi les trois) que vous placerez dans un coin dégagé du ring à environ 4 mètres d'écart. Vous devez indiquer au chien la direction du gant d'un seul geste du bras et de la main gauche et d'un ordre verbal.

Apprendre à Oscar à tourner à droite sur place

Vous pouvez lui apprendre en trois étapes, d'abord en plaçant la jambe droite, puis en avançant d'un pas, et en faisant un tour sur place en tournant le pied droit à un angle de 90 degrés.

- **Étape 1** : Placez le pied droit à un angle de 90 degrés par rapport à l'autre. Dites : « Oscar, au pied », faites un pas à droite, et guidez votre chien pour qu'il se place comme il faut. Félicitez-le et libérez-le. Recommencez vingt-cinq fois.

- **Étape 2** : Dites : « Oscar, au pied », faites un pas à droite, et guidez votre chien pour qu'il se place comme il faut. Félicitez-le et libérez-le. Recommencez vingt-cinq fois.

- **Étape 3** : Dites : « Oscar, au pied » et tournez à droite sur place, en rapprochant le pied gauche du droit. Félicitez-le et libérez-le.

Apprendre à Oscar à faire un demi-tour sur place

Faites comme suit :

- **Étape 1** : Dites : « Oscar, au pied », avancez de deux pas, tournez à droite (en gardant les pieds joints), faites de nouveau deux pas vers l'avant, et guidez le chien pour qu'il se place en position au pied. Félicitez-le et libérez-le. Recommencez vingt-cinq fois.

- **Étape 2** : Dites : « Oscar, au pied », avancez d'un pas, tournez à droite (en gardant les pieds joints), faites de nouveau un pas vers l'avant, et guidez le chien pour qu'il se place en position au pied. Félicitez-le et libérez-le. Recommencez vingt-cinq fois.

- **Étape 3** : Dites : « Oscar, au pied », tournez deux fois à droite et guidez le chien pour qu'il se place en position au pied. Félicitez-le et libérez-le.

Apprendre à Oscar à tourner à gauche sur place

Faites comme suit :

- **Étape 1** : Posez le pied gauche juste en face des pattes d'Oscar. Dites : « Oscar, au pied », faites une grande enjambée avec le pied droit (en passant le pied gauche), guidez le chien pour qu'il se place en position au pied en tirant légèrement en arrière sur la laisse. Félicitez-le et libérez-le. Recommencez vingt-cinq fois au cours des prochaines séances.

- **Étape 2** : Posez le pied gauche juste en face des pattes d'Oscar. Dites : « Oscar, au pied », faites un petit pas du pied droit (en passant le pied gauche), guidez le chien pour qu'il se place en position au pied en tirant légèrement en arrière sur la laisse. Félicitez-le et libérez-le. Recommencez vingt-cinq fois au cours des prochaines séances.

- **Étape 3** : Dites : « Oscar, au pied », placez le pied droit à un angle de 90° par rapport au pied gauche (en forme de T), guidez le chien pour qu'il se place en position au pied en tirant légèrement en arrière sur la laisse. Félicitez-le et libérez-le. Recommencez vingt-cinq fois au cours des prochaines séances.

- **Étape 4** : Dites : « Oscar, au pied », tournez deux fois à gauche, guidez le chien pour qu'il se place en position au pied en tirant légèrement en arrière sur la laisse. Félicitez-le et libérez-le.

Apprendre à Oscar à rapporter les gants

Apprenez-lui la direction en vous positionnant avec le bras gauche sur le côté de la tête du chien, les doigts pointés vers le gant. Dites immédiatement après : « Prends-le ».

Avant de commencer l'exercice, il serait peut-être bon de revoir l'ordre « Rapporte » avec un gant.

Faites comme suit :

- **Étape 1** : Oscar assis au pied, taquinez-le avec un gant tenu dans la main gauche (tenu entre le pouce et l'index). Lancez-le et dites : « Prends-le ». S'il le rattrape, n'oubliez pas de le flatter et de le libérer. Sinon, revoyez l'exercice sur le rapport d'objet au chapitre 15.

- **Étape 2** : Une fois que le chien rapporte le gant et que vous lui avez indiqué la direction, posez un gant à 5 mètres à votre droite, un à 5 mètres à votre gauche et le dernier à 5 mètres devant vous. Dites : « Oscar, au pied » et faites un tour à droite sur place. Oscar est donc face au gant qui se situe à votre droite. Indiquez la direction du bras gauche. Dites : « Prends-le » puis n'oubliez pas non plus de le flatter et de le libérer s'il rapporte le gant.

    Faites de même avec les deux autres gants. Après trois tentatives réussies à la suite, déplacez le gant de droite et celui de gauche à 70 cm juste en avant, et recommencez depuis le début. Après trois tentatives réussies à la suite, déplacez le gant de droite et celui de gauche jusqu'à ce qu'ils soient alignés avec celui du milieu. Envoyez-le vers différents gants de façon aléatoire.

Que faire s'il ne rapporte pas le bon gant ? Laissez-le se débrouiller seul tout en maintenant le signal. Par exemple, s'il va vers le numéro 2 au lieu du numéro 1, faites le signe vers le numéro 1. Quand il reviendra vers vous, il va tout de suite comprendre que quelque chose cloche : vous ne vous tenez pas debout bien droit, mais vous pointez le doigt vers le gant. Alors, il risque de faire les choses suivantes :

- ✔ Insister pour vous donner le gant qu'il a rapporté (que vous ne prenez pas)
- ✔ Renoncer et ne rien faire du tout
- ✔ Aller chercher un autre gant, sans doute le bon

S'il rapporte le bon, levez-vous, félicitez-le et libérez-le. S'il ne fait rien, approchez-vous du numéro 1 tout en faisant le signe de la main et faites-lui ramasser, et de préférence sans répéter l'ordre, puis n'oubliez pas de le flatter et de le libérer. S'il refuse, renforcez l'ordre.

Chaque fois que vous aidez le chien, vous endossez la responsabilité de son comportement. Or, c'est à lui de prendre la bonne décision, alors laissez-le se débrouiller tout seul.

Une fois qu'il a bien enregistré la partie direction de l'exercice, ajoutez le tour et le « va chercher ». Rappelez-vous qu'Oscar ne verra pas où sont placés les gants, puisqu'il aura le dos tourné.

S'arrêter en marchant

Pour cet exercice, vous devez faire 3 ou 4 mètres en marchant au pied, puis le juge vous dit : « Faites stopper le chien. » Sans vous arrêter et sans ralentir votre cadence, annoncez-lui l'ordre ou faites le signe de la main correspondant et continuez d'avancer de 3 ou 4 mètres. Puis retournez-vous vers le chien. Le juge examine le chien puis vous demande de le rappeler au pied. Alors, vous annoncez l'ordre et/ou vous faites le signe de la main correspondant pour qu'il revienne directement au pied.

Faites comme suit :

- ✔ **Étape 1** : Le chien en laisse au pied, dites : « On y va » et commencez à marcher. Au bout de plusieurs pas, donnez le signal « Reste » sans vous arrêter. Quand vous atteignez le bout de la laisse, retournez-vous face à lui. Dites-lui combien il est intelligent, comptez jusqu'à 5 et libérez-le. Recommencez dix fois au cours des prochaines séances.

Le chien doit rester debout et ne pas bouger sur votre ordre, sans avancer pendant que vous marchez.

Si Oscar a besoin d'aide, utilisez la même technique que vous lui avez apprise pour le « Debout au pied » (voir chapitre 14).

Essayez maintenant sans la laisse.

✔ **Étape 2** : Pour commencer, gardez la laisse. Avancez de plusieurs pas, demandez au chien de s'arrêter et de rester debout, allez jusqu'au bout de la laisse et retournez-vous vers lui. Comptez jusqu'à 5, faites le signe et dites : « Oscar, au pied » en le guidant. Félicitez-le et libérez-le.

S'il se débrouille avec la laisse, essayez sans. Augmentez progressivement la distance avant de vous retourner.

✔ **Étape 3** : Continuez avec un ami ou un voisin pour préparer la partie de l'examen.

Le saut dirigé

Le chien doit aller d'un bout à l'autre du ring, en passant par la barre et le sautoir qui se situent au centre du ring à environ 6 m l'un de l'autre. Annoncez l'ordre et/ou faites le signe pour qu'il saute.

L'ordre « Vas-y » n'est pas facile à inculquer parce que le chien ne comprend pas le pourquoi du comment de l'exercice.

Apprendre à Oscar l'ordre « Vas-y »

Pour l'étape 1, et pour lui apprendre à partir, utilisez une friandise ou un objet (bâton ou jouet). Pour lui apprendre à lui dire où aller, utilisez une boîte correspondant à sa taille. Mettez-la devant une barrière.

1. **Habituez le chien à la boîte en l'emmenant au pied vers la boîte pour qu'il y rentre.**
2. **Placez une cible à l'intérieur (voir chapitre 16).**
3. **Oscar toujours en laisse, montrez-lui une friandise et dites : « Vas-y » en vous dirigeant tous les deux vers la boîte.**
4. **Posez la friandise sur la cible et laissez-le la prendre. Flattez-le, encouragez-le à se tourner dans la boîte et libérez-le une fois dehors.**
5. **Recommencez jusqu'à ce qu'il soit à l'aise pour rentrer dans la boîte et se tourner.**

6. Laissez Oscar en position « Assis, pas bouger » à environ 3 mètres de la cible, montrez-lui que vous posez une friandise dessus, revenez en position au pied et envoyez-le vers la boîte en disant : « Oscar, dehors ».
7. Lorsqu'il arrive à la cible, laissez-le prendre la friandise, félicitez-le et rappelez-le.

Augmentez progressivement la distance entre la cible et le chien, de 70 cm à chaque fois jusqu'à ce que vous soyez à environ 20 mètres. Recommencez en tout cinquante fois au cours des séances suivantes.

Passez maintenant à l'étape 2 :

1. Retirez la cible.
2. Laissez Oscar en position « Assis, pas bouger » à environ 3 mètres de la barrière, allez vers la boîte, retournez-vous face au chien, pointez le doigt vers le sol et revenez en position au pied.
3. Envoyez le chien vers la barrière et suivez-le doucement de façon à ce que vous soyez devant la boîte quand il arrive à l'endroit que vous lui avez indiqué.
4. Faites-le asseoir en utilisant le signe de la main « Assis » et avancez d'un pas pour le faire asseoir dans la bonne position.
5. Donnez-lui une friandise de la main qui lui a donné le signal.

   À partir de maintenant, ne le récompensez que parce qu'il est allé à l'endroit indiqué, en lui faisant comprendre que la friandise vient de vous. S'il a du mal à comprendre, n'hésitez pas à recourir de nouveau à la cible de façon aléatoire.

Après chaque tentative réussie, augmentez la distance qui le sépare de la cible par paliers de 70 cm jusqu'à environ 20 mètres. Recommencez en tout cinquante fois au cours des séances suivantes.

Le chien apprend ensuite à se tourner et à s'asseoir dans la boîte. Continuez de le suivre et montrez-lui avec le mouvement du pied et le signal que vous voulez qu'il se tourne et qu'il s'asseye tout de suite. Ceci pour éviter qu'il avance de quelques pas.

Que faire si Oscar ne part pas ou s'il s'arrête en plein milieu ? Sans rien dire, approchez-vous de lui lentement, glissez deux doigts sous le collier au niveau du menton et emmenez-le. Renforcez l'ordre : « Assis », lâchez-le, donnez-lui une friandise et libérez-le. Et recommencez !

L'étape 3 consiste à l'envoyer vers la barrière deux fois de suite.

1. Laissez Oscar en position « Assis, pas bouger », allez vers la boîte, pointez le doigt vers le sol et revenez en position au pied.
2. Envoyez le chien vers la barrière, et une fois arrivé, dites : « Assis ».
3. Félicitez-le, comptez jusqu'à 5, libérez-le et rappelez-le.
4. Placez-vous bien tous les deux et renvoyez-le tout de suite.
5. Lorsqu'il est arrivé, faites-le asseoir, puis rejoignez-le, félicitez-le, donnez-lui sa friandise et libérez-le.

Recommencez cinquante fois.

S'il ne bouge pas ou s'il ne va pas à l'endroit indiqué, montrez-lui où vous voulez qu'il aille. Pour qu'il reste motivé, utilisez régulièrement la cible avec la friandise.

C'est le moment d'ajouter des distractions comme vous l'avez fait précédemment avec la personne qui se place à mi-chemin entre le chien et l'endroit indiqué, à environ 70 cm de la ligne de passage du chien, puis à 70 cm de l'endroit indiqué. Si le chien ne s'occupe pas de lui, faites appel à un autre complice, en les plaçant pour commencer à 3 mètres l'un de l'autre, et apprenez au chien à aller droit au but.

Apprendre le saut dirigé à Oscar

L'étape 1 consiste à le familiariser avec la barre de saut.

1. Placez la barre à hauteur de ses coudes.
2. Emmenez-le jusqu'à la barre en laisse et touchez-la de la main gauche.
3. Laissez-le la renifler.
4. Commencez à 3 mètres, dites : « Barre » et marchez rapidement vers la barre pour le faire sauter.
5. Sautez avec lui ou faites le tour.

Recommencez jusqu'à ce qu'il saute sans hésiter.

L'étape 2 consiste à le diriger.

1. Placez les deux barres à hauteur des coudes, à environ 5 mètres l'une de l'autre.
2. Posez la cible à 3 mètres à partir du centre de la barre de saut en hauteur.

3. Laissez votre chien en position « Assis, pas bouger » face à la barre de saut.

4. Posez une friandise sur la cible en franchissant la barre de saut.

5. Placez-vous à 70 cm derrière la cible face au chien.

6. Dites : « Saute » et faites le signe de la main en levant le bras sur le côté et en pointant le doigt vers la barre.

7. Félicitez-le et libérez-le.

8. Recommencez l'exercice avec la barre en disant : « Barre ».

Placez Oscar en face du poteau des deux barres de saut. Passez au-dessus de la barre et placez-vous de l'autre côté face à lui. Envoyez Oscar vers la cible et n'oubliez pas de le féliciter ni de le libérer ensuite. Éliminez petit à petit la friandise.

Augmentez progressivement la hauteur des barres par paliers de 5 ou 10 cm selon la taille de votre chien. Les difficultés que vous pouvez rencontrer avec les sauts ne sont jamais d'ordre disciplinaire. S'il a un souci, il vous le fera comprendre, alors écoutez-le.

Associer l'ordre « Vas-y » et les sauts

1. Placez la boîte devant la clôture.

2. Laissez Oscar à mi-distance entre les deux barres de saut.

3. Allez vers la boîte et pointez le doigt vers l'endroit où vous voulez qu'il aille.

4. Revenez en position au pied, envoyez-le vers la boîte et dites : « Assis, pas bouger ».

   Oscar reste dans la boîte pour le « Assis, pas bouger ».

5. Retournez là où vous allez lui demander d'aller, c'est-à-dire à 6 mètres du centre entre les deux barres de saut.

6. Annoncez l'ordre et faites le signe « Saute ».

7. Félicitez-le quand il retombe sur les pattes et libérez-le.

Faites de même pour l'autre saut.

Laissez Oscar se débrouiller. Avant de sauter pour lui montrer ce que vous attendez de lui, voyez plutôt ce qu'il fait. Vous risquez d'être surpris. Soyez patient et ne parlez pas.

Chapitre 17 : Le concours de chien d'utilité 253

Que faire si Oscar franchit la mauvaise barre ? Laissez-le essayer de comprendre ce qu'il doit faire tout en faisant le signe. Il doit retourner dans la boîte ou à côté sans votre aide et sans que vous lui demandiez. Si c'est le cas, baissez le bras, dites-lui de s'asseoir et faites de nouveau le signe de la main.

S'il ne fait rien du tout et qu'il reste assis devant vous ne sachant que faire, attendez d'être certain qu'il ne tentera rien. Puis, remmenez-le au point de départ, laissez-le, revenez et renvoyez-le.

Vous aimeriez sans doute qu'il se dise « Eurêka ! J'ai trouvé ! » et qu'il vous montre qu'il a compris le truc ? Alors, ne le décourez jamais en l'empêchant d'essayer de lui-même, quand bien même il se trompe.

Quatrième partie
Au-delà de l'éducation : comprendre les besoins de votre chien

« Je ne crois pas qu'apprendre au chien à tricher aux cartes soit l'exercice auquel pensait le vétérinaire… »

Dans cette partie...

En fournissant une alimentation équilibrée à votre chien, vous contribuez dans une large mesure à son bien-être et à la façon dont il se comportera, et pour que vous puissiez notamment réussir son éducation dans de bonnes conditions. La santé du chien étant primordiale, cette partie aborde deux problèmes qui peuvent influer sur son comportement. Même les chiens les mieux éduqués peuvent présenter des comportements indésirables de temps à autre. Si vous en trouvez la cause, vous serez en mesure de remettre Oscar sur la bonne voie. En répondant à ses besoins physiques – en lui apportant les soins préventifs et en veillant à ce qu'il vive dans de bonnes conditions –, vous pourrez vivre ensemble pour longtemps. Vous souhaitez par ailleurs faire appel à un professionnel pour éduquer votre chien ? Vous trouverez tout dans le chapitre 20 pour faire le bon choix.

Chapitre 18
L'alimentation de votre chien

Dans ce chapitre :
- L'essentiel à savoir sur les nutriments
- Quel type d'aliment choisir ?
- À chaque chien son alimentation
- Les troubles du comportement alimentaire

Bien alimenter votre chien est essentiel à sa santé, sa vitalité, son bien-être et même sa beauté puisqu'une bonne alimentation améliore l'aspect de sa peau et de son pelage !

Sachez aussi que si Oscar est bien nourri, la nature et l'aspect de ses selles seront bien meilleures que si sa ration est déséquilibrée. Il s'agit d'un point important à considérer quand le règlement municipal oblige les maîtres à ramasser les déjections de leur chien sur les trottoirs !

Qu'est-ce que la nutrition ?

La nutrition est définie comme « l'ensemble des phénomènes d'échange entre un organisme et le milieu permettant l'assimilation par l'être vivant des substances qui lui sont étrangères, et la production de son énergie vitale ». En tant que maître, vous devez maîtriser quelques bases de la nutrition chez le chien afin de bien le nourrir et surtout, trouver le type d'aliment qui lui conviendra le mieux, avec l'avis de votre vétérinaire !

Apprenez les bases de la nutrition chez le chien

Pour se nourrir, Oscar dépend de vous ! C'est à vous en effet, le maître, de lui apporter une ration alimentaire équilibrée en protéines, glucides, matières grasses, fibres, vitamines et minéraux. Sachez aussi qu'un yorkshire ne s'alimente pas comme un dogue allemand, et pour cause ! *Idem* pour une chienne allaitante et un vieux chien, un animal en bonne santé et un animal malade : chaque cas est différent !

Quels sont les nutriments essentiels à l'alimentation du chien ?

Les nutriments se définissent comme des éléments nutritifs de base qui entrent dans la composition d'une ration équilibrée. Ils ne peuvent être fabriqués par l'organisme du chien, et ils doivent être obligatoirement apportés par l'alimentation, chaque nutriment ayant une fonction ou un rôle précise. Chez le chien, plus de cinquante nutriments sont essentiels pour lui assurer une bonne santé.

L'eau

C'est l'élément le plus important de tous. Les besoins quotidiens moyens d'un chien en eau sont d'environ 60 ml par kilo de poids.

Les protéines

Elles en sont en quelque sorte les « pièces détachées » fondamentales : les os, les muscles, la peau sont en effet constitués de l'assemblage de protéines diverses. La qualité des protéines importe plus que leur quantité. Les « bonne protéines » seulement – issues de la viande rouge, de la viande blanche, des œufs ou du poisson – sont utilisées par l'organisme pour construire et renouveler les organes et assurer leur bon fonctionnement.

Les matières grasses

Leur rôle principal est de fournir de l'énergie. Elles donnent également meilleur goût à la ration d'Oscar, qui en raffole… Attention cependant aux excès, car elles sont susceptibles d'engendrer une surcharge pondérale, voire une obésité… pas ce qu'il y a de meilleur pour sa santé !

Les chiennes allaitantes, gestantes, les chiens très sportifs et ceux qui vivent dehors par temps froid ont des besoins énergétiques supérieurs aux chiens à l'entretien.

La conservation des matières grasses est délicate : dans le cas où la ration du chien est préparée à la maison, mieux vaut que le chien la consomme rapidement.

Les glucides

Ces nutriments sont, pour leur grande majorité, d'origine végétale. Le chien digère et assimile certains d'entre eux comme l'amidon très cuit – riz, pâtes et pommes de terre – ou les sucres. D'autres constituent des « fibres alimentaires » essentielles à la régulation de son transit intestinal. Le glucose (ou « sucre ») est un « carburant » énergétique essentiel, notamment du cerveau.

À propos du lactose

Le lactose, contenu dans le lait du commerce, n'est pas toujours bien toléré par le chien. Il provoque souvent des troubles digestifs. Le lait de la chienne qui allaite contient deux fois moins de lactose que le lait de vache, d'où l'importance d'utiliser un lait de remplacement spécifique pour chiots en cas d'allaitement artificiel.

Les minéraux

Un équilibre doit être trouvé afin que le chien ne soit ni carencé ni trop supplémenté en macro-éléments (calcium et phosphore, magnésium, sodium, potassium et chlore) et oligo-éléments (fer, cuivre, manganèse, zinc, iode, sélénium, fluor…). Constituants osseux fondamentaux, le calcium et le phosphore ont des rôles très importants dans le fonctionnement de l'organisme. En cas de carence phosphocalcique de la ration alimentaire, l'organisme « puise » dans les os les réserves en calcium et en phosphore, ce qui peut provoquer des maladies osseuses.

Les vitamines

Elles sont essentielles au chien. Elles participent, entre autres, au maintien d'une bonne vision, à la poursuite d'une croissance normale ou à l'entretien du tissu nerveux ou des vaisseaux sanguins. Beaucoup de vitamines sont stockées dans les graisses animales (vitamines A, D, E, K) ou dans le foie (vitamine A). Les vitamines du groupe B se retrouvent également dans les matières premières animales et végétales (lait, haricots verts…) Les légumes ne sont donc pas les seules sources de vitamines ! Les carences comme les excès en certaines vitamines ont parfois des effets néfastes : un bon dosage dans la ration alimentaire du chien est donc essentiel.

N'avalez pas n'importe quoi !

Beaucoup de préjugés circulent encore concernant l'alimentation d'Oscar. Pour tordre le cou à ces idées reçues, le maître peut suivre les recommandations suivantes :

> ✓ Oscar ne mange pas comme vous !
>
> Son régime alimentaire est presque exclusivement carnivore. Il tolère mieux les graisses que l'homme, mais a besoin d'une source d'amidon très cuite pour bien l'assimiler (riz, pâtes, blé, pommes de terre…). Il a également besoin d'une quantité suffisante de vitamines et de minéraux dans sa ration, très différente des besoins humains.

- La « routine alimentaire » convient très bien à Oscar !

    Rien ne convient mieux à votre chien que de manger chaque jour à la même heure et la même chose dans des quantités toujours égales. Les changements alimentaires chez le chien provoquent des troubles divers : problèmes digestifs (flatulences, diarrhées, vomissements, mauvaises digestions dues aux modifications de la flore intestinale, etc.), changements de comportement (« caprices » du chien qui réclame des restes à table) ou risques de déséquilibres alimentaires (à trop varier l'alimentation, les nutriments essentiels ne sont plus fournis). Ne vous inquiétez pas pour ses « papilles », les aliments industriels de qualité sont très appétissants pour le chien qui les apprécie beaucoup, et lui apportent tous les nutriments dont il a besoin. Après avoir choisi un type d'aliments (croquette, pâtée) et une marque, vous pouvez choisir divers « parfums » (poulet, agneau, bœuf…) sans perturber pour autant la digestion d'Oscar.

Quelle quantité ?

Les quantités à donner au chien sont calculées de façon précise en fonction de sa race et de son âge, pour lui assurer un bon équilibre alimentaire et éviter les risques d'obésité.

Attention aux changements !

Si vous procédez à un changement plus radical dans le régime alimentaire de votre chien (passage des croquettes à de la pâtée ou l'inverse ou changement de marque), faites-le avec l'aide de votre vétérinaire, sur une durée progressive d'une semaine, en introduisant au début un peu du nouvel aliment dans l'ancien, et en le remplaçant totalement à la fin de la période de transition alimentaire.

- Il n'y a pas besoin de rajouter de la viande à un aliment industriel complet, élaboré pour couvrir à lui seul tous les besoins nutritionnels du chien, en fonction de son état physiologique (entretien, sport, gestation, allaitement…), de son âge (croissance, adulte, chien âgé) et de sa taille (petit, moyen ou grand gabarit).

- Si une alimentation équilibrée et adaptée est déjà mise en place, les compléments nutritionnels pour les chiots contenant du calcium et de la vitamine D ne servent à rien, sinon à provoquer des troubles, notamment osseux.

- Donner des friandises, des restes, des « croûtes de fromage » en dehors des repas prévus n'est pas une bonne chose, tant pour la santé du chien (risque de surcharge pondérale et d'obésité) que pour les rapports hiérarchiques à maintenir dans le couple homme-chien au sein desquels le chien doit être maintenu en position de dominé ! Et souvenez-vous : c'est vous le maître !

- Le jeûne n'apporte au chien aucun bénéfice particulier. Il permet juste au maître de réduire ses dépenses alimentaires. Concernant les chiens sportifs et d'endurance, la pratique du jeûne avant l'effort est aujourd'hui combattue au profit d'un repas léger.

Pas trop de friandises…

Ne lui donnez pas n'importe quoi, et surtout pas de restes à table, de morceaux de sucre ou de chocolat, très nocifs pour sa santé. Sachez que le chocolat peut provoquer des intoxications graves si le chien en ingère en quantité trop importante (avec des symptômes digestifs, nerveux et cardiaques pouvant entraîner sa mort) !

- L'apport de friandises doit rester exceptionnel, ne se dérouler que dans le cadre précis de récompense et toujours en dehors des repas du maître, lorsque vous souhaitez récompenser Oscar ou lui apprendre un ordre précis.
- Choisissez toujours des friandises « spécial chien ».

De l'eau !

Le chien doit pouvoir s'abreuver d'eau fraîche, laissée en permanence à sa disposition, surtout en cas de forte chaleur, de gestation chez la chienne, ou de sport intensif.

Soyez vigilants !

Peser son chien régulièrement, vérifier la nature de ses selles, observer l'aspect de son pelage et de sa peau et contrôler son comportement alimentaire et son appétit sont autant de critères à surveiller pour suivre l'évolution de l'alimentation d'Oscar.

Si vous avez des craintes que votre chien soit boulimique, anorexique, qu'il boive trop ou trop peu… parlez-en avec votre vétérinaire, cela révèle peut-être un problème de santé sous-jacent.

Une alimentation adaptée à chaque type de chien

Pour bien alimenter son chien, il faut impérativement tenir compte de son âge, de son format et de son statut physiologique ou pathologique (maladies éventuelles). Les fabricants d'aliments industriels de qualité « Premium » (que l'on trouve en magasins spécialisés, animaleries, jardineries, et chez les vétérinaires) proposent aujourd'hui des gammes de croquettes et pâtées en boîtes complètes et appétissantes qui sont équilibrées et facilitent le vie de bon nombre de maîtres. Dans tous les cas, n'hésitez pas à demander conseil au spécialiste de la nutrition de votre chien : le vétérinaire.

L'alimentation du chiot

Les bonnes habitudes alimentaires se prennent tôt La croissance du chiot est une étape cruciale de son existence, surtout pour les grands formats. Prévenir l'apparition de maladies (problèmes ostéo-articulaires, obésité…) passe par un apport nutritionnel complet. L'alimentation du chiot est essentielle à son développement et à la construction des nouveaux tissus (os, muscles, etc.) : ni trop, ni trop peu, de la qualité et… pas de friandises en dehors d'un contexte de récompense !

Votre vétérinaire vous conseillera d'utiliser un aliment industriel de qualité, du type « Premium » (voir plus loin), dosé selon son poids et son âge, qui lui assurera la couverture de ses besoins nutritionnels. Dans sa ration quotidienne, très différente qualitativement de celle de l'adulte, le chiot doit recevoir en quantité équilibrée des protéines de bonne qualité et des matières grasses en quantités importantes (densité énergétique élevée), des minéraux tels que le calcium et le phosphore, qui lui assurent une bonne croissance osseuse, ainsi que des vitamines et oligo-éléments essentiels, et un niveau d'amidon réduit (le chiot ne tolère pas toujours bien ce sucre lent présent dans les céréales et les pommes de terre).

Un chiot carencé en protéines – ou si les protéines de l'aliment sont de mauvaise qualité – risque de voir ses défenses immunitaires affaiblies, et donc d'être plus sensible aux infections et aux parasites.

Un bon apport nutritionnel en lipides et vitamines assure la santé de la peau et la beauté du pelage du chien. L'aliment à proposer au chiot doit donc être le plus qualitatif possible, choisi dans une gamme « Premium » parfaitement équilibrée et toujours sur les conseils avisés de votre vétérinaire, partenaire santé et nutrition d'Oscar.

Tous les chiens sont différents

Il existe une grande diversité de formats dans l'espèce canine qui impose de nourrir chaque chiot différemment en fonction de sa taille et de son âge. Chaque race possède ses propres besoins nutritionnels tout au long de sa vie : un yorkshire terrier ne s'alimente pas de la même façon qu'un terre-neuve, ou qu'un beagle ! Des croquettes de tailles spécifiques pour petites, moyennes ou grandes races, adaptées aux mâchoires de chacune, sont idéalement à privilégier. À noter aussi que les grandes races ont une croissance plus longue que les moyens et petits formats. Ce fait influe sur la durée d'utilisation des aliments de « croissance » pour chiots (environ 9 mois pour les petites races, 1 an pour les moyennes et jusqu'à 2 ans pour les races géantes !).

- Les chiots de grandes races

    Les grands formats canins ont une croissance très longue et intense qui les prédispose à une certaine fragilité, notamment ostéo-articulaire. Les besoins en calcium des chiots de grande race sont importants comparés à leurs congénères petits et moyens : il importe donc de bien choisir l'aliment adapté aux grands gabarits pour éviter toute carence en calcium et assurer la croissance harmonieuse du squelette. Il faut également veiller à ne pas supplémenter en calcium de façon hasardeuse la ration : demandez toujours conseil à votre vétérinaire ! Les chiots de grande race sont également très sensibles à des troubles osseux et articulaires souvent causés par une alimentation trop énergétique ou des quantités trop importantes entraînant une prise de poids trop rapide. L'utilisation de grosses croquettes peu denses, spéciales « croissance grande race » de type « Premium » (contenant des protéines de haute qualité) ralentissant la vitesse d'ingestion de celles-ci, contribuent à une meilleure digestion chez le grand chien. Le tube digestif des chiots de grande race est proportionnellement moins grand que celui des chiots de petite race, ce qui limite leurs capacités digestives.

Une urgence !

Les chiens de grand format sont prédisposés aux problèmes de dilatation/torsion de l'estomac, affection urgente et grave d'origine multifactorielle, notamment héréditaire. Une alimentation hyper digeste, sous forme de croquettes, est à privilégier plutôt que des pâtées humides, plus lourdes à digérer car ingérées en plus grandes quantités que les croquettes. Il est important également d'assurer au chiot de grand format – et toute sa vie durant ! – un exercice quotidien suffisant, mais non excessif, qui permet une croissance harmonieuse et complète.

- Les chiots de petite et moyenne races

    Un chien de petite race doit recevoir un aliment équilibré et adapté à son format. Celui-ci se doit d'être plus énergétique (donc plus riche en matières grasses), plus concentré en protéines, minéraux (calcium et phosphore), vitamines et oligo-éléments qu'un chien de race moyenne ou grande, dans la mesure où sa croissance est plus rapide et courte que celle de ses congénères.

Le saviez-vous ?

La croissance chez les petites races est très rapide les trois premiers mois, ralentit ensuite entre 4 et 10 mois, et se termine vers 12 mois chez les chiots de race moyenne, 10 mois chez les chiots de petite race et 8 mois chez les races naines ! Les croquettes de petite taille sont également mieux adaptées au format de leurs mâchoires. Une alimentation sèche, de type croquettes, convient mieux à leur système digestif. L'utilisation d'un aliment de haute qualité « spécial chiots petites et/ou moyennes races », contenant tous les nutriments essentiels et utilisant des protéines de bonne qualité, permet de rendre la ration plus digeste.

L'exercice physique quotidien assure en outre une croissance harmonieuse et prévient l'embonpoint. Le rythme idéal est de trois repas par jour jusqu'à l'âge de 6 mois, puis deux repas par jour ensuite tout au long de la vie du chien. N'hésitez pas à demander conseil à votre vétérinaire.

Tous les conseils pour bien nourrir votre chiot

- Une période de transition alimentaire (d'une semaine environ) entre l'élevage et le nouveau foyer permet à la flore digestive du chiot de s'adapter à sa nouvelle alimentation. Demandez conseil à votre vétérinaire.

- À la fin du sevrage (vers 2 mois), le chiot doit recevoir quatre repas par jour à heures fixes, puis trois au bout de quelques semaines, puis deux à mi-croissance. À la fin de sa croissance (variable selon les races et le format), le chien peut passer à une alimentation d'entretien pour adulte, moins énergétique, moins riche en protéines et moins grasse que celle des chiots. À l'âge adulte, le chien doit continuer à recevoir deux repas par jour, ce qui facilite sa digestion.

- Des exercices physiques quotidiens sont souhaitables – mais sans excès – pour assurer la bonne croissance osseuse et musculaire du chiot.

- Le chiot ne doit, sous aucun prétexte, quémander de la nourriture à table. Ces petits « écarts » alimentaires le confortent dans l'idée qu'il est hiérarchiquement supérieur à son maître. Le chiot doit manger après son maître, dans un lieu calme, sans que ce dernier ne le regarde ni le dérange pendant son repas. Il faut également l'habituer à lui retirer sa gamelle et à la lui rendre sans qu'il ne manifeste la moindre agressivité ni n'émette de grognement.

- Les quantités à distribuer à votre chiot varient en fonction de son format, de son poids et de son âge. Conformez-vous aux indications portées sur l'emballage de l'aliment qui contient le plus souvent un gobelet doseur.

- Le suivi de la courbe du poids de votre chiot (pesée toutes les semaines, puis tous les quinze jours dès son arrivée chez vous) permet d'observer des anomalies de croissance, et notamment mieux prévenir l'obésité, surtout s'il est stérilisé à la fin de sa puberté.

- Comme pour l'adulte, le chiot doit disposer en permanence d'eau fraîche et propre, surtout lorsqu'il fait chaud.

Qu'est-ce qu'un chien « à l'entretien » ?

C'est un jeune adulte mâle ou femelle, de moins de 6 ans pour les grandes races, et de moins de 7 ans pour les moyennes et petites races, qui n'est pas en situation de gestation, de lactation, ni soumis à des conditions climatiques rigoureuses ou à une activité sportive intensive.

Comment bien nourrir Oscar ?

Les apports alimentaires doivent le maintenir en bonne santé, et lui éviter l'obésité. Le taux de matières grasses de l'aliment donné est restreint, et l'apport en acides gras essentiels, acides aminés et vitamines (du groupe B essentiellement) est indispensable. Équilibre alimentaire et rationnement quantitatif, respectant les préconisations du fabricant, sont deux règles majeures à suivre pour bien alimenter son chien.

La composition optimale d'une ration pour un chien de format moyen adulte, à l'entretien

- 25 % de protéines
- 12 % de matières grasses
- 6 % de fibres alimentaires
- 1,1 % de calcium
- 0,8 à 0,9% de phosphore

Un chien de petite race doit recevoir une alimentation plus riche en énergie, en protéines, minéraux et vitamines.

Que donner à Oscar s'il est âgé ?

Mieux vaut prévenir que guérir ! On peut dès l'âge adulte mettre en œuvre des mesures diététiques pour lutter contre les effets négatifs du processus de vieillissement chez le chien, tels que les changements de comportement, l'apathie, le désintérêt, l'isolement, les insomnies, la malpropreté, etc.

Un chien vieillissant est sujet à l'obésité (l'apport énergétique de la ration doit donc être diminué), sa masse musculaire, sa résistance aux infections ont tendance à diminuer, son pelage devient gris et terne, et la fonction d'épuration rénale, moins performante. Fournir tous les nutriments essentiels et s'assurer de leur qualité est donc d'autant plus important pour un chien, à partir de 6 ou 7 ans.

Les friandises – et notamment les sucreries – en dehors des repas, sont vivement déconseillées aux vieux chiens.

Une belle peau !

Pour préserver la bonne santé de la peau et la beauté du pelage, il convient souvent de supplémenter la ration en acides gras essentiels (du type oméga 3 et oméga 6) et en vitamines du groupe B.

Un sourire Ultra-brite

Avec l'âge, les problèmes buccodentaires deviennent plus fréquents chez les chiens (tartre, inflammation des gencives, usure des dents…). Pour faciliter leur préhension alimentaire et prévenir l'apparition de tartre, la taille des croquettes sera proportionnelle au format du chien.

En résumé

Fournir aux seniors une alimentation spécifique et complète, hyper digeste et de haute qualité, est essentiel au maintien de leur bien-être et de leur vitalité. La régularité des repas est aussi un facteur essentiel aux vieux chiens.

Et quand Madame Oscar attend des petits...

Les chiennes gestantes de petites races sont à surveiller de plus près d'un point de vue alimentaire que leurs congénères de grande race, que la grossesse fatigue moins. Pour rationner une chienne gestante, il convient d'adapter qualitativement et quantitativement l'aliment donné aux besoins physiologiques de la future mère, en fonction du nombre de chiots de la portée. Votre vétérinaire vous conseillera sur le meilleur type d'aliment à fournir à votre chienne gestante.

... ou allaite ?

Au cours de la période d'allaitement, l'alimentation doit couvrir les grands besoins en calcium, énergie et protéines de la chienne, et ce, en quantité suffisante pour qu'elle ne s'affaiblisse pas. Un aliment riche en énergie, hyper digeste, hyper protéique et équilibré en minéraux et vitamines (notamment en vitamine D et en calcium) doit être fourni en libre-service.

La croissance harmonieuse des chiots et le maintien de la bonne santé de la mère allaitant sont des indicateurs fiables d'une alimentation adaptée. Votre vétérinaire peut vous prescrire un aliment spécial « chienne allaitante », complet et équilibré.

Que donner comme alimentation si Oscar est malade ?

La nutrition clinique ou nutrition « santé », que seul votre vétérinaire peut vous prescrire, est d'un grand secours lorsque surviennent des maladies telles que les insuffisances rénales, cardiaques, le diabète, les allergies digestives, etc. L'aliment diététique contribue à retarder les effets de ces maladies et participe, comme « médecine douce », au maintien en bonne santé du chien, et à la guérison de ces affections. Demandez conseil à votre vétérinaire.

Quel type d'alimentation choisir ?

Croquettes, pâtées humides ou alimentation « maison » ? Alimentation standard vendue dans le commerce ou aliments secs hauts de gamme disponibles chez les vétérinaires et en réseaux spécialisés ? Chaque mode d'alimentation comporte des avantages et des inconvénients que le maître doit prendre en considération avant de choisir le type d'aliment le mieux adapté à son animal. Oscar le gardera ensuite toute sa vie. C'est lui qui, en réalité, vous indiquera le mieux si l'alimentation choisie lui convient.

En tant que maître, vous devrez vérifier :

- son appétit face au type d'aliment proposé
- la consistance et l'aspect normaux de ses selles (bien moulées, pas trop odorantes)
- la courbe de son poids, qui ne doit pas franchir une certaine limite (risque d'obésité ou de maigreur)

- le bel aspect de son pelage et de sa peau
- son comportement, il doit rester actif et gai

Les critères « anthropomorphiques » n'étant pas toujours fiables, le maître s'attachera à tenir compte de paramètres plus objectifs pour nourrir son animal tels que le budget, l'aspect pratique, etc.

L'alimentation « maison »

La ration préparée à la maison permet une grande variété de menus selon les ingrédients choisis par le maître : des restes aux plats élaborés quasi scientifiquement… tout est possible ! Les maîtres adeptes d'une nourriture « traditionnelle » doivent bien connaître les besoins de leur animal pour les alimenter de façon équilibrée et adaptée. Cependant, l'alimentation « maison » reste risquée en matière de qualité nutritionnelle, la perfection étant très difficile à atteindre de façon « ménagère » lorsqu'on sait que la ration doit apporter quotidiennement plus de cinquante nutriments essentiels !

Généralement, pour alimenter un chien adulte à l'entretien, on conseille aux maîtres d'associer viande (rouge, blanche ou poisson), riz et carottes (ou autres légumes) aux proportions d'un tiers chacun, et d'y ajouter un complément minéral et vitaminé spécifique **sous forme de comprimés ou gélules prescrits par votre vétérinaire** en veillant à la qualité des matières premières utilisées. En cas de statut physiologique particulier (croissance, gestation, lactation, etc.), votre vétérinaire vous conseillera les adaptations nécessaires à mettre en œuvre pour assurer l'équilibre alimentaire (plus ou moins de matières grasses, etc.). On constate cependant que les animaux nourris par leurs maîtres souffrent de carences minérales et/ou vitaminiques et ont une propension certaine à l'embonpoint, dû à une alimentation déséquilibrée. C'est pourquoi les vétérinaires conseillent aux maîtres d'utiliser des croquettes complètes de qualité supérieure, d'autant que pour un résultat diététique contestable, la ration ménagère est plus onéreuse que l'alimentation industrielle de type « Premium ».

L'alimentation industrielle

Où la trouve-t-on ?

Les aliments « standard » se trouvent principalement en grandes surfaces, tandis que les gammes « Premium » remplissent les rayons des jardineries et animaleries spécialisées, ainsi que les cabinets et cliniques vétérinaires.

✔ Qualité « Premium » ou « standard » ?

On reconnaît à l'alimentation industrielle l'avantage – à condition de choisir une gamme « Premium », vendue en réseaux spécialisés (animalerie, jardineries) et chez les vétérinaires – d'être parfaitement équilibrée d'un point de vue nutritionnel car élaborée suite à des recherches scientifiques avancées en nutrition canine. Par ailleurs, les aliments industriels proposent un large choix de gammes d'aliments adaptés aux différents formats de chiens, à toutes les situations physiologiques (gestation, lactation, croissance, entretien, chien âgé, etc.) et font même face depuis peu – via la prescription vétérinaire – à une large série de maladies du chien.

La qualité de l'aliment, son hygiène et sa sécurité sont aujourd'hui fiables, grâce à de récentes réglementations draconiennes sur l'alimentation des animaux de compagnie.

Pour des maîtres pressés, l'alimentation industrielle est idéale car, en plus d'être équilibrée, elle est facile et rapide à préparer.

Les gammes « standard » – classiquement vendues dans les rayons des supermarchés – ne garantissent pas de façon formelle la qualité des nutriments sélectionnés (l'origine des protéines par exemple). Ce sont des aliments que l'on peut se procurer en grandes surfaces. Les aliments « Premium » sont pour leur part fabriqués à partir d'ingrédients de qualité supérieure possédant un niveau nutritionnel et une digestibilité plus élevés. Ils se présentent sous la forme de croquettes ou de pâtées humides. Les selles produites par l'animal ainsi nourri sont toujours bien moulées, et de quantité moindre qu'un chien alimenté avec des boîtes humides standard ou des croquettes de qualité médiocre, ce qui n'est pas une donnée négligeable pour le maître citadin lorsque le règlement municipal oblige à ramasser les déjections de son animal sur la voie publique !

Pas besoin d'ajouter des vitamines, minéraux ou autre nutriment à ces aliments haut de gamme. Au final, il revient moins cher au maître de nourrir son chien avec ces aliments complets de qualité et consommés en plus faible quantité, plutôt que de le nourrir avec des croquettes ou boîtes à première vue plus économiques.

✔ Croquettes ou pâtées ?

Généralement, les vétérinaires conseillent des croquettes, qui présentent un bon nombre d'avantages. Plus hygiéniques et faciles à conserver (surtout en cas de chaleur), les croquettes sont moins odorantes que les pâtées humides. Elles sont également plus faciles et rapides à préparer, et plus simples à doser : il suffit de suivre les recommandations du fabricant. De plus, les croquettes contiennent tous les nutriments nécessaires et suffisants de qualité qui contribuent à l'équilibre alimentaire du chien. Elles sont faciles à digérer, n'entraînent pas de troubles intestinaux (flatulences, diarrhées, vomissements, constipations, etc.) et retardent l'apparition de tartre dentaire par la mastication qu'elles imposent au chien, tel un « brossage des dents » par effet abrasif des croquettes. Le volume des selles est également réduit. La variété des gammes permet au maître de choisir l'aliment le mieux adapté à son chien en fonction de son statut physiologique, de son format, d'une éventuelle maladie, etc. Au final, elles sont moins coûteuses que les gammes « standard » dont l'origine des nutriments n'est pas toujours certifiée.

Concernant les pâtées en boîte, la haute teneur en eau et en gélatine – surtout celles des gammes « standard » vendues dans le commerce traditionnel – saturent vite l'estomac du chien sans combler ses besoins nutritionnels ni le rassasier : au bout de quelques heures, le chien réclame à nouveau à manger. Moins digestes que les croquettes, les boîtes « standard » augmentent le volume des selles, les rendent plus odorantes et provoquent souvent des flatulences et d'autres troubles digestifs. Autre inconvénient : les boîtes se conservent impérativement au frais une fois ouvertes. Elles doivent être ensuite consommées rapidement, et fermées hermétiquement pour éviter que leur odeur n'imprègne le contenu du réfrigérateur.

Attention aux dents !
Les aliments humides ont tendance à rester « collés » aux dents du chien, favorisant la prolifération des bactéries bucco-dentaires et la formation du tartre.

L'alimentation en boîte revient au final plus cher que les croquettes, même de haute qualité. Les aliments humides conviennent cependant bien aux chiens « difficiles » du fait de leur excellente appétence. Leur consistance molle plaît mieux aux vieux chiens dont les dents sont abîmées.

Comment Oscar se nourrit-il « dans la nature » ?

Qu'ils soient seuls, en petits groupes ou en meute, les chiens sauvages sont des prédateurs qui consacrent beaucoup de temps à la recherche, la poursuite et la capture de leurs proies. Leur repas est constitué de petites proies (souris, lézards, lapins, etc.) et plus rarement de proies de grande taille (gibier).

Et à la maison ?

Afin de respecter les règles hiérarchiques alimentaires instaurées dans un groupe canin, le maître du chien domestique doit imposer à son chien de manger après lui et ne rien lui donner à table (en le réprimandant sévèrement au cas où il réclamerait). La gamelle doit toujours être placée au même endroit et le chien doit pouvoir manger au calme, sans que son maître le regarde. Lorsque ce dernier s'approche de la gamelle et fait mine de la lui retirer, le chien ne doit manifester à son égard aucune attitude agressive (ni préventive par les grognements, ni effective par la morsure franche).

Mmm... Ça sent bon !

L'olfaction est un sens primordial pour le chien qui flaire toujours le contenu de sa gamelle avant de le manger. Le chien a besoin de saveurs à sentir ! Le passage d'une alimentation à base de pâtée à une alimentation à base de croquettes peut s'avérer difficile pour le chien. On peut alors humidifier légèrement les croquettes afin de rehausser les saveurs de l'aliment sec. On estime par ailleurs que l'appréciation des quatre saveurs de base (acide, amer, salé, sucré) par les papilles gustatives du chien est identique à celle de l'homme.

Que faire si votre chien ne mange pas ?

Si des croquettes « standard » (vendues en supermarché, par exemple) sont servies au chien, il se peut qu'il ne les trouve pas assez appétissantes, et les boude ! Une alimentation « Premium », de bien meilleure qualité et plus alléchante, résoudra souvent facilement cette perte d'appétit passagère. S'il est déjà nourri avec des croquettes de très bonne qualité, et dans la mesure où votre vétérinaire n'a décelé aucune anomalie (problèmes bucco-dentaires, par exemple), vous pouvez tenter de varier les « parfums » des croquettes : peut-être préférera-t-il le poulet à l'agneau ? La dinde au saumon ? Il convient également de vérifier que les croquettes ne sont pas altérées par de mauvaises conditions de stockage, ce qui les rend bien moins appétissantes. Si vous avez plusieurs chiens, il se peut que la hiérarchie instaurée par le chef de meute empêche le dominé d'accéder à sa gamelle et donc de se nourrir correctement. Dans les cas d'anorexie canine « capricieuse », il convient de ne surtout pas céder aux caprices du chien qui vient réclamer les restes du repas du maître, des friandises, etc. Il faut alors continuer à lui donner sa ration quotidienne, en deux repas par exemple, et retirer sa gamelle 20 minutes après, même s'il n'y a pas touché !

Vérifiez quand même qu'Oscar n'est pas malade, et en cas de doute, allez voir votre vétérinaire !

Et si Oscar mange « trop » ?

La boulimie est le plus souvent consécutive à une concurrence alimentaire entre chiens (liée à la peur de manquer de nourriture), à un dysfonctionnement neuro-hormonal, à une activité de substitution due à un ennui, à une ration de mauvaise qualité (peu énergétique et/ou peu protéique) ou à des troubles de l'assimilation digestive. Dans tous les cas, mieux vaut consulter son vétérinaire pour déterminer l'origine exacte de ce trouble alimentaire et éviter à l'animal de devenir obèse.

Attention à l'obésité !

L'obésité est un désordre nutritionnel très fréquent chez le chien : des études ont estimé que près de la moitié des chiens étaient obèses ! Elle est définie comme une accumulation excessive de masse adipeuse dans l'organisme. Lorsque l'animal pèse plus de 15 à 20 % de sont poids idéal, il est considéré comme obèse. Les conséquences sur la santé de l'animal sont nombreuses : troubles articulaires, cardiaques et respiratoires, mauvaise résistance aux infections, au froid ou au chaud, diabète et problèmes de peau, réduction de l'espérance de vie, etc. Un chien obèse a également du mal à se déplacer, il rechigne à faire de l'exercice et à se dépenser, devient moins joueur et gai, dort plus longtemps et plus souvent.

Pourquoi Oscar est-il obèse ?

Les facteurs de risque de l'obésité sont la stérilisation (mâles et femelles), la vieillesse, les facteurs génétiques (le labrador, le cocker, le cairn-terrier, le basset sont facilement touchés par l'embonpoint) et une alimentation inadaptée (non équilibrée ou donnée en trop grande quantité), trop grasse ou trop énergétique. Des études ont également montré qu'un maître obèse avait plus de chances d'avoir un chien obèse qu'un maître de poids normal. En cas de doute sur le poids de votre animal, voyez avec votre vétérinaire si les résultats de la pesée nécessitent ou non la mise en place d'un régime approprié (et exclusif : donc sans « petits écarts » !). Votre vétérinaire ne manquera pas de conseiller à votre chien « bien en chair » la reprise d'une activité sportive quotidienne, de jeux, etc.

Mon chien mange n'importe quoi...

Épisodique, le « pica » (définie comme l'ingestion de substances non comestibles, voire toxiques) révèle le plus souvent un début de gastrite (inflammation de la paroi de l'estomac) ou une carence alimentaire passagère. Lorsque cette manie devient habituelle (léchage des murs, de la terre, des sols, du bois, du plastique…), des causes « psychologiques » doivent être recherchées avec l'aide du vétérinaire, et les conditions de vie et d'hébergement réétudiées dans la mesure où le pica traduit un réel mal-être du chien.

Il mange de l'herbe : qu'est-ce que cela veut dire ?

Certains chiens ont l'habitude d'avaler de l'herbe puis de la régurgiter, ce n'est inquiétant en soi. Pour le chien, il s'agit en effet plus d'un jeu qu'une « purge », croyance sans fondement des maîtres qui pensent que le chien élimine ainsi ses vers intestinaux !

Il mange ses selles : qu'est-ce que ça signifie ?

Chez le chien, la coprophagie est définie comme la consommation de ses propres excréments ou de ceux de ses congénères. Elle doit disparaître à l'âge de 3 ou 4 mois. Ce comportement traduit une carence en nutriments essentiels, dont le chien va chercher les résidus non digérés dans les selles. Des troubles d'assimilation digestive chez le chien peuvent être la cause de la coprophagie (nutriments non digérés, parasites…). Les bergers allemands en sont souvent atteints. Le bon équilibre de la ration est donc essentiel pour prévenir la coprophagie d'origine alimentaire. D'autres troubles comportementaux (ennui, anxiété, stress, hyperactivité, problème de hiérarchie avec le maître, malpropreté…) peuvent occasionner l'ingestion de selles chez le chien, voyez le plus tôt possible lesquels avec votre vétérinaire.

Un petit os de temps en temps

Une ou deux fois par semaine, offrez un os à votre chien en guise de friandise. Ils adorent les gros os de bœuf à moelle, les cous et les ailes de poulet cru. Si vous ne savez pas depuis combien de temps ces aliments sont dans les rayons du supermarché, plongez-les dans l'eau bouillante pour tuer les bactéries avant de lui donner. Ces os permettent au chien de garder de belles dents blanches.

Pour éviter les problèmes de constipation et de selles trop fermes et jaunâtres, ne lui donnez pas trop souvent d'os. De même, veillez à ne pas lui donner de petits os pointus qui risquent de le blesser.

 Quand vous donnez un os à votre chien, laissez-le tranquille car il a tendance à être possessif quand il s'agit d'un os. Il risque de grogner si vous essayez de lui enlever. Il s'agit d'une friandise particulière pour lui, et il a envie de pouvoir le déguster tranquillement. Évitez de lui donner en présence d'un autre chien ou d'un chat de la maison, voire des enfants. Au bout de quelques jours, une fois qu'il l'a bien mâché, il perd de sa magie et en général, le chien laisse les enfants et même les chiens lui attraper ou le tenir.

Chapitre 19
La santé de votre chien

Dans ce chapitre :
▶ Les soins et l'hygiène
▶ Pourquoi et comment vacciner ?
▶ Vermifuger Oscar
▶ Apprenez à reconnaître quand votre chien est malade

Entretenir le pelage d'Oscar

Si votre chien appartient à une race aux poils longs (et même s'ils sont courts !), vous devrez le brosser très régulièrement dès son plus jeune âge. Munissez-vous d'une brosse ou d'un peigne pour chiens, voire d'un gant en caoutchouc (qui « simule » en fait une caresse).

N'oubliez pas qu'en période de mue, il faudra brosser plus souvent Oscar !

L'aspect du pelage est un bon indicateur de la santé et de la vitalité de votre chien : un poil terne, sec et cassant ou des zones de dépilation localisées annoncent souvent un problème de peau ou une maladie générale à faire dépister par votre vétérinaire.

Au bain, Oscar !

La peau d'un chien est très différente et beaucoup plus fragile que la nôtre : il ne faut le laver qu'avec des produits qui lui sont spécifiquement destinés, au pH adapté, disponibles en réseau spécialisé.

Des gammes spécifiques vendues chez votre vétérinaire permettent de traiter certaines maladies de peau du chien (séborrhée sèche ou grasse, démangeaisons, pellicules…).

Comment le laver ?

Comme pour le brossage, mieux vaut habituer votre chiot aux bains dès son plus jeune âge.

Pour baigner votre chien, vous pouvez le placer dans votre baignoire et utiliser le jet de la douche – à température tiède et de puissance modérée – pour le mouiller puis le rincer. Créez toujours une ambiance propice, calme et douce qui mette votre chien en confiance dans ces moments pas toujours agréables pour lui !

Faites deux shampooings en frottant toutes les parties de son corps et en insistant sur les pattes, le ventre et le dos. Pour éviter qu'il ne s'ébroue dans la baignoire, maintenez-le doucement mais fermement au niveau de la tête. Pour le sécher, utilisez une grande serviette propre et frottez-le énergiquement. S'il tolère le sèche-cheveux, contrôlez la chaleur diffusée pour éviter de lui brûler la peau.

À quelle fréquence ?

Un bain mensuel suffit amplement à entretenir le pelage d'Oscar. Un rinçage hebdomadaire maximal est indiqué pour les chiens « baroudeurs », à moins de laisser son poil sécher et de le brosser ensuite au peigne fin pour ôter les résidus de boue ! Faire appel au toiletteur est une solution pratique (ou esthétique, selon la race du chien) pour le maître, quoique plus onéreuse.

Au retour de la plage

En été, à chaque retour de baignade en eau de mer, il faut veiller à bien rincer le chien à l'eau douce et le débarrasser des résidus de sel, de sable et d'algues qu'il aurait accumulés dans sa fourrure.

Ce simple geste évite bien des irritations cutanées et problèmes dermatologiques ultérieurs.

Couper les griffes du chien

À l'aide d'un coupe-griffes adapté à la taille des griffes de votre animal, vous pouvez lui couper régulièrement les bouts qui mettent trop de temps à s'user si votre compagnon est plutôt sédentaire ou âgé. Il faut faire attention à ne pas couper trop près de la zone vascularisée de la griffe, ce qui générerait une petite hémorragie locale. Lorsque la griffe est transparente, on voit bien la petite zone rosée au-delà de laquelle il ne faut pas couper. Si les griffes de votre chien sont noires ou trop foncées, demandez plutôt l'aide de votre vétérinaire, au cours d'une visite pour une vaccination, par exemple.

L'hygiène des yeux du chien

On nettoie les petites saletés autour de l'œil avec une solution ophtalmologique spéciale, du sérum physiologique ou de l'eau bouillie stérile à l'aide d'une compresse. Un nettoyage hebdomadaire s'impose, voire plus si votre chien a tendance à accumuler des sérosités au coin de l'œil, notamment chez les petites races (caniches, yorkshires, bichons, shi-tzus…). À la moindre rougeur ou douleur oculaire, ou si les sécrétions oculaires vous semblent anormales (épaisses ou abondantes), n'hésitez pas à consulter votre vétérinaire pour un examen approfondi.

Certaines races à poils longs nécessitent une coupe régulière des poils près des yeux, sur lesquels risquent de s'agglutiner des saletés et provoquer une gêne visuelle (bobtails, briards, schnauzers, terriers…).

L'hygiène oculaire des chiens « chasseurs » est également à surveiller de près pour éviter que ne s'accumulent dans les yeux des herbes, poussières…

L'hygiène des oreilles

Le nettoyage des oreilles s'effectue toujours avec une solution auriculaire spécialement adaptée, en vente chez votre vétérinaire. Chez les chiens à oreilles pendantes, des saletés, des herbes, voire des épillets ont tendance à s'accumuler dans le contour de l'oreille ou s'agglutiner autour des poils de celle-ci, rendant l'aération du conduit auditif difficile et laissant la porte ouverte aux infections.

Comme pour les autres soins, habituez Oscar dès son plus jeune âge à se laisser nettoyer les oreilles sans rechigner !

La présence dans le conduit auditif d'un cérumen brun-chocolat en quantité abondante laisse supposer une infection parasitaire (« gale des oreilles ») que votre vétérinaire traitera au moyen d'un produit spécifique.

Un nettoyage hebdomadaire – totalement indolore pour le chien – du pavillon des oreilles, sans pénétrer dans le conduit auditif (il faut faire bien attention à ne jamais introduire de coton-tige dans les oreilles), permet une bonne surveillance de leur hygiène et évite au chien de nombreux soucis parasitaires ou infectieux. Il suffit d'instiller le produit dans le conduit auditif du chien (le flacon étant maintenu à la verticale), de masser ensuite la base de l'oreille pour bien répartir le produit dans l'oreille et de laisser le chien s'ébrouer. Il faut ensuite retirer l'excédent de produit du pavillon auditif à l'aide d'un coton, à deux ou trois reprises.

Des belles dents !

Le tartre est chez le chien une véritable maladie (nommée « maladie parodontale »), constituée d'une pellicule plus ou moins épaisse de couleur jaune orangé, se déposant sur l'émail dentaire et qui s'insinue entre la gencive et les dents.

Le tartre entraîne inéluctablement des infections bucco-dentaires (parfois même des infections générales, atteignant le cœur et/ou les reins) lorsque les bactéries colonisent les plaques ainsi formées, provoquant des gingivites (inflammations des gencives), des saignements – voire des abcès –, une mauvaise haleine, un déchaussement précoce des dents et des douleurs diverses. Prévenez ces infections grâce à une hygiène bucco-dentaire rigoureuse, mise en place le plus tôt possible.

Les petites races ont une prédisposition génétique à la formation de tartre dentaire (caniches, yorkshires, shi-tzus, pékinois…).

Que faire ?

Votre vétérinaire tient à votre disposition des produits pour nettoyer les dents de votre chien de façon préventive (dentifrices, sprays dentaires, lamelles à mâcher aux enzymes, doigtier et pâte dentifrice, etc.). Au besoin, il pratiquera un détartrage des dents de votre chien sous anesthésie générale, à l'aide d'un appareil à ultrasons.

Il existe sur le marché alimentaire diététique aujourd'hui des croquettes pour chiens anti-tartre qui ont un effet abrasif sur les dents et retardent l'apparition du tartre. Demandez conseil à votre vétérinaire.

La prévention : vaccins et anti-parasitaires

« Mieux vaut prévenir que guérir… » ! Chez le chien, une gamme étendue de vaccins et de produits anti-parasitaires spécifiques les aident à se prémunir contre les parasites et des maladies plus ou moins graves, dont certaines sont parfois mortelles.

Avec l'aide de votre vétérinaire, prévoyez un véritable programme de prévention qui met votre plus fidèle compagnon à l'abri de bien des soucis de santé, et assure son bien-être et sa vitalité au quotidien. Voici un petit tour d'horizon des principaux moyens de lutte vaccinale et anti-parasitaire actuels pour éradiquer sur votre chien – et sans merci ! – puces, tiques, vers intestinaux, maladies virales et bactériennes contagieuses…

Comment vacciner Oscar ?

L'acte vaccinal, toujours effectué par le vétérinaire, n'est pas anodin : c'est un acte médical qui s'effectue sur un chien en bonne santé, après un examen clinique complet.

La vaccination constitue la seule protection du chien contre des maladies parfois mortelles. Effectuée par un professionnel, la vaccination est aujourd'hui sûre, efficace et sans danger pour votre compagnon canin.

On peut vacciner un chiot pour la première fois à l'âge de 2 mois, lorsqu'il n'est plus protégé par les anticorps maternels et devient sensible aux maladies. Cette « primo-vaccination » souvent réalisée par le vendeur de l'animal (particulier, éleveur, animalerie…) protège contre la maladie de Carré, l'hépatite de Rubarth (ou hépatite contagieuse), la parvovirose et éventuellement la toux de chenil. À l'âge de 3 mois, il faut vacciner le chiot contre la leptospirose, la rage et faire le rappel vaccinal des primo-vaccinations effectuées un mois plus tôt. On pensera également à faire un rappel contre la Leptospirose quand le chiot aura quatre mois. La vaccination contre la rage ne nécessite, en revanche, qu'une seule injection. Un rappel annuel sera par la suite nécessaire pour entretenir l'immunité du chien contre toutes ces maladies, toute sa vie durant, et même lorsque âgé, il devient plus sensible aux infections. Il est donc important de respecter les dates de rappel vaccinal annuelles. Il existe également un vaccin contre la piroplasmose, maladie provoquée par les piqûres de tiques.

Qu'est-ce que la piroplasmose ?

Il s'agit d'une maladie due à un parasite qui détruit les globules rouges du sang du chien. Ce parasite est transmis par les piqûres de tiques lors d'une chasse ou d'une promenade en forêt, dans les sous-bois. Très vite, le chien atteint perd l'appétit, se montre très fatigué, a une forte fièvre et ses urines sont très foncées. Les atteintes rénales ne sont pas rares, provoquant des insuffisances rénales aiguës, voire chroniques. Si votre chien a été piqué par une tique et qu'il présente l'un de ces symptômes, il ne faut pas tarder à consulter votre vétérinaire pour la mise en place d'un traitement spécifique : produit anti-parasitaire par injection, perfusions et médicaments qui soutiennent les fonctions du foie et des reins. Le vétérinaire dispose d'un vaccin efficace qui consiste en deux injections à un mois d'intervalle (sur un animal âgé d'au moins 5 mois, en bonne santé et si possible à jeun). Le rappel est ensuite annuel. Demandez conseil à votre vétérinaire.

Les parasites externes du chien

Traiter régulièrement son chien contre les parasites externes n'est pas un luxe ! Les puces et les tiques, outre la gêne et les démangeaisons qu'ils provoquent, transmettent des maladies parfois graves, voire mortelles. Ces traitements anti-parasitaires sont – tout comme la vaccination et la vermifugation – des actes médicaux essentiels à la santé et au bien-être de votre chien. Votre vétérinaire tient à votre disposition toute une gamme de produits efficaces (comprimés, pipettes, sprays, lotions, shampooings, colliers, poudres, diffuseurs…) pour lutter contre ces parasites sur votre animal et dans son environnement (appartement, maison, voiture…). Ces produits contenant des substances toxiques, veillez à ne pas les utiliser sans les conseils du spécialiste de la santé de votre chien.

- **Les puces**

    Les puces sévissent toute l'année sur le chien et plus particulièrement en l'été et en l'automne. Ces petits insectes bruns sans ailes d'à peine la taille d'une tête d'épingle se faufilent dans le pelage du chien et sont des championnes du saut en longueur ! Elles vivent la plupart du temps dans le pelage du chien et se nourrissent de leur sang, en les piquant. Leurs déjections forment des petits grains noirs facilement reconnaissables lorsqu'on les humidifie : ils se colorent en rouge foncé. Inspecter régulièrement le pelage est une habitude à prendre dès le plus jeune âge de votre chien !

    Sur le chien et dans la maison

    Les puces – très prolifiques – pondent une multitude d'œufs qui se logent dans votre intérieur ou à l'extérieur et qui, une fois adultes, infestent à nouveau le chien. C'est pourquoi le traitement anti-puces passe par la désinfection spécifique de l'environnement (paniers, canapés, coussins, parquets et même jardins…), afin de rompre ce cycle infernal !

    Ça pique et ça gratte !

    Il suffit parfois d'une seule piqûre de puce pour provoquer des démangeaisons très fortes chez certains chiens allergiques à la salive de ces insectes piqueurs. Les symptômes de cette allergie (nommée « demite » ou DAPP) sont parfois impressionnants : rougeurs localisées ou très étendues, perte de poils sur le ventre, la croupe et à la base de la queue. En cas d'allergie, voyez votre vétérinaire au plus vite avant que ne se développent des surinfections bactériennes de la peau.

    Par ailleurs, les puces sont souvent porteuses d'œufs de tænia (un ver digestif du chien), qui entraînent divers troubles digestifs (voir plus loin). On suspecte la présence de ce ver par l'observation de « grains de riz » autour de l'anus du chien.

- **Les tiques**

    Les tiques sont des acariens de 2 à 10 mm qui se fixent grâce à un « rostre » (tête de l'insecte piqueur, munie de crochets fixateurs) sur la peau du chien en divers endroits (près des oreilles et du cou, entre les doigts des pattes essentiellement), et pompent leur sang pendant deux ou trois jours, pour finalement se décrocher de l'animal. La femelle tique pond ensuite dans le milieu environnant des milliers d'œufs qui donnent naissance à des larves qui grimpent sur un brin d'herbe et attendent patiemment le passage de leur futur hôte – le chien ! – pour « boucler la boucle » de leur cycle de vie.

Les tiques – qui aiment l'humidité – se multiplient par températures fraîches à tièdes, au printemps et à l'automne. On en trouve facilement dans les buissons, les broussailles, les haies qui bordent les jardins, etc. C'est donc le plus souvent au cours de promenades en forêt que votre chien risque de se faire piquer. N'oubliez pas de l'inspecter minutieusement au retour d'une promenade !

Attention à la piroplasmose !

Les tiques transmettent plusieurs maladies dangereuses pour le chien, dont la piroplasmose, maladie parasitaire responsable d'une forte anémie chez le chien, contre laquelle il est possible de vacciner votre animal.

… et aux autres maladies transmises par les tiques

L'ehrlichiose est une autre maladie grave transmise par les tiques, dont les symptômes ressemblent à ceux de la piroplasmose, et dont l'issue est très souvent fatale. Cette maladie sévit principalement dans les régions du sud de la France. Il n'existe pas encore de vaccin contre l'ehrlichiose.

Les tiques transmettent une autre maladie, plus rare, la borréliose ou maladie de Lyme, surtout dans le nord-est de la France.

Les chiens de chasse doivent être vaccinés contre la piroplasmose et éventuellement la maladie de Lyme. Un traitement préventif anti-parasitaire résistant à l'eau est également indispensable en périodes sensibles (automne et printemps). Colliers, sprays ou pipettes anti-tiques, il existe plusieurs solutions : demandez conseil à votre vétérinaire. Par ailleurs, toujours retirer au plus vite une tique sur le corps d'un chien, pour réduire la probabilité de transmission de toutes ces maladies !

Comment enlever une tique ?

Pour ne pas laisser la « tête » (rostre) de la tique sous la peau de votre chien (ce qui risquerait de former un petit kyste inflammatoire, voire un abcès), veillez à endormir la tique au préalable avec des produits spécifiques (éther, stylos feutres spécifiques, crochets anti-tiques…) et à la retirer délicatement à l'aide d'une pince à épiler.

Il faut vermifuger Oscar

L'immense majorité des chiots est infestée par des vers intestinaux. Respectez un protocole de vermifugation précis, au moyen de produits prescrits pas votre vétérinaire, les seuls vraiment efficaces et adaptés à l'âge, au poids et à la taille d'Oscar. Pour lutter contre les vers ronds, vers plats, larves et œufs : voici un petit point sur ces infestations parasitaires intestinales.

Contrairement à une idée – trop répandue –, l'herbe ingérée par le chien n'a aucune action anti-parasitaire. La croyance qu'il se « purge » et donc élimine ses vers intestinaux est totalement infondée.

L'ail, les plantes et autres mixtures de grand-mère n'ont pas, par ailleurs, plus d'efficacité contre les vers intestinaux. Ne vous laissez pas berner !

Seul un anti-parasitaire spécifique prescrit par votre vétérinaire, après une analyse éventuelle des selles de votre chien, permet de lutter contre les parasites digestifs du chien.

Comment bien vermifuger votre chien ?

La prévention et le traitement de ces vers intestinaux passe par une vermifugation mensuelle du chiot, à partir de l'âge de 2 semaines jusqu'à l'âge de 6 mois, puis deux fois à quatre fois par an (si le chien sort beaucoup) tout au long de sa vie, de façon systématique. Le vétérinaire prescrit le plus souvent un vermifuge polyvalent, associant plusieurs produits efficaces sur tous les vers intestinaux, permettant d'obtenir un résultat optimal en fonction du poids, de l'âge et du format de votre chien. Pâtes dans des seringues, comprimés, liquide, etc. : vous avez le choix ! Elles doivent être administrées sur un ou plusieurs jours en fonction du type de vers intestinaux à éliminer.

Si vous avez plusieurs animaux, il faut penser à les traiter tous en même temps ! Voyez avec votre vétérinaire le bon protocole à choisir. En cas de doute ou d'inefficacité d'un traitement, votre vétérinaire peut analyser les selles de votre chien, c'est-à-dire effectuer une recherche au microscope sur les selles pour mieux cibler le traitement.

Sachez reconnaître quand votre chien est malade

Hormis certaines maladies héréditaires, spécifiques à des races de chien particulières, et en dehors de maladies cancéreuses, voire d'accidents et intoxications diverses, Oscar n'est pas à l'abri de maladies, d'origines et de localisations très diverses.

Au moindre doute (fièvre, fatigue anormale, perte d'appétit, changement de comportement…), prenez rendez-vous chez votre vétérinaire. Retenez qu'un bon suivi de la santé de votre animal lui permet de s'épanouir pleinement en votre compagnie !

La température rectale moyenne du chien se situe entre 38 et 39 °C. Attention aux idées reçues : la truffe n'est pas un indicateur fiable de la température corporelle de votre chien, seul un thermomètre la mesure correctement !

Les « médecines douces » chez le chien

Pratiquées par des vétérinaires spécialisés, ayant reçu une formation scientifique, ces « médecines douces » bénéficient également au chien. Appliquées à des maladies chroniques ou à des épisodes aigus de maladies bénignes, ces disciplines ont pu prouver leur efficacité, tout comme chez l'homme. Bien entendu, ni l'homéopathie ou la phytothérapie, ni l'ostéopathie, ni l'acupuncture ne sont indiquées en cas de cancer, de fracture ou de maladies infectieuse ou parasitaire. Voyez avec votre vétérinaire quelles en sont les meilleures indications.

Méfiez-vous des intoxications !

À portée de museau, les produits toxiques suivants jouent des mauvais tours au chien un peu trop curieux :

- Certains médicaments
- Certaines plantes d'appartement, et des plantes en extérieur (if, laurier cerise, baies de houx et de gui, etc.)
- Les produits d'usage domestique (white spirit, antigel, produits ménagers…)
- L'aspirine et le paracétamol
- Le chocolat, ingéré en trop grande quantité
- Les pesticides
- Les herbicides agricoles et désherbants
- Les produits traitants du bois
- Certains insecticides et anti-parasitaires externes
- Les raticides et souricides (« mort aux rats »)
- Les toxiques utilisés dans les jardins pour tuer les limaces et les escargots
- Des animaux comme les chenilles processionnaires ou les crapauds

Tous ces produits (ou animaux) doivent être rangés ou tenus à l'écart de votre chien car certains semblent très appétissants pour celui-ci !

Quand Oscar meurt...

Après un accident, une longue maladie, ou un grand âge..., le maître est confronté à la perte de son fidèle compagnon. Parfois vécue comme un véritable deuil et occasionnant alors des dépressions sévères, le maître ne doit pas hésiter à demander l'aide de professionnels pour surmonter cette passe difficile.

Pour abréger les souffrances de leur animal, les propriétaires peuvent choisir d'euthanasier leur chien. Cet acte indolore (une injection intraveineuse) permet au chien de partir sereinement.

Confié à votre vétérinaire, le corps de votre animal sera remis à un équarrisseur pour destruction ou à un service d'incinération (il est possible de récupérer les cendres de votre animal, si vous le souhaitez).

Chapitre 20
Comment trouver un professionnel de l'éducation canine ?

Dans ce chapitre :
▶ Savoir ce qui est proposé pour éduquer votre chien
▶ Choisir un cours d'obéissance
▶ Engager un éducateur pour chien
▶ Pourquoi pas faire ?

*P*our éduquer Oscar, plusieurs choix s'offrent à vous. Vous pouvez :

✔ L'éduquer en vous appuyant sur un ouvrage comme celui-ci
✔ Participer à des cours collectifs
✔ Engager un éducateur pour l'éduquer à votre place

Chaque méthode a ses avantages et ses inconvénients, c'est votre personnalité et votre mode de vie qui vous aideront à faire votre choix.

Peu importe la décision que vous prendrez, vous devez garder à l'esprit que les différences de qualité sont parfois énormes, qu'il s'agisse de l'efficacité de l'éducation donnée ou de la façon dont les chiens sont traités. L'éducation canine est un domaine non réglementé et n'importe qui, oui, n'importe qui peut affirmer être éducateur. L'éducation canine ne s'improvise pas.

Si vous voulez faire un choix rationnel, retenez bien qu'il existe de nombreux moyens d'éduquer son chien. Prenez garde à ceux qui prétendent que leur méthode est la seule qui soit valable. Pour que l'éducation d'un chien soit réussie, il faut savoir se demander « comment », mais aussi « pourquoi ». Le chien n'étant pas un simple objet, l'approche que vous adopterez pour l'éduquer dépend de son profil psychologique (voir chapitre 5) mais aussi de sa personnalité.

Apprendre à son chien un exercice et apprendre à éduquer un chien n'a rien à voir. L'éducation canine ne s'improvise pas, et pour apprendre aux gens à éduquer leur chien, l'instructeur doit pouvoir établir une bonne communication et compter sur les capacités des gens, mais aussi avoir de réelles connaissances en matière d'éducation canine.

Le tableau 20.1 vous donne un aperçu des trois méthodes d'éducation courantes.

Tableau 20.1

Choix	*Pour*	*Contre*
Ouvrage	Le moins coûteux	Il faut être motivé pour réussir
	Vous pouvez adopter la méthode que vous voulez, faire ce que vous voulez et quand vous le voulez	Personne ne peut vous dire si vous faites bien ou non
	Vous n'avez pas d'horaires à respecter	Votre chien ne rencontrera peut-être pas suffisamment d'autres chiens
	L'endroit n'est pas un problème	
Cours collectifs	Très économique	Le fait qu'il y ait des horaires et des jours à respecter peut ne pas vous convenir
	On peut vous orienter pour éviter de commettre des erreurs	C'est l'instructeur qui décide à votre place
	Vous pouvez rencontrer des gens dans votre cas	La méthode éducative peut ne pas vous convenir, y compris à votre chien
	Elle permet de prolonger la socialisation avec d'autres chiens	
Éducateur particulier	Vous n'avez pas besoin de vous impliquer beaucoup	Très coûteux
		La méthode ne correspondra peut-être pas à ce que vous attendez de votre chien

Vous avez également des options pour chaque méthode proposée, notamment :

- **Les cours d'obéissance** : si vous sentez que vous avez besoin d'aide après avoir essayé les méthodes proposées dans cet ouvrage, nous vous recommandons d'emmener votre chien à des cours d'obéissance où on vous aidera à l'éduquer. Hormis le fait qu'il permettra au chien de s'habituer à la présence d'autres chiens, le temps que vous passerez ensemble contribuera à renforcer les liens qui se sont tissés entre vous. (Voir la section « Participer à un stage d'obéissance… » pour plus d'informations.)
- **Les cours particuliers** : vous pouvez prendre des leçons particulières auprès d'un éducateur, chez vous ou ailleurs. Selon ce que vous aurez établi, l'instructeur apprendra à votre chien ce qu'il doit faire et vous devrez ensuite mettre en pratique ce qu'il a appris entre les séances. En terme de temps et d'efforts, il s'agit de la méthode la plus efficace. (Pour plus d'informations, rendez-vous à la section « Comment trouver un éducateur particulier » plus loin dans ce chapitre.)
- **Les stages d'éducation canine** : lors de ce séjour, vous passez votre temps avec un instructeur qui vous aide à éduquer Oscar. (Consultez « Les joies des stages d'éducation pour chiens » plus loin dans ce chapitre.)

Les cours d'obéissance et d'éducation

Comme nous organisons des cours d'obéissance depuis trente ans, nous aurons naturellement tendance à dire qu'il s'agit du meilleur choix que vous puissiez faire. L'avantage de ces cours est qu'ils abordent immédiatement ce que vous attendez de votre chien, à savoir ne pas tirer en laisse, les ordres « Assis », « Couché » et « Viens ».

L'objectif de ces cours est de vous montrer comment procéder, de vous mettre plusieurs fois en situation pour être certain que vous avez compris puis de vous renvoyer chez vous pour mettre en pratique ce que vous avez appris. Vous devrez vous y rendre environ cinq fois par semaine. La plupart des cours ont lieu sous forme de stages. Si vous manquez une séance, vous aurez sans doute du mal à rattraper le retard. Et si vous décrochez, vous vous découragerez au point de renoncer. Quand vous assistez à ces cours, ce n'est pas l'instructeur qui éduque votre chien, ce n'est pas son travail.

Emmener Oscar à l'école, c'est à nos yeux ce qu'il y a de mieux pour tous les deux. Cela vous permet de sortir de chez vous et de vous retrouver dans une ambiance où le temps que vous passerez ensemble sera de qualité. Vous joindrez l'utile à l'agréable en apprenant des choses pratiques qui faciliteront votre cohabitation. Les cours d'obéissance qui sont proposés presque partout sont un excellent moyen pour vous et pour lui d'apprendre ensemble.

Jusqu'à récemment, seuls les clubs canins proposaient des cours d'obéissance. Aujourd'hui, des organismes privés ou des particuliers proposent aussi ce type de prestation. Ce n'est pas la qualité qui fait la différence, mais le prix. Les clubs canins sont pour la plupart des organismes à but non lucratif dans lesquels les instructeurs, souvent membres de ce club, ont également éduqué leur chien et interviennent par la suite à titre bénévole. Les motivations des centres ou des particuliers qui arborent leur plaque professionnelle sont d'ordre pécuniaire.

Si vous voulez éduquer votre chien pour de le faire participer à des concours, rejoignez une organisation qui prépare à ce genre d'activité. Les instructeurs qui y travaillent peuvent vous orienter efficacement.

Choisir le bon club d'éducation canine

Pour trouver un club, regardez dans la rubrique « Éducation pour chiens et chats » des pages jaunes de l'annuaire pour voir ce que l'on vous propose dans votre localité. Vous pouvez aussi demander conseil à votre club de race, ou vous adresser à la Société centrale canine (SCC). Il y a des chances pour que vous en trouviez plusieurs.

Appelez l'un de ces clubs pour savoir quand et où ont lieu les cours et si vous pouvez assister en tant qu'observateur à un cours pour débutants. Si on vous refuse, et c'est rarement le cas, oubliez ce centre tout de suite. Si on vous y autorise, allez-y sans votre chien de manière à ce qu'il ne gêne pas le cours et que vous ne soyez pas distrait.

Voici les questions que vous devez vous poser lors de ce cours d'observation :

- **Quelle est votre première impression à l'issue de ce cours ?** Vous voulez qu'il y ait une ambiance amicale, chaleureuse et positive.

- **Le chien a-t-il l'air de s'amuser ?** Il est facile de savoir si les chiens ont plaisir à être là ou s'ils préféreraient être chez eux à mâchouiller leur jouet préféré.

- **Quelle est l'attitude de l'instructeur vis-à-vis des participants ?** Il doit se montrer encourageant et serviable, surtout avec ceux qui ont l'air d'avoir du mal.

- **Quelle est l'attitude de l'instructeur vis-à-vis des chiens ?** Il faut qu'il soit gentil avec eux et ne pas hurler après eux au point de les effrayer.

- **L'instructeur vous paraît-il compétent ?** Même si vous n'avez pas à douter de ses connaissances puisque vous êtes l'élève, il faut au moins qu'il ait l'air de savoir de quoi il parle.

✔ **L'endroit est-il suffisamment spacieux compte tenu du nombre de chiens ?** Un espace trop restreint risque d'entraîner des problèmes d'agressivité quand les chiens seront mis en situation.

Si vous n'avez pas eu une bonne impression, ne vous inscrivez pas. Si vous avez apprécié ce que vous avez vu, c'est peut-être ce qui vous convient à vous et à Oscar. Au moment de votre visite, renseignez-vous par ailleurs sur ce qui suit :

✔ **L'objectif du stage** : qu'attendez-vous en fin de compte de votre chien à la fin du stage ? Cela dépend beaucoup de vous car c'est vous qui allez l'éduquer. Si vous voulez réussir, il faudra vous entraîner avec lui cinq fois par semaine et mieux vaut même prévoir deux courtes séances par jour qu'une séance longue, même si ce n'est pas envisageable pour vous. La durée du stage dépend entièrement de vos disponibilités et dispositions, mais aussi du profil psychologique de votre chien (voir chapitre 5).

Les cours d'éducation pour chiots

La meilleure chose que vous puissiez faire pour son avenir est d'emmener Oscar à un cours d'obéissance quand il est encore chiot. C'est le meilleur endroit pour qu'il puisse apprendre à être sociable avec les autres chiens et s'amuser tout en apprenant à bien se tenir et à communiquer avec les membres de son espèce. Son cerveau à cet âge est encore une éponge, il se souviendra donc de presque tout ce que vous lui aurez appris jusqu'à la fin de sa vie. Il apprendra toutes ces leçons qui feront de lui le parfait chien de compagnie.

Essayez de trouver un organisme qui propose des stages pour chiots. Et de préférence un endroit où il apprendra les ordres de base plus qu'à se socialiser par le jeu. Non que nous ne trouvions pas cela bien, au contraire les deux sont nécessaires, mais ce qui importe, c'est de le faire au bon moment et dans un contexte qui s'y prête. Trouvez un endroit où les gens s'amusent avec leur chien et où l'instructeur se montre à la fois chaleureux et professionnel envers les chiens. Après tout, c'est leur épanouissement que nous cherchons.

Il faut qu'Oscar associe la rencontre avec d'autres chiens à quelque chose d'agréable mais de contrôlé, il ne s'agit pas seulement de jouer et faire le fou, sinon, une fois adulte, il risque d'être plus difficile à contrôler en présence d'autres chiens.

L'idéal est que le chiot puisse se mêler aux autres chiens quelques minutes avant le cours, et ce uniquement au cours des deux premières séances. Ensuite, il pourra s'amuser avec eux après le cours. L'objectif est qu'Oscar apprenne qu'il doit d'abord obéir et qu'il est récompensé en pouvant jouer après avoir travaillé.

Les cours de perfectionnement

La majorité des personnes qui passent à un niveau supérieur ont commencé par les cours pour débutants. Ils découvrent ensuite que le club en question propose de se perfectionner ou de découvrir d'autres activités, comme les cours d'agility, voire de pistage. Si vous y prenez vraiment tous les deux plaisir, allez-y !

Comment trouver un éducateur particulier ?

Vous envisagerez peut-être de faire appel à un éducateur particulier si votre emploi du temps ne vous permet pas de faire autrement. Cette formule est un peu plus coûteuse, mais c'est mieux que de ne pas l'éduquer du tout. Au moment de choisir et d'appeler un éducateur pour chien, il est important de savoir s'il a suffisamment d'expérience et de références.

En général, l'éducateur vient chez vous, ce qui est plutôt un avantage car il voit où et comment Oscar vit et il peut vous aider à mettre au point un programme pour répondre à vos besoins. Mais avant de signer quoi que ce soit, observez bien la façon dont il se comporte avec Oscar et surtout comment il travaille avec lui.

Vous devrez à un moment ou à un autre participer et apprendre les ordres qu'Oscar a lui aussi appris et à les renforcer. Après tout, le but est qu'il vous obéisse à vous, pas à son éducateur. Vous devrez donc travailler sous la houlette de l'éducateur pour pouvoir lui rappeler à votre tour ce qu'il a appris.

Le travail mené par l'éducateur aura un énorme impact sur les capacités de votre chien. Alors, au moment de faire votre choix, n'ayez pas peur de vous montrer curieux, de demander des références et de le cuisiner sur son expérience. Souvenez-vous, n'importe qui peut affirmer qu'il est éducateur pour chiens !

Les joies des stages d'éducation pour chiens

Si vous avez besoin d'une semaine de vacances avec Oscar, vous pouvez vous détendre et en apprendre un peu plus sur la race canine, l'éducation ou une autre activité, cet endroit est pour vous.

Pour autant que nous le sachions, les camps pour chiens ont toujours existé. Quand nous avons sérieusement envisagé d'éduquer et de faire concourir nos chiens, c'est là que nous sommes allés. Nous avons passé de très bons moments et nous avons appris énormément de choses. Nous avons nous aussi franchi le pas et depuis 1977, nous avons organisé une centaine de camps aux États-Unis, au Canada et en Angleterre.

Les camps durent quatre ou cinq jours et le nombre de participants varie de vingt jusqu'à cent ou plus. Ce qui les distingue :

Certains sont très structurés et une activité est prévue pour chaque heure de la journée, pour d'autres l'organisation est un peu plus souple.

Certains camps sont davantage conçus pour éduquer le chien, d'autres pour une activité en particulier, où Oscar et vous pouvez faire quantité de choses ensemble.

Certains sont organisés dans de véritables centres de colloque où vous vous sentirez comme dans un bel hôtel, d'autres ont lieu dans un environnement plus spartiate.

Pour obtenir des informations sur les camps pour chiens, le mieux est de commencer par « surfer » sur Internet, feuilleter les pages jaunes, prendre conseil auprès du club de la race de votre chien ou contacter la Société centrale canine (SCC).

Cinquième partie
La partie des Dix

Dans cette partie...

Cette partie contient dix rubriques que vous pouvez lire en un clin d'œil. Vous y trouverez dix (enfin, presque) activités qu'Oscar et vous pourrez partager, mais aussi les 10 commandements du chien, dix manies courantes chez les chiens et une dizaine de tours étonnants. Amusez-vous bien !

Chapitre 21
Dix (enfin, presque) activités sportives amusantes

Dans ce chapitre :
▶ Partager une activité sportive
▶ Activités amusantes à essayer à deux

Outre les concours d'obéissance, vous pouvez tous les deux participer à toutes sortes de compétitions et concours. Certains sont réservés à des races particulières, c'est le cas des épreuves de chiens de troupeau, d'autres sont ouverts à toutes les races, comme les concours d'agility.

En France, la pratique des « sports canins » connaît un succès grandissant, pas uniquement auprès des éleveurs ou « cynophiles » avertis. N'importe quel maître peut participer avec son chien de race ou non, sous réserve de fournir certains documents, à plusieurs de ces compétitions et en tirer des bénéfices : une plus grande complicité avec son chien et... de l'exercice au grand air pour tous les deux !

Les différents concours proposés en France

- Concours d'obéissance
- Concours de field-trial pour chiens de chasse
- Concours de chiens de troupeau (ou de berger)
- Concours de pistage
- Concours d'agility
- Concours de déterrage
- Course de poursuite à vue sur leurre (courses de lévriers)
- Et plein d'autres « sports canins » à découvrir !

Les concours d'agility

Qu'est-ce que l'agility ?

L'agility est une discipline sportive canine née en 1978 en Grande-Bretagne lors de la principale exposition canine anglaise. Il s'agit pour les participants à quatre pattes de réaliser sans laisse ni collier un parcours constitué d'obstacles divers, en un temps donné.

L'agility est un sport canin inspiré des sauts d'obstacles en équitation (ou jumping hippique), et s'apparente à une technique d'éducation par le jeu dans la mesure où le maître court aux côtés de son chien. Toutes les races canines peuvent participer à ce sport qui fait appel à l'obéissance du chien à son maître, et renforce la complicité entre eux : sur le parcours, ce sont deux partenaires en phase qui concourent !

Guidé par la voix et les gestes de son maître, le chien doit franchir tous les obstacles (entre quinze et vingt en moyenne) en un temps donné sans les faire tomber ni les refuser. Adresse, dextérité, rapidité et qualité d'exécution sont également des qualités canines requises pour exceller dans cette discipline.

À sa création, l'agility remporte un grand succès outre-Manche. De nombreux clubs florissent dans tout le pays et s'exportent depuis à de nombreux voisins européens et internationaux. À la fin des années 1980, la Société centrale canine reconnaît officiellement ce sport et les premiers concours ont lieu en France.

Soumise à un règlement précis élaboré par une commission de la Fédération cynophile internationale, cette discipline a vu ses critères de jugement et les caractéristiques des obstacles uniformisés au niveau mondial depuis 1991.

L'agility est un spectacle dont raffole le public, toujours émerveillé par les prouesses canines de plus en plus remarquables, et attendri par la complicité entre le maître et son compagnon. Elle exige néanmoins de la part du « couple » compétiteur un entraînement régulier et une bonne condition physique !

L'initiation à l'approche des obstacles du parcours sans laisse peut se faire lorsque le chien a appris les bases de l'obéissance avec son maître. Cette initiation doit être progressive, et s'effectuer sur des chiens ayant terminé leur croissance, afin d'éviter qu'ils se blessent lors de sauts. L'agility est avant tout un sport ludique, duquel le maître et le chien doivent tirer ensemble du plaisir pour augmenter leur complicité !

Ce sont près de 400 clubs canins affiliés à la Société centrale canine (SCC) qui pratiquent l'agility, ils sont composés de plus de 5 000 licenciés (hommes, femmes de 7 à 77 ans !) : c'est aujourd'hui le sport canin le plus pratiqué.

Les chiens les plus représentés en compétition sont les borders collies, les bergers belges (les tervuerens notamment) et les shetlands en « mini-agility ».

Quatre catégories de races canines pratiquent l'agility

Les dimensions des obstacles du parcours sont adaptées au format du chien, à sa morphologie et à ses aptitudes sportives, et permettent d'éviter les accidents (traumatismes articulaires ou musculo-tendineux) :

- Catégorie A : jusqu'à 35 cm au garrot (« mini-agility »)
- Catégorie B : de 35 à 50 cm au garrot
- Catégorie C : plus de 50 cm au garrot
- Catégorie D : grandes tailles et chiens de type molossoïdes

La CNEA assure la promotion de l'agility en France

En décembre 1991, la SCC crée la Commission nationale d'éducation et d'agility qui a pour missions l'éducation canine et la formation d'éducateurs canins en France, ainsi que la promotion et l'animation de l'agility.

Pour plus d'informations et pour connaître les centres d'agility près de chez vous :

www.cnea.net

Comment se déroule une épreuve d'agility ?

Pratiquée en compétitions officielles, l'agility obéit à un certain nombre de règles, communes au niveau international établies par la FCI (Fédération canine internationale) :

- Le compétiteur doit appartenir à un club canin agréé par la Société centrale canine (dont il doit posséder la licence annuelle), et par lequel il peut s'inscrire aux concours d'agility.
- Des épreuves homologuées de premier (réservé aux débutants), deuxième et troisième degrés (classe champion) sont réservés aux chiens de race inscrits au Livre des origines françaises (LOF), qui sont âgés de plus de 15 mois, correctement tatoués ou identifiés par puce électronique.

- Le brevet d'agility s'obtient lors du passage du premier au deuxième degré. Les meilleurs chiens issus des deux dernières épreuves sont qualifiés à des sélectifs régionaux, les vainqueurs participant ensuite à la finale des championnats de France d'agility, à Paris.
- Il existe d'autres concours et championnats non homologués ouverts à toutes les races canines, pures ou croisées (la hauteur des obstacles varie selon leur taille).
- Avant de concourir, les maîtres (appelés conducteurs) reconnaissent seuls le parcours (sans leur chien) pour se familiariser avec lui (aucun entraînement sur le parcours n'est possible avant le concours). Le parcours est imaginé par un éducateur du club canin, ou par un juge, et change à chaque concours en fonction de leur imagination, mais respecte un certain nombre de règles (la distance entre les obstacles, leur hauteur, par exemple).
- À l'appel de leur numéro de dossard, le couple compétiteur maître-chien entre sur le terrain et le maître ôte son collier et sa laisse à son animal. L'épreuve – chronométrée – commence alors. Plus que le temps, c'est l'habileté du chien et sa conduite par le maître qui sont évaluées par les juges. Les gagnants de chaque épreuve sont ensuite récompensés et montent sur le podium !

Le parcours d'agility

Le parcours de cette activité sportive est formé par la succession d'obstacles divers, dont la configuration change à chaque concours, en fonction de l'imagination des juges mais doit inclure au moins deux changements de direction et sept sauts. Savamment étudié, il est plus ou moins complexe et peut se réaliser plus ou moins rapidement.

Il s'agit pour le chien et son maître de réaliser le parcours en un temps défini, dans l'ordre imposé, tout en faisant le moins de fautes possibles.

Les obstacles répartis sur le parcours doivent être parfaitement sécurisés pour l'animal et son maître, et correspondre au format et à la morphologie de l'animal : ils ont des dimensions précises, variant selon la catégorie du chien. On distingue les obstacles « à zone de contact » (sur lesquels le chien doit poser au moins une patte sous peine d'être pénalisé), les sauts (en hauteur ou en longueur), le pneu, les tunnels. Les plus courants sont : les haies, la bascule, le pneu, le viaduc (mur), la palissade, le slalom, le saut en longueur, la table et la zone d'arrêt (le chien doit marquer une pause de 5 secondes assis, couché ou debout), la passerelle, le slalom, le tunnel souple, et le tunnel rigide.

Le terrain sur lequel un parcours d'agility peut être implanté doit mesurer au moins 20 mètres sur 40, ne doit pas être accidenté, ni trop glissant ou dur afin d'éviter de blesser les chiens. Le parcours proprement dit a une longueur de 100 à 200 mètres, et comprend une quinzaine d'obstacles – parfois vingt –, variable selon chaque catégorie d'épreuves.

Figure 21.1 : Admirez ce chien en pleine action pendant un concours d'agility.

Le jugement

Avant le début du concours, le juge réunit les concurrents, leur rappelle le règlement en vigueur, leur indique la longueur du parcours et le nombre d'obstacles et leur communique les précisions sur l'épreuve : les temps de parcours standard (TPS), le temps maximal du parcours (TMP, souvent le double du TPS). La rapidité n'est cependant pas considérée comme le critère principal, les juges notant préférentiellement l'adresse du chien à franchir les obstacles.

Le juge déclenche le chronomètre lorsque le chien franchit la ligne de départ.

Le maître conducteur doit veiller à faire suivre à son chien l'ordre imposé des obstacles, sans les franchir lui-même, bien entendu ! Le juge arrête son chronomètre après le franchissement de la ligne d'arrivée par le chien.

Le classement se réalise en tenant compte du total des pénalités accumulées. Pour départager les chiens, on tient ensuite compte du temps réel du chien à effectuer le parcours.

Les fautes et pénalités

Lorsque le chien dépasse le TPS ou fait des fautes de parcours, il est pénalisé.

Le conducteur ne doit pas toucher son chien ni aucun obstacle du parcours.

Le chien est pénalisé lorsqu'il fait une faute sur un obstacle (chute de barres, non-contact avec l'obstacle lorsqu'il est imposé, refus ou évitement de l'obstacle).

Certaines fautes peuvent entraîner la disqualification des candidats, comme une incorrection envers le juge, la brutalité envers son chien, le dépassement du temps maximal du parcours (TMP), des obstacles pris dans le désordre, le conducteur tient quelque chose dans sa main, si le chien porte un collier, s'il s'oublie ou n'obéit plus à son maître et quitte le parcours, etc.

Tableau 21.1 : Différences entre les concours d'agility et les concours d'obéissance

Agility	Obéissance
Votre chien doit être capable de travailler à votre gauche et à votre droite	Votre chien travaille toujours à votre gauche
Les obstacles doivent être négociés en un temps donné	Le parcours n'est pas réalisé en un temps donné (dans une limite raisonnable)
L'ordre dans lequel les obstacles doivent être négociés varie, de même que les obstacles	Les exercices et l'ordre dans lequel ils doivent être effectués sont toujours les mêmes
Il doit toujours y avoir communication entre l'animal et vous	Pendant l'épreuve, vous n'êtes pas autorisé à parler au chien et vous ne pouvez donner qu'un seul ordre

Pour les concours d'obéissance, la difficulté et le nombre d'obstacles augmentent selon le niveau.

Le principe de l'agility est en apparence très simple. Vous devez être tous deux en bonne condition physique. Les chiens apprennent vite les rudiments pour franchir les obstacles.

Mais dans la réalité, ce n'est pas aussi simple qu'il y paraît.

 Les concours d'agility sont d'une simplicité trompeuse. Comme les obstacles que votre chien et vous devez négocier ne sont jamais les mêmes, les épreuves nécessitent une grande complicité entre votre chien et vous. Au moindre défaut de communication, Oscar ne pourra pas effectuer le parcours correctement. Vous devez également réaliser le parcours en un temps donné et donc réagir très rapidement. En outre, vous devez mémoriser le parcours avant de concourir.

En quoi ces concours sont-ils intéressants ? Vous formez tous les deux une véritable équipe et cette expérience est enrichissante pour le chien. Nous vous recommandons vivement d'essayer. Vous serez surpris par l'enthousiasme que cette activité suscitera auprès de votre chien. Inutile d'installer un parcours d'obstacles dans votre jardin, renseignez-vous plutôt sur les clubs près de chez vous qui organisent ce genre d'activité et allez jeter un œil. Même si vous n'avez pas envie de participer aux compétitions, les cours sont stimulants mentalement, parlants pour Oscar et ils vous permettront de faire tous les deux un peu d'exercice.

Les concours de pistage

Ils ont pour but de mettre en valeur le « nez » et les qualités olfactives du chien. Sont sollicités pour la pratique de cette discipline le goût de l'apprentissage, l'esprit d'initiative, la concentration et l'autonomie de l'animal dans la mesure où il effectue seul le parcours imposé pour la recherche d'un objet.

En pistage, il y a diverses formes de compétition selon la catégorie à laquelle appartient le chien.

Ces concours étant ouverts à toutes les races, si vous aimez les promenades solitaires en plein air avec Oscar, le pistage est fait pour vous. Il s'agit par ailleurs d'une activité on ne peut plus utile. Il n'est pas rare que les chiens de pistage retrouvent une personne ou un objet perdu, sans parler des chiens de détection qui travaillent pour la police.

L'odorat du chien est pratiquement infaillible. Pour preuve, la police fait souvent appel aux chiens pour détecter les bombes, la drogue et autres articles de contrebande.

On distingue le pistage dit « libre » où le chien piste seul sans son maître et le pistage au trait de limier où le chien est accompagné de son maître et relié à une longe.

 Le but est que le chien soit capable de suivre la piste d'une personne du début jusqu'à la fin et rapporter à son maître l'objet déposé lors de son passage. Si le chien s'éloigne un peu trop de la piste et qu'il a visiblement perdu l'odeur, il est éliminé.

Les concours pour chiens de chasse ou concours de field-trial

Cette discipline vise à comparer les aptitudes de travail des chiens de chasse. Apparus à la fin du XIXe siècle, les concours connurent un grand succès auprès des amateurs de races canines pratiquant la chasse (braques, épagneuls, setters, pointers…).

Il s'agit de faire subir au chien des épreuves du type « grande quête » réservée aux chiens anglais (sur perdreaux, et quête réalisée en couple), des épreuves sans mort du gibier (« à la française »), et des épreuves pratiques réservées aux amateurs. Les chiens sont regroupés par dizaine environ et forment un lot, et les épreuves se déroulent en plusieurs sites. Les chiens ont un temps donné pour trouver le gibier, l'arrêter, lerespecter à l'envol et au coup de feu.

Ces concours très répandus ont pour but de démontrer les qualités de recherche des chiens d'arrêt et leurs aptitudes de travail. Il existe trois types de concours, différents selon les saisons : Field de printemps, Field d'été et Field d'automne. Ils rivalisent en popularité avec les concours d'obéissance et d'agility.

Le concours campagne

Le travail pratique en campagne est une discipline complète qui allie le saut, l'obéissance, la défense, le pistage et le travail dans l'eau. Le « Campagne » met avant tout les qualités d'initiative et d'adaptation du chien. Ce concours se déroule dans un cadre naturel, sous la forme d'un parcours différent à chaque fois où tout est nouveau pour le chien.

Les concours de déterrage

Ils s'adressent aux chiens dressés pour rapporter des animaux qui vivent dans des galeries ou des tanières. Le teckel, dont le nom anglais signifie littéralement « chien de blaireau » et les petits terriers peuvent participer à ces concours.

Le but est de localiser la proie dans une galerie ou une tanière. On utilise des rats, mis en cage pour les protéger, des renards ou un dispositif mécanique et odorant.

Naturellement, la difficulté augmente selon le niveau : distance plus longue à parcourir jusqu'à la tanière et terriers plus difficiles à trouver.

L'instinct des terriers est de découvrir et de débusquer les animaux qui vivent sous terre. Voilà donc pourquoi votre jardin se transforme parfois en chantier de fouilles archéologiques ! Nos teckels sont toujours à la recherche de taupes ou de tout animal de ce genre. Ce qui explique bien évidemment que tout ce qui vient d'être planté doit être immédiatement déterré pour s'assurer que rien de comestible n'ait été enterré…

Les courses de lévriers

Votre lévrier peut participer à deux types de compétition : les courses organisées par les clubs agréés par la Société centrale canine (SCC) et les courses avec pari mutuel. L'entraînement commence vers l'âge de 1 an. En compétition, le chien parcourt entre 275 et 480 mètres selon l'épreuve à laquelle il participe.

Pour participer votre lévrier doit :

- Être inscrit au LOF
- Être titulaire d'un brevet d'aptitude aux courses (BAC)
- Posséder un carnet de travail
- Posséder une licence internationale
- Être vacciné contre la rage

Pour les épreuves à pari mutuel :

- Les chiens doivent aussi obtenir une licence de course et une autorisation renouvelable tous les ans.

La poursuite à vue sur leurre

En France, la loi du 13 mai 1844 interdit l'utilisation des lévriers pour la chasse.

Toutefois, les personnes titulaires d'un permis de chasser ont reçu l'autorisation de se constituer en équipage et de chasser sous le couvert de société de vénerie. Pour la majorité des lévriers, il existe des épreuves de course ou de chasse artificielle reconnues par la SCC.

Pour participer à ces courses, votre lévrier doit :

- Être confirmé
- Avoir le brevet de poursuite à vue (BPV)
- Posséder une licence de course

Ce concours est destiné aux chiens qui chassent à vue et qui ont été dressés pour poursuivre une proie sur de longues distances. Ces courses mettent en valeur la beauté et la rapidité de ces athlètes qui peuvent atteindre 50 à 60 km/h.

On utilise un leurre artificiel, souvent un objet mécanique en forme de lièvre, que les chiens poursuivent en terrain ouvert. Ils sont jugés à la fois sur leur rapidité, leur enthousiasme et leur endurance. Bien entendu, si le chien poursuit effectivement le leurre, c'est encore mieux.

Les concours RCI (Règlement de concours international)

Le Règlement de concours international ou RCI est une discipline reconnue par la FCI (Fédération cynologique internationale) et se pratique dans toutes les nations cynophiles. Il est composé de trois disciplines distinctes :

- Pistage (A)
- Obéissance (B)
- Défense (C)

Le RCI, ou International est, à quelques détails près, identique au programme allemand, le Schutzhund, reconnu par la très influente Union mondiale du berger allemand (WUSV). Le travail en piste (A), l'obéissance ou assouplissement (B) et le travail de défense (C) sont jugés à part égale (100 points chacun sur 300).

Le terme allemand schutzhund signifie « chien de protection ». Après les concours de field-trial, celui-ci est sans doute l'un des plus anciens. Ce sport canin originaire d'Allemagne a donné naissance aux exercices d'obéissance, de pistage et, dans une certaine mesure, d'agility. Ces concours sont très répandus en Europe mais aussi dans le monde entier.

Cette activité sportive remonte au début du XXᵉ siècle et a donné naissance à plusieurs activités canines.

Tout a commencé quand le berger allemand a été utilisé comme chien policier. Considéré comme la seule race véritablement polyvalente, on lui reconnaît bon nombre de qualités : gardien, protecteur, chien de troupeau, pisteur, guide pour aveugles, sans oublier sa grande douceur avec les enfants. Des programmes d'élevage rigoureux ont été mis en place pour renforcer ces qualités.

En tant que chien policier, sa principale responsabilité consiste à protéger son conducteur. Il est également capable de poursuivre, de capturer ou de pister des suspects. La fouille de bâtiments suppose une grande souplesse, le chien devant être capable de sauter par des fenêtres et de négocier des escaliers. Bien entendu, il est censé connaître tous les exercices d'obéissance.

Des concours ont été organisés au sein des unités de police pour déterminer qui était le chien le plus talentueux et le mieux éduqué. Les particuliers n'ont pas tardé à s'intéresser à ces compétitions, d'où la naissance de ce sport canin.

Le RCI comprend trois disciplines distinctes :

- Pistage
- Obéissance
- Défense

Elles sont jugées à parts égales et le chien doit réussir les trois épreuves. Les épreuves des concours d'agilité sont en partie issues des exercices d'obéissance, notamment les suites en laisse et sans laisse et les sauts d'obstacles.

Ce sport très athlétique et rigoureux n'est pas seulement réservé aux bergers allemands. Il est désormais accessible à toutes les races de travail, voire à tous les chiens, mais ces derniers finissent rarement en tête du classement.

Le flyball

Ce sport, accessible à tous les types et formats canins, de pure race, bâtards ou corniauds, est né aux États-Unis dans les années 1970. Le matériel nécessaire pour le pratiquer inclut : une boîte contenant une balle et munie d'un mécanisme propulseur (la « boîte à flyball »), et quatre haies adaptées à la taille des concurrents canins.

Le chien appuie lui-même sur une pédale qui déclenche le mécanisme et propulse la balle dans les airs à une hauteur de 60 cm environ. Le chien doit alors effectuer un saut en hauteur pour la rattraper au vol.

Ce sont deux équipes qui concourent en même temps sur deux lignes de parcours identiques et parallèles d'une longueur d'environ 15,50 m.

Le premier chien de chaque équipe doit franchir les obstacles (quatre haies d'une hauteur de 25 à 45 cm selon la taille des chiens, et espacées de 3 mètres), appuyer avec sa patte sur la pédale placée à la fin de la quatrième haie, rattraper la balle libérée par le mécanisme, la tenir dans sa gueule pour la rapporter au maître-conducteur, et refranchir les obstacles en sens inverse pour passer le relais aux deux chiens suivants de son équipe.

Chaque équipe est constituée de trois ou quatre chiens (voire plus). C'est bien entendu l'équipe la plus rapide dans l'exécution du parcours, et celle qui a rapporté toutes les balles au conducteur qui gagne la course de relais. En moyenne, les chiens mettent moins de 20 secondes pour réaliser le parcours !

Spectaculaire et cocasse, ce sport-jeu canin rencontre un vif succès outre-Atlantique et dans les pays anglo-saxons (États-Unis, Canada, Angleterre, Australie), mais reste encore méconnu en France.

Des atouts indéniables

Cette discipline est ouverte à tous les chiens, sans distinction de race, ni de taille. Tous les maîtres peuvent donc faire concourir leur chien et participer aux compétitions nationales et internationales.

Le maître n'a pas besoin de suivre son chien sur le parcours, ce qui rend le flyball accessible à tous les maîtres quel que soit leur âge ou leur éventuel handicap physique. Ce sport ne nécessite pas de dressage particulier, sinon le simple apprentissage des obstacles et du mécanisme propulseur de la boîte à flyball. Le chien doit en effet apprendre à se servir vite et bien de la boîte, et happer en plein vol la balle dans sa gueule.

Comme tout sport ou activité canine, le flyball entretient et développe de façon ludique la relation entre le maître et son chien et participe à l'épanouissement des deux compères !

Le freestyle ou doggy dancing

Il s'agit d'un programme musical chorégraphié mettant en scène le chien et son maître. Ces danses sont supposées faire appel à des exercices élémentaires d'obéissance, mais aussi à un certain sens artistique et créatif.

Ce sport a fait son apparition dans les années 1990 aux États-Unis pour donner un peu de légèreté aux exercices d'obéissance. Il fait depuis fureur outre-Atlantique et arrive en France, où il commence à faire des « accros » ! C'est une discipline amusante à regarder et à pratiquer.

Le ski-jöring

Cette activité sportive hivernale consiste à faire du ski de fond avec un ou plusieurs chiens attelés qui tirent le conducteur. Ce sport originaire de Scandinavie signifie « conduite à ski ». Le chien est attaché à un harnais et à une longe elle-même rattachée à une ceinture nouée autour de la taille du skieur. Le chien vous entraîne ensuite dans la course. Cette discipline est ouverte aux chiens de taille moyenne de plus de 15 kg. Bien entendu, le chien ne peut pas tout faire et le skieur est tenu de participer activement.

On peut pratiquer ce sport en dilettante pour le plaisir de faire des balades en plein air avec son chien ou en compétition.

Les participants les plus rapides peuvent atteindre des pointes de 40 km/h et parcourir pour certains près de 500 km ! Vous imaginez l'énergie que peut déployer un chien…

Les courses de traîneau

Elles sont souvent bien connues du grand public, et leur médiatisation (notamment télévisée) a contribué à accroître leur essor.

Le conducteur de l'attelage se nomme le musher. C'est lui qui prépare son équipage à la compétition sur circuits de plusieurs kilomètres (variable selon le type de parcours).

L'équipe est constituée du musher et d'un traîneau relié à un attelage de chiens nordiques (husky, mamalmute, samoyède, groenlandais).

Suivant les types de compétition et la distance à parcourir (entre 8 et 50 km), le traîneau peut avoir des formes et des matériaux divers. Des alliages légers sont ainsi utilisés lors de courses rapides, de type sprint. Dans les courses de longue et moyenne distances, les traîneaux sont le plus souvent en bois.

Ce sport nécessite une grande résistance et une bonne endurance de la part du chien, et beaucoup de concentration de la part du musher.

Hors saison en période hors-neige, les mushers participent aux compétitions d'attelage en kart pour assurer la régularité de l'entraînement des chiens.

Le ski-pulka

Il s'agit d'une discipline particulièrement sportive et technique, qui requiert un entraînement intensif de la part du maître et de ses chiens. On appelle pulka une espèce de barquette en polyester et fibres de verre, munie de skis, tirée par le chien ou le maître, et pouvant transporter des petites charges lors de randonnées en ski de fond. Le conducteur fait équipe avec un ou deux chiens attelés à la pulka.

Les courses de vitesse ont lieu sur des distances variables (plusieurs dizaines de kilomètres) selon les catégories de compétition.

Pour en savoir plus

FFPTC - Fédération française de pulka et traîneau à chiens

Château de la Boissière - 86350 Saint-Secondin

Et sur le web : http ://www.chiens-de-traineau.com

Le cani-cross ou « 4Pat'Cross »

Il s'agit d'une course à pied en campagne qui allie le maître à son chien adulte, ayant bien terminé sa croissance. Le coureur doit tenir son chien en laisse, au moyen d'un harnais, d'une longe élastique accrochée à une large ceinture. Il est tracté par son chien tout au long du parcours, et ne doit jamais dépasser son animal.

Le tracé de la course à respecter est défini au préalable par les organisateurs. Elle présente l'avantage de ne nécessiter aucun matériel spécifique et donc d'être quasiment gratuite !

Par ailleurs, cette discipline est ouverte à tous les maîtres de 7 à 77 ans en forme, et à tous les chiens, quelle que soit leur race. Il suffit juste que les chiens soient correctement vaccinés et tatoués.

Il existe plusieurs niveaux de compétition : des plus simples aux plus extrêmes, réservés aux couples sportifs maître-chien les plus aguerris (c'est l'Xtremdog !).

Le cani-cross renforce la complicité entre le chien et son maître qui, ensemble, parcourent au rythme de la course à pied de longues distances (une dizaine de kilomètres environ) dans des conditions pas toujours optimales ! Le cani-cross est un excellent moyen de partir à la découverte de nouveaux paysages et nouvelles régions en compagnie de son chien. Pour les amoureux de la nature !

Le vélo-cross

Cette épreuve réunit le maître sur son vélo tout terrain et son chien adulte, attaché au vélo par l'avant au moyen d'un harnais et d'une longe élastique, pour amortir les éventuels à-coups, départs ou arrêts brusques de l'animal. Le maître s'assurera de porter les protections adaptées (casques, protections aux bras et aux jambes) en raison des risques de chutes importants.

Les circuits se déroulent en terrain accidenté

La cani-rando

Ce sport est idéal pour partir à la découverte de la montagne et de la nature sans trop de fatigue, tiré par un chien de traîneau munis d'un harnais qui répond et obéit aux sollicitations de son maître. Les skieurs de fond peuvent également profiter de cette activité en chaussant leurs skis !

Pour tout renseignement sur ces sports canins, et sur les lieux où les pratiquer près de chez vous :

http ://www.sanslaisse.com
Et le magazine d'éducation et de sports canins *Sans Laisse* en kiosque.

Sans Laisse
226, avenue de Vidourle
34400 Lunel
Tél. : 04 67 71 55 69 – Fax : 04 67 91 00 89

Des activités à la fois utiles et amusantes pour le chien

Nous ne pouvions clore ce chapitre sans parler d'activités très nobles que les chiens bien éduqués sont capables d'accomplir. Nous abordons une série d'activités récréatives que votre chien et vous pouvez partager. Dans cette section, nous avions envie de vous présenter celles que le chien peut pratiquer pour aider les personnes souffrant d'un handicap. En parler ici peut paraître curieux, mais chiens et maîtres sont nombreux à aimer accomplir ces tâches qui ont la satisfaction, de surcroît, de se rendre utiles. Lisez plutôt !

Les chiens d'utilité

Ce terme utilisé pour parler des chiens policiers remonte au début du XXe siècle et trouve son origine en Allemagne où l'armée faisait appel au… berger allemand pour la protection, la reconnaissance, la surveillance, la détection de mines et pour assurer le maintien de l'ordre.

Les chiens de détection

Lorsque l'homme a découvert que le chien disposait d'un odorat hors du commun, il a vite compris qu'il pourrait en faire un parfait chien de détection. D'ailleurs, les chiffres parlent d'eux-mêmes : les êtres humains possèdent environ 10 millions de cellules olfactives, un labrador 220 millions et un berger allemand 200 millions.

On fait de plus en plus appel au chien pour détecter la présence de stupéfiants et d'explosifs et trouver les personnes victimes d'avalanche ou coincées sous des décombres. Il a même remplacé le cochon pour le pistage de truffes, sans doute parce qu'il n'est pas aussi amateur de truffes que le cochon… Des recherches sont en cours pour déterminer si le chien est capable de détecter certains cancers chez l'homme grâce à son odorat très développé, ce qui donnerait un sens nouveau aux tests en laboratoire.

Les chiens d'assistance

Ils sont utilisés pour venir en aide aux personnes souffrant de handicaps divers (voir figure 21.2). Parmi eux, on trouve :

- **Les chiens-guides pour aveugles** : cette activité remonte aux années 1930 avec la création des premières écoles de dressage en Angleterre. De nombreuses écoles proposent leur propre programme de dressage pour renforcer les qualités physiques et comportementales nécessaires pour que le chien devienne un bon chien-guide. Les bergers allemands, les golden retrievers et les labradors sont les trois races les plus souvent utilisées pour participer à ces formations très intensives.
- **Les chiens pour sourds et malentendants** : Ces chiens sont formés pour réagir à certains signaux sonores et en alerter leur maître. On leur apprend par exemple à sauter sur le lit quand le réveil sonne, à tirer sur sa jambe quand on sonne à la porte ou à lui prendre la main pour l'avertir de la présence d'un individu.
- **Les chiens d'assistance aux personnes handicapées** : un chien formé pour assister les personnes physiquement handicapées est capable d'obéir à près de cinquante ordres : il rapporte les objets qui sont hors de portée ou qui ont été laissés tomber, il ouvre et ferme les portes, il pousse les fauteuils roulants ou encore allume et éteint les lumières. Il est essentiel que le chien soit capable de rapporter des objets.
- **Les chiens de thérapie** : l'objectif est que le chien et le maître puissent donner un peu de réconfort et un peu de leur temps aux personnes hospitalisées ou placées en maison de retraite. L'entraînement s'appuie sur les qualités requises pour obtenir le certificat du bon citoyen canin (voir chapitre 12). Un chien bien éduqué et très social peut devenir un chien de thérapie.

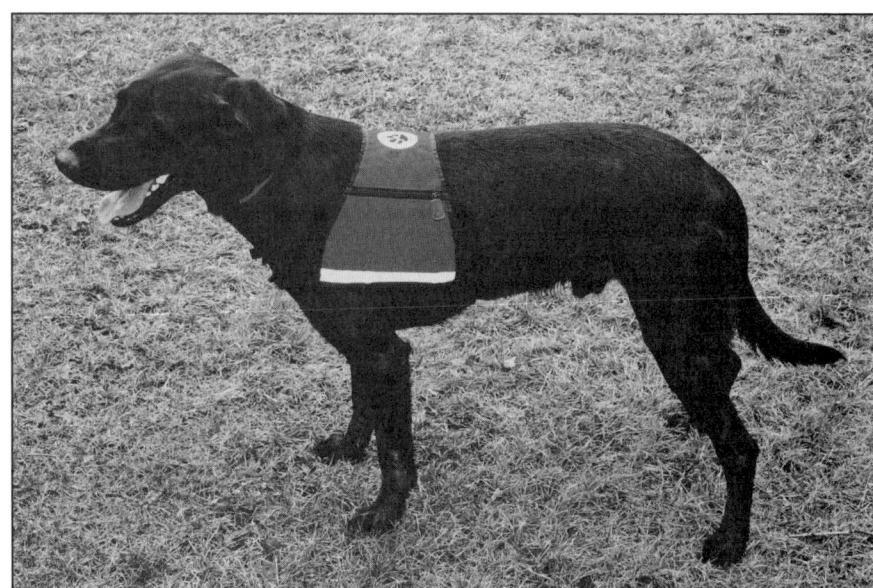

Figure 21.2 : On reconnaît un chien d'assistance à son brassard.

Outre ces aptitudes particulières, tous les chiens d'assistance jouent un rôle thérapeutique non négligeable pour leur maître, et notamment avec les enfants qui souffrent de handicaps les privant du contact avec le monde extérieur.

Les chiens de compagnie

Vous qui lisez cet ouvrage, vous avez certainement un chien de compagnie dévoué, toujours content de vous voir et facile à vivre. Alors que demander de plus ?

Chapitre 22
Les 10 commandements du chien

Dans ce chapitre :
- Les ordres de sécurité (et celle des autres)
- Les ordres de commodité (et celle des autres)
- Ne jamais dire non à son chien

*V*otre mode de vie vous dictera ce qu'il est important de lui apprendre, pour vous et pour lui. Vous n'aurez d'ailleurs peut-être pas besoin de lui inculquer tous les ordres que nous abordons dans ce chapitre. De même que l'ordre dans lequel ils sont présentés ne reflète en rien leur importance. Le chapitre 7 contient les informations nécessaires sur la façon de les lui inculquer.

Assis – un ordre de sécurité

Ne laissez pas Oscar se ruer vers les portes de façon incontrôlée, il pourrait vous renverser. Prenez l'habitude de le faire asseoir avant d'ouvrir une porte. Une fois assis, peu importe que ce soit vous ou lui qui passiez le premier, l'essentiel est qu'il reste assis jusqu'à ce que vous le laissiez de nouveau bouger.

Faites de même quand vous montez ou descendez les escaliers ou que vous entrez ou sortez de la voiture.

Assis – un ordre de commodité

L'ordre « Assis » vous permet de contenir Oscar quand il est « tout fou », notamment quand il vous accueille quand vous rentrez chez vous, quand des invités arrivent et quand vous êtes sur le point de partir en promenade et que vous voulez lui mettre son collier et sa laisse. Cet ordre permet également de l'empêcher de sauter sur les gens.

On nous pose souvent cette question : « Il ne saute plus sur moi, mais comment l'empêcher de sauter sur mes invités ? » Nous vous conseillons de faire appel à des amis, vos voisins ou vos proches pour éduquer Oscar. Montrez-leur comment l'inciter à s'asseoir en lui annonçant l'ordre puis en le récompensant avec une friandise. Il ne mettra pas longtemps avant de s'asseoir de lui-même devant un visiteur dans l'attente d'une petite récompense. À ce stade, il ne sera plus nécessaire de lui donner systématiquement une petite friandise. Un « Bon chien » et une petite caresse sous le menton suffiront.

Pas bouger

Vous l'utiliserez quand vous voudrez qu'Oscar reste là où il est : assis, debout, couché, jusqu'à ce que vous le « libériez ». Ne le laissez pas trop longtemps dans cette position, pas plus de 5 minutes. La finalité de l'exercice, c'est qu'il apprenne à rester là où il est jusqu'à ce que vous le libériez. Il finira par se libérer de lui-même et l'ordre perdra toute son utilité si vous le laissez attendre trop longtemps sans bouger. Vous pouvez l'utiliser au moment de lui donner sa gamelle : avant de la poser à terre, dites « Assis » puis « Pas bouger ». Posez-la, comptez jusqu'à 5 et libérez-le d'un « OK » ou « C'est bien ».

Au panier

Il s'agit d'un autre ordre de commodité. Pendant le repas, Oscar ne doit pas tourner sans arrêt autour de la table. Grâce à l'ordre « Au panier », il restera tranquillement dans son coin à lui jusqu'à ce que vous ayez terminé votre repas. Si vous avez des invités, il ne se montrera pas pénible en leur réclamant un petit quelque chose à manger.

Viens

Il s'agit à la fois d'un ordre de sécurité et de commodité, c'est selon. Il sera nécessaire chaque fois que vous lui demanderez de venir pour une raison ou pour une autre, après s'être bien défoulé au parc ou s'il s'apprête à poursuivre un chat. À moins qu'il n'obéisse parfaitement et en toutes circonstances à cet ordre, gardez-le en laisse si vous avez un doute ou s'il risque de représenter un danger pour les autres, mais aussi pour lui.

Doucement

On utilise l'ordre « Doucement » pour qu'il ne tire pas sur la laisse. Il sera très utile à une personne qui se promène à pied, qui court ou qui fait du vélo avec son chien. Utilisez la technique décrite au chapitre 8. Dites « Doucement » avant de changer de direction tout en continuant à marcher. Vous pourrez également l'utiliser pour apprendre à votre chien à prendre un biscuit sans qu'il ne vous arrache la main.

Donne

Cet ordre vous sera utile quand vous voudrez lui retirer un objet de la gueule qui n'a rien à faire là et qu'il ne veut bien évidemment pas rendre. Il peut s'agir de l'une de vos chaussures ou d'un morceau de viande qu'il vient de voler sur le plan de travail dans la cuisine…

Le meilleur moyen de lui retirer un objet de la gueule est de négocier : lui offrir une friandise en échange de ce qu'il a dans la gueule. S'il s'agit de nourriture, il vaut mieux lui présenter quelque chose d'aussi bon, une aile de poulet surgelée par exemple, nous en avons toujours quelques-unes dans le congélateur au cas où. Si vous n'avez rien à lui proposer, il suffit dans ce cas de lui ouvrir la bouche en faisant attention à ne pas vous faire mordre et de prendre l'objet.

Va-t-en

On l'utilise en général pour faire partir le chien du canapé ou du lit, mais aussi pour le faire arrêter de sauter sur les gens, bien que dans ce cas l'ordre « Assis » soit plus approprié.

Les canapés et les lits doivent être interdits au chien : ne le laissez pas commander dans la maison.

Comment faire ? Suivez nos conseils :

Placez un bâton de balai sur sa chaise ou son fauteuil préféré quand vous vous absentez. En général, cet objet fonctionne plutôt bien, même si certains sont capables de l'enlever.

Il faut interdire à Oscar l'accès à une pièce ou une partie de la maison.

Pas toucher

Celui-ci vous permettra d'empêcher Oscar de se précipiter sur tout ce qu'il trouve : un chat, un chien, une personne ou un objet à terre.

Non au « Non »

C'est l'ordre que nous aimons le moins. Il est préférable de lui dire exactement ce que vous attendez de lui en lui demandant de faire quelque chose, et en l'occurrence en lui donnant un ordre comme « Assis », « Viens » ou « Couché ». Si le chien obéit, vous pouvez ensuite le féliciter chaleureusement.

Le « Non » est confus, négatif, utilisé à outrance, et la plupart du temps, il ne donne au chien aucune directive. Pire encore, en disant « non », il est impossible ensuite de le féliciter. Si Oscar veut sauter sur vous et que vous dites « non », il va s'arrêter. Mais est-ce que vous pourrez le féliciter ? Non, parce qu'il va penser que si vous le félicitez, vous l'encouragez à recommencer, ce qui n'est pas le message que vous vouliez faire passer.

Globalement, éliminez ce mot de votre vocabulaire pour communiquer avec Oscar, sauf en cas d'urgence où vous faites ce que vous avez à faire.

Chapitre 23
Les petites manies des chiens

Dans ce chapitre :
▶ Les manies curieuses de votre chien
▶ Les comportements gênants

Qui sait pourquoi votre chien fait parfois certaines choses bizarres ? Sauter sur les gens, se rouler dans la saleté ou manger de l'herbe ? Vous êtes curieux et vous pensez que ce serait bon de le savoir ? Alors, vous trouverez dans ce chapitre les réponses à ces questions essentielles.

Pourquoi les chiens ont-ils cette manie de sauter sur les gens ?

Ce comportement résulte de la période de sevrage. Quand le chiot grandit, sa mère commence à le nourrir debout et il doit se mettre sur les deux pattes arrière pour se nourrir. Puis, quand le lait commence à manquer, le chiot saute pour lui lécher le coin de la bouche dans l'espoir qu'elle régurgite son repas semi-digéré. C'est de cette façon qu'elle introduit l'alimentation solide.

Quand il grandit, c'est sa façon à lui de dire bonjour, comme : « Salut, content de te voir » à la manière des gens qui se serrent la main quand ils se rencontrent. Comme il s'agit d'un comportement instinctif, il est difficile d'y remédier. Même si vous êtes ravi qu'il soit si heureux de vous revoir, vous préféreriez sans doute qu'il exprime sa joie un peu plus posément, surtout si Oscar est un grand chien. Mais comme c'est aussi un comportement amical, mieux vaut le modifier de manière positive (voir chapitre 7).

Pourquoi les chiens ont-ils la fâcheuse manie de renifler certaines parties de notre anatomie ?

Quand deux chiens se rencontrent pour la première fois, ils font souvent appel à ce que nous appellerions un rituel chorégraphique. Après quelques préliminaires, ils se reniflent les parties génitales. Les chiens « voient » avec le nez et recueillent de cette manière des informations importantes. Il est capable de connaître le sexe, l'âge et le rang hiérarchique de l'animal qu'il renifle, ce qui lui permet de savoir quelle attitude il doit adopter.

Pourquoi les mâles lèvent-ils aussi souvent la patte ?

Tous les chiens, le mâle plus que la femelle, marquent leur territoire en déposant quelques gouttes d'urine. C'est un peu comme s'il délimitait son territoire avec une clôture et qu'il le fait savoir aux chiens du voisinage. L'odeur permet aux chiens d'identifier l'âge, le sexe et le rang hiérarchique de chaque chien qui a laissé sa marque à cet endroit.

Quand vous promenez Oscar, il renifle volontairement certains endroits et lève la patte pour déposer quelques gouttes d'urine pour recouvrir cette zone et revendiquer son territoire. Les mâles sont friands des surfaces verticales comme les troncs d'arbre ou les façades d'un bâtiment. Ce qu'ils préfèrent par-dessus tout, ce sont les coins de ces façades. La hauteur a son importance, car elle permet d'établir le rang hiérarchique. Il en résulte parfois des distorsions assez amusantes, comme lorsqu'un yorkshire tente de recouvrir la marque laissée par un danois… Ce comportement est moins fréquent chez les femelles qui font leurs besoins beaucoup plus rapidement que ces messieurs.

Mâles et femelles grattent parfois le sol là où ils ont uriné. Il s'agit pour eux d'étaler leur odeur et de revendiquer un territoire plus important.

Pourquoi les chiens se chevauchent-ils ?

Même s'il s'agit d'un comportement plus typique du mâle qui tente par-là de s'accoupler avec une femelle, on peut observer ce comportement entre mâles, entre femelles et de femelle à mâle. Et contrairement aux idées reçues, cette pratique n'est pas forcément liée au sexe. Elle peut exprimer un désir de dominer un chien du même sexe, celui qui reste au-dessus de l'autre est le dominant, ou encore une façon à eux de se retrouver après avoir été séparés longtemps. Il s'agit plutôt d'une sorte d'étreinte signifiant : « Tu m'as manqué. » Au lieu de vouloir les séparer, il vaut mieux laisser les chiens se débrouiller entre eux. Ce sont des animaux de meute et c'est leur façon à eux de transmettre un message, en l'occurrence de ramener l'harmonie au sein de la meute. En clair, il a aussi une valeur sociale.

Pourquoi les chiens ont-ils cette manie de courir après tout ce qui bouge ?

Les raisons à cela sont multiples :

- Chasser un intrus, être humain ou autre animal, de la propriété
- Poursuivre un éventuel « repas » : un lapin, un écureuil, etc.
- Poursuivre l'objet tout simplement parce qu'il est en mouvement, comme les voitures, les vélos ou les joggers
- Pour le plaisir de courir après quelque chose

Quelle qu'en soit la raison, ne le laissez pas faire, car il y va parfois de la sécurité des personnes et du chien. À moins que vous ne décidiez de promener tout le temps Oscar en laisse surtout là où il est susceptible de courir après quelque chose ou quelqu'un, apprenez-lui à venir quand vous l'appelez (voir chapitre 8).

Pourquoi les chiens se roulent-ils dans la saleté ?

Ils adorent se rouler dans les choses dégoûtantes, comme le poisson mort ou les excréments d'animaux. Pour couronner le tout, ils aiment d'autant plus ce genre de choses quand ils viennent d'être toilettés. Aiment-ils sentir à ce point mauvais ?

Les spécialistes du comportement pensent qu'en se roulant dans les excréments ou des animaux en décomposition, ils recouvrent leur pelage d'une odeur d'aliments qu'ils rapportent aux membres de la meute pour signaler qu'ils ont trouvé quelque chose à manger. Il s'agit d'un comportement pour le moins instinctif, tous le font un jour ou l'autre. C'est ça aussi être un chien.

Pourquoi les chiens mangent-ils des choses dégoûtantes ?

Bonne question…

Pourquoi certains chiens traînent-ils leur derrière sur le sol ?

Il vous arrivera peut-être de voir votre chien se traîner sur les pattes avant, le derrière à même le sol, comme s'il voulait le nettoyer. Cela peut signifier que ses glandes anales, de petits sacs odorants, sont engorgées et qu'il faille les vider. Il faudra pour cela l'emmener chez le vétérinaire.

Il se peut également qu'il ait des vers et que les segments qui sont expulsés du rectum irritent le chien. Pour s'en débarrasser, il frotte son rectum sur la moquette ou sur l'herbe. Si vous pensez que votre chien a des vers, consultez votre vétérinaire qui vous proposera un traitement adapté.

Pourquoi les chiens tournent-ils en rond avant de se coucher ?

Près de huit à neuf semaines après la période de chaleur de la femelle, vous la verrez peut-être creuser autour de son lit en tournant sur elle-même, ramasser ses jouets pour les mettre dans son panier, et protéger son endroit des autres animaux, voire se protéger elle. Elle prépare en fait le nid de ses petits. Même les femelles stérilisées peuvent présenter un comportement identique qui s'accompagne de gonflements des glandes mammaires.

Dans la nature, les femelles d'une meute, même si elles n'étaient pas gestantes ou qu'elles n'avaient pas de chiot, se gorgeaient de lait. Ce phénomène assurait la survie de la portée au cas où quelque chose arriverait à la mère.

Chapitre 24
Dix petits jeux (ou presque) pour s'amuser

Dans ce chapitre :
- Les secrets des jeux
- Des jeux à la fois drôles et utiles
- Apprenez des tours à votre chien pour épater la galerie

*T*ous les chiens bien éduqués connaissent quelques petits « tours » qui épatent les amis et la famille. Vous pouvez lui en apprendre de très simples ou des plus sophistiqués en fonction de ses instincts dominants et de son intérêt pour ce type d'activité.

Pour l'un des tours les plus étonnants, du moins quand vous aurez compris comment ça marche, le chien devra savoir rapporter un objet sur commande. Pour d'autres, il suffira qu'il connaisse l'ordre « Pas bouger », mais ils étonneront aussi les profanes. Vous en trouverez quelques-uns dans ce chapitre pour vous initier.

Le truc pour réussir ses trucs

Le truc est de procéder par séquences, c'est-à-dire en découpant ce que vous souhaitez lui apprendre par petits morceaux pour que le chien comprenne bien ce que vous attendez de lui. Si vous voulez lui apprendre à vous taper dans la main, le fameux « Tope là ! », commencez par lui prendre la patte en utilisant l'ordre voulu et récompensez-le en le félicitant. Ensuite, présentez-lui votre main et ainsi de suite.

Une fois que vous aurez décidé du tour que vous voulez lui apprendre, n'oubliez pas de tenir compte de son profil psychologique (voir chapitre 5). Vous aurez beaucoup plus de facilité avec le « Tope là ! » ou le « Rouler » avec des chiens qui présentent peu de comportements de lutte. Les chiens peu soumis auront du mal à se mettre à plat ventre, il y va de leur dignité !

Les tours les plus simples à apprendre aux chiens à l'instinct de lutte peu développé :

- Tope là !
- Rouler
- Fais le mort

Les tours les plus simples à apprendre aux chiens à l'instinct de prédation développé :

- Cherche (clés, porte-monnaie, etc., mais le chien doit connaître l'ordre « Rapporte »)
- Saute (à travers les bras ou un cerceau)

Les tours les plus simples à apprendre aux chiens à l'instinct de meute développé :

- Ne franchis pas la ligne
- Tu as une friandise sur le museau

Si vous voyez Oscar faire quelque chose qui pourrait se transformer en tour, comme quand il est assis et qu'il lève les pattes avant pour réclamer quelque chose, récompensez-le et travaillez l'exercice pour qu'il le fasse sur demande.

Tope là !

L'objectif est d'apprendre à Oscar à lever une patte avant aussi haut que possible sur commande. Il se découpe de quatre séquences.

Le but de la séquence 1 est d'expliquer le concept de l'exercice à Oscar : donner une poignée de mains

1. **Faites asseoir votre chien en face de vous.**
2. **Agenouillez-vous ou accroupissez-vous devant lui pour être à sa hauteur de façon à ne pas vous pencher ou le dominer.**
3. **Présentez-lui votre paume de main à mi-poitrine et dites : « Tope là ! » ou ce que vous voulez.**
4. **Soulevez le coude de sa patte avant dominante à environ 5 cm du sol.**

Si vous ne connaissez pas la patte dominante de votre chien, il vous le fera savoir.

5. **Glissez la main le long de sa patte et secouez-la doucement.**
6. **Félicitez-le chaleureusement en lui tapant dans la patte.**
7. **Donnez-lui une friandise et libérez-le du « C'est bon ».**
8. **Répétez cinq fois cette séquence sur trois séances pour l'habituer à l'exercice et entendre l'ordre.**

Quand vous lui présentez la paume de la main, mettez-vous à genou ou accroupi pour être à sa hauteur de façon à ne pas vous pencher vers lui.

Le but de la séquence 2 est qu'Oscar lève la patte.

1. **Faites asseoir votre chien en face de vous et mettez-vous à son niveau.**
2. **Présentez-lui votre paume de main en disant : « Tope là ! ».**

    Marquez une pause et attendez sa réaction. Si rien ne se passe, touchez son coude et présentez-lui de nouveau votre paume. Laissez-lui le temps de soulever la patte.

3. **Une fois qu'il lève la patte de lui-même, prenez-la puis félicitez-le chaleureusement en le récompensant et libérez-le.**
4. **Si *rien* ne se passe, prenez-lui la patte, félicitez-le, donnez-lui une friandise et libérez-le.**

Dès que vous lui présenterez la main, il finira par y mettre sa patte sans attendre que vous lui demandiez. Une fois l'exercice acquis, apprenez-lui à donner l'autre patte en disant « L'autre ». Rendez-vous à la section suivante pour plus d'explications sur cet exercice.

Ne passez pas à la séquence suivante tant qu'il ne soulève pas spontanément la patte quand vous lui demandez.

Le but de la séquence 3 est qu'il mette la patte dans votre paume.

1. **Faites asseoir votre chien en face de vous et mettez-vous à son niveau.**
2. **Présentez-lui votre paume de main à mi-poitrine en disant : « Tope là ! ».**

    À ce stade, il doit être capable de poser sa patte dans votre main. Félicitez-le en lui donnant une friandise et libérez-le.

3. **Si *rien* ne se passe, revenez à la séquence 2.**

Ne passez pas à la séquence suivante tant qu'il ne pose pas spontanément, et sans hésiter, la patte dans votre main.

Pour finir, le but de la séquence 4 est qu'il soulève la patte aussi haut que possible.

1. **Faites asseoir votre chien en face de vous et mettez-vous à son niveau.**
2. **Présentez-lui votre paume au niveau de son menton et dites : « Tope là ! ».**

    Oscar doit désormais savoir poser la patte dans votre main sans hésiter. S'il le fait, n'oubliez pas de le féliciter, de lui donner une friandise puis de le libérer. Sinon, revoyez la séquence 3.

3. **Levez la main, par paliers de 5 cm, jusqu'à la limite d'Oscar. Si vous avez un yorkshire, vous n'irez pas bien haut…**

    Au bout de plusieurs fois, il saura sauter aussi haut qu'il le peut. Et n'oubliez pas : flatterie, récompense et le mot magique pour le libérer.

L'autre

Il s'agit d'un prolongement de l'exercice « Tope là ! ». Le but est de lui faire donner l'autre patte en utilisant la même méthode. Il devrait finir par vous donner la patte sans attendre que vous lui demandiez.

Vous utiliserez les mêmes séquences que pour « Tope là ! ». si ce n'est que vous allez lui montrer du doigt la patte que vous voulez qu'il lève, c'est-à-dire l'autre, et vous direz « L'autre » ou un mot signifiant la même chose. Oscar va vite faire la différence car il saura qu'il n'aura pas de friandise tant qu'il n'aura pas donné la bonne patte.

Voilà, vous êtes prêt à épater vos amis et votre entourage en montrant à quel point Oscar est intelligent !

Rouler

Ce tour marche toujours à merveille. Il faut que le chien s'allonge sur le sol et qu'il se roule complètement. Mais pour cela, il doit déjà savoir s'allonger sur commande (voir chapitre 7).

Ce tour en épatera plus d'un. Vous lui apprendrez d'autant plus facilement s'il maîtrise déjà l'ordre « Couché » et qu'il réagit à une friandise.

Le but de la séquence 1, la première des trois, est de le faire rouler avec votre aide.

1. **Faites allonger votre chien, sur commande ou en lui présentant une friandise.**
2. **Mettez-vous à genoux ou accroupi pour être à sa hauteur face à lui pour ne pas avoir à vous pencher et le dominer.**
3. **Tenez la friandise de façon à ce qu'il regarde par-dessus son épaule tout en étant allongé.**
4. **Dites « Rouler » et dessinez un rond autour de sa tête en gardant bien la friandise près de son museau.**
5. **Avec l'autre main, aidez gentiment votre chien à se rouler dans la direction que vous voulez.**

   Une fois qu'il s'est complètement retourné, félicitez-le chaleureusement, donnez-lui une friandise et libérez-le avec le mot magique.

6. **Répétez l'exercice jusqu'à ce qu'Oscar soit parfaitement détendu quand vous l'aidez à se retourner.**

Le but de la séquence 2 est que le chien roule de lui-même.

1. **Faites allonger votre chien, sur commande ou en lui présentant une friandise.**
2. **Mettez-vous à genoux ou accroupi pour être à sa hauteur.**
3. **Dites « Rouler » et faites-le suivre la friandise du regard sans que vous l'aidiez.**

   S'il réussit, félicitez-le en lui donnant la friandise et libérez-le. Sinon, revenez à la séquence 1.

4. **Recommencez jusqu'à ce qu'il se retourne pratiquement sans votre aide.**

Le but de la séquence 3 est qu'il roule sur commande.

1. **Cette fois, ne tenez pas la friandise, mais gardez-la à portée de main pour le féliciter dès qu'il exécute correctement le mouvement.**
2. **Dites « Couché » puis « Rouler ».**

   Les premières fois, vous risquez de devoir faire comme si vous teniez la friandise. S'il réussit, félicitez-le en lui donnant la friandise et libérez-le.

3. **Renoncez au geste de la main une fois qu'il roule de lui-même sur commande.**
4. **Félicitez-le, donnez-lui la friandise et libérez-le.**

Dès qu'il aura assimilé ce tour, il prendra cette position chaque fois qu'il voudra une friandise. Mais là, il ne faudra pas le féliciter, sinon c'est lui qui vous éduque pour que vous lui donniez une friandise sur demande... Pour éviter ce genre de problème, donnez-lui une friandise de façon aléatoire quand il exécute correctement le mouvement.

Fais le mort

Ce bon vieux tour est un prolongement logique du « Rouler ». Il sera facile à apprendre aux chiens dont l'instinct de lutte est faible. Dans le cas contraire, inutile de perdre votre temps.

Il consiste à pointer l'index (et le majeur) vers le chien, comme si vous le visiez, en disant un mot du genre « Pan » et à ce que le chien tombe sur le côté et fasse le mort.

Le but de la séquence 1 est que le chien se couche sur le côté ou sur le dos.

1. **À l'aide d'une friandise dans la main revolver, faites allonger votre chien.**

2. **Penchez-vous sur lui et d'une voix grave dites « Pan » en pointant l'index vers lui.**

   S'il a un fort instinct de fuite, il s'allongera illico sur le côté ou sur le dos.

3. **Félicitez-le et donnez-lui la friandise quand il est dans cette position et libérez-le ensuite avec un « C'est bon ».**

   S'il ne s'allonge pas sur le côté ou sur le dos, utilisez la friandise comme vous l'avez fait pour le « Rouler » sans oublier de le féliciter, de le récompenser et de le libérer ensuite.

4. **Répétez cette séquence jusqu'à ce qu'Oscar obéisse à l'ordre « Pan ».**

Le but de la séquence 2 est que le chien prenne la position du mort avec une position de départ assis ou debout.

1. **Dites le nom de votre chien pour attirer son attention.**

2. **Penchez-vous vers lui et dites d'une voix grave « Pan » en pointant votre index vers lui.**

   S'il s'allonge et qu'il fait le mort : vous le félicitez, le récompensez puis le libérez. Sinon, montrez-lui ce que vous voulez en le mettant dans la position du mort sans oublier de le féliciter, de le récompenser et de le libérer une fois encore.

Répétez la séquence jusqu'à ce qu'il sache le faire depuis la position assise ou debout.

Le but de la séquence 3 est qu'il sache faire le mort à distance.

1. **Après vous être placés à 50 cm l'un de l'autre, dites son nom pour attirer son attention puis annoncez l'ordre « Pan » en pointant votre index vers lui.**

   S'il obéit, félicitez-le, donnez-lui une friandise et libérez-le. Sinon, montrez-lui ce que vous attendez de lui et recommencez depuis le début.

2. **Augmentez progressivement la distance jusqu'à environ 2 mètres.**

Cette dernière séquence va vite car le chien connaît l'ordre et le signal « Pan ». Vous pouvez ensuite augmenter la durée entre sa réaction et la récompense et le reste jusqu'à 30 secondes. Puis, récompensez-le de manière aléatoire.

Il est généralement plus facile d'apprendre des tours à Oscar s'il a déjà des petites manies bien à lui. Si Oscar a une habitude un peu excentrique, c'est le moment de la transformer en un petit tour amusant. Quand vous le voyez faire quelque chose de singulier, dites-lui combien vous le trouvez intelligent et récompensez-le, comme s'il allonge les pattes avant en gardant les pattes arrière droites, et que vous voulez vous servir de cette posture pour un tour, félicitez-le et donnez-lui une friandise. Ensuite, trouvez un ordre comme « Fais la révérence » et quand vous le voyez faire, annoncez l'ordre et félicitez-le en lui donnant un petit quelque chose. Il ne lui faudra pas longtemps avant qu'il s'exécute sur votre demande. Vous pouvez essayer aussi le « Assis et demande », la position préférée de l'un de nos teckels qui s'assied et lève les pattes avant quand il a envie d'une friandise. Même si nous la récompensons rarement quand elle prend cette position, ça ne l'empêche pas d'essayer...

Cherche

Il s'agit du tour le plus saisissant que vous puissiez apprendre à Oscar. Il faut qu'il connaisse l'ordre « Rapporte » et qu'il utilise son flair légendaire pour retrouver un objet parmi plusieurs. Celui-là impressionnera à coup sûr vos amis.

Le but de la séquence 1 est que le chien vous apporte un objet qui vous appartient, vos clés par exemple.

1. **Munissez-vous d'un gousset en plastique ou en cuir et mettez-y vos clés.**

   Le chien aura plus de facilité à ramasser et à porter un objet en plastique ou en cuir.

2. **Excitez-le avec les clés et lancez-les à quelques pas devant vous en annonçant l'ordre Trouve » ou « Vas-y, trouve ».**

S'il les rapporte, n'oubliez pas de le féliciter et de le récompenser, puis de le libérer. Sinon, revoyez les premiers exercices de l'ordre « Rapporte » (voir chapitre 12).

3. **Recommencez jusqu'à ce qu'il les rapporte sans difficulté.**

Le chien est bien plus fort que nous pour reconnaître un objet à son odeur. On peut leur apprendre à identifier quantité d'objets rien qu'à l'odeur, y compris celles d'une fuite de gaz souterraine.

Le but de la séquence 2 est de lui faire trouver les clés.

1. **Dites-lui « Pas Bouger » et tout pendant qu'il vous regarde, placez les clés dans le coin d'un fauteuil ou du canapé.**

2. **Revenez vers le chien et envoyez-le chercher les clés en disant « Vas-y, trouve ».**

   Félicitez-le, donnez-lui une petite friandise et libérez-le en utilisant le mot magique.

3. **Recommencez plusieurs fois, en modifiant un peu l'endroit, de façon à ce qu'il s'habitue à chercher les clés.**

Le but de la séquence 3 est qu'Oscar trouve vos clés en utilisant son flair. C'est la partie la plus intéressante et la plus amusante.

1. **Dites-lui de ne pas bouger et sans qu'il vous regarde, placez les clés à même le sol, dans l'encadrement de la porte d'une autre pièce.**

2. **Revenez vers le chien et envoyez-le les chercher en annonçant « Cherche ».**

   Le but, c'est qu'il trouve vos clés en prenant d'abord le même chemin que vous puis en utilisant son flair pour les localiser.

Au cours des séances suivantes, corsez la difficulté. Allez dans une pièce, sortez-en, entrez dans une autre et déposez les clés derrière une corbeille à papier. S'il est coincé, vous l'aidez en lui montrant où vous avez mis les clés. N'oubliez pas de lui donner une friandise quand il réussit, bien qu'il ne soit plus nécessaire ensuite de lui donner à chaque fois.

Le but de la séquence 4 est que le chien parvienne à différencier les objets (voir chapitre 17).

C'est notre tour préféré depuis de nombreuses années. Comme tous les bons tours, il est déroutant si on ne comprend pas le pourquoi du comment, et pourtant un jeu d'enfant pour le chien.

L'odorat du chien est bien plus développé que le nôtre et il est capable de distinguer plusieurs odeurs. Il est même capable de faire la différence entre vous et n'importe qui. Fort de cette information, vous êtes prêt à duper tous vos amis assez naïfs pour croire Oscar.

1. **Froissez un billet de banque, posez-le à terre et faites-le rapporter par Oscar à l'aide de l'ordre « Vas-y, trouve » ou « Cherche ».**
2. **Demandez à quelqu'un d'autre de froisser un billet de banque.**
3. **Déposez les billets à terre à environ 1,5 m l'un de l'autre et envoyez votre chien chercher le vôtre en disant « Cherche ».**

   Évidemment, vous avez une chance sur deux pour qu'il rapporte le vôtre. Si c'est le cas, ne manquez pas de le féliciter et de le récompenser. S'il rapporte l'autre, contentez-vous de lui retirer de la gueule et de le renvoyer chercher le bon.

4. **Recommencez jusqu'à ce que vous soyez certain qu'il rapporte le vôtre grâce à son flair.**
5. **Demandez à votre complice de rajouter un billet froissé.**

   Chaque fois qu'il rapporte le bon, faites rajouter un autre billet jusqu'à ce qu'il y en ait une dizaine. En apprenant, il risque de se tromper de temps en temps. Dans ce cas, renvoyez-le, dites « Cherche » et récompensez chaque bon billet.

   Remplacez le « mauvais » billet par un nouveau à cause de la salive qu'il a laissé dessus.

Le plus drôle, c'est quand on fait faire ce genre de tour aux personnes présentes. Disons que vous êtes une dizaine. Quand la conversation s'arrête, demandez à tout le monde : « Vous savez que notre chien sait distinguer un billet de 10 euros d'un billet de 5 ? » Bien entendu, personne ne va vous croire. Alors, sortez un billet de 10 euros et demandez : « Quelqu'un en a-t-il un de 5 sur lui ? » Froissez le vôtre, demandez aux autres de froisser le leur et demandez à Oscar de faire son numéro.

Pour varier les plaisirs, vous pouvez demander à un convive de vous donner un billet de 20 euros en lui faisant comprendre que si le chien le rapporte, vous le gardez. Évidemment, vous ne pourrez vous servir que de celui-là, la personne n'aura pas forcément sur elle quatre billets de 5. Bonne chance !

Sauter à travers les bras ou un cerceau

Le cerceau est le support idéal pour ce tour. Il faut d'abord apprendre à Oscar à sauter à travers, puis à travers vos bras. Procurez-vous un cerceau correspondant à la taille du chien.

Le but de la séquence 1 est de faire sauter Oscar à travers le cerceau, en laisse.

1. **Posez le cerceau par terre et laissez le chien le renifler.**
2. **Attachez Oscar et faites-le passer au-dessus du cerceau.**
3. **Ramassez-le et laissez la partie inférieure reposer sur le sol.**
4. **Faites passer la laisse à travers le cerceau et invitez le chien à le traverser en disant « Saute ».**

    Vous pouvez utiliser une friandise pour le faire traverser le cerceau. Recommencez jusqu'à ce qu'il le traverse sans hésiter en utilisant l'ordre « Saute » sans oublier le rituel des félicitations et de la récompense.

5. **Faites passer la laisse à travers le cerceau et soulevez ce dernier de quelques centimètres.**

    Si besoin est, utilisez une friandise pour qu'il le traverse, puis félicitez-le chaleureusement. Quand votre chien prend confiance en lui, levez le cerceau par paliers de 5 cm jusqu'à hauteur de ses yeux.

Le but de la séquence 2 est de le faire sauter sans laisse.

1. **Retirez la laisse et présentez le cerceau face au chien, la partie inférieure à hauteur des genoux, pas plus.**
2. **Dites « Saute » et laissez-le sauter.**

    Une parole flatteuse, un petit biscuit et recommencez en changeant la position du cerceau de façon à ce que la partie inférieure soit au niveau des coudes du chien, puis de ses épaules. Selon l'agilité de votre chien, vous pouvez le lever davantage.

    Retenez que dès que vous arrivez au niveau des épaules (celles du chien, pas les vôtres), il faut prévoir un endroit plus spacieux pour que le chien puisse prendre son élan. Ne pratiquez pas l'exercice sur l'herbe mouillée ou une surface glissante, à moins que vous ne souhaitiez en faire une vedette de bêtisier télévisé.

3. **Apprenez à Oscar à sauter au moment où vous pivotez en rond avec le cerceau.**

    Tournez doucement au début puis accélérez, mais n'allez pas non plus trop vite, sinon le chien risque de se lasser ou de ne pas y arriver.

Le but de la dernière séquence est de le faire sauter à travers vos bras.

1. **Revoyez plusieurs fois le saut à travers le cerceau au niveau de ses épaules puis enlevez-le.**
2. **Accroupissez-vous et faites en sorte que le chien voit que vous mettez la friandise là où il va atterrir.**

3. **Formez un rond avec les bras sur le côté et tenez-vous bien droit.**
   4. **Dites à Oscar de sauter et félicitez-le une fois le saut effectué.**

   Comme il aura tendance à vous contourner pour aller vers la friandise, faites en sorte de la récupérer avant qu'il ne l'attrape et essayez de nouveau. Il comprendra suffisamment vite que le seul moyen de l'avoir c'est de passer à travers vos bras. Ne la récupérez pas une fois qu'il a réussi.

Répétez l'exercice jusqu'à ce qu'il saute dès que vous formez un cercle avec les bras.

Ne franchis pas cette ligne

Ce tour est un prolongement de l'exercice appris pour monter et descendre correctement l'escalier (voir chapitre 7). Le mieux est d'empêcher l'accès du chien à une ou plusieurs pièces de la maison, temporairement ou pour toujours.

Comme il s'agit d'un bon exercice de révision des bonnes manières dans l'escalier, n'oubliez pas de libérer le chien pour passer une porte ou monter et descendre. Si vous êtes un peu trop laxiste, votre chien se libérera de lui-même et l'exercice perdra tout son intérêt.

Le but de la séquence 1 est de réviser les bonnes manières aux portes avec la laisse.

   1. **Utilisez l'ordre « Pas bouger » ou « Attends » et attachez le chien.**
   2. **Dirigez-vous vers la porte, dites « Pas bouger » et ouvrez-la.**

   Assurez-vous qu'il y ait un peu de mou de façon à ne pas retenir Oscar. S'il essaie de franchir le seuil, donnez un petit coup sec pour le faire revenir.

   3. **Fermez la porte et recommencez.**

Comme vous lui avez déjà appris à s'asseoir à la porte, ces révisions en laisse devraient aller très vite.

   4. **Recommencez jusqu'à ce qu'il hésite à franchir le seuil de la porte.**

Le but de la séquence 2 est d'apprendre au chien à franchir la porte avec votre permission.

   1. **Marchez vers la porte d'entrée, dites « Pas bouger » et ouvrez-la.**
   2. **Marquez un temps d'hésitation, dites « C'est bon » et sortez avec le chien.**

Le but de la séquence 3 est de franchir la porte sans votre chien.

1. **Approchez-vous de la porte d'entrée et ouvrez-la.**
2. **Dites « Pas bouger » et sortez.**

    S'il essaie de vous suivre, renvoyez-le en allongeant le bras à travers la porte et refermez-la sur la laisse.

3. **Ouvrez la porte mais ne le laissez pas sortir tant que vous n'avez pas dit « C'est bon », puis félicitez-le.**

La séquence 4 consiste en révisions des séquences 1 à 3 en revenant dans la maison.

Vous devez libérer le chien pour qu'il puisse sortir ou monter et descendre. Si vous oubliez, il se libérera de lui-même et l'exercice aura perdu de son utilité.

Apprenez-lui maintenant la même chose en utilisant les autres pièces de la maison. Pour que cet exercice ait l'air d'un tour, vous pouvez tracer une ligne sur le sol et l'utiliser comme frontière. Une fois que le chien aura compris le principe, il jouera le jeu.

Tu as une friandise sur le museau

Ce tour consiste à laisser une friandise en équilibre sur le museau d'Oscar jusqu'à ce que vous lui dites « C'est bon ». Certains sont capables de la jeter en l'air et de la rattraper au vol.

Le but de la séquence 1 est de couvrir le museau d'Oscar avec la main. S'il a appris à rapporter un objet, il connaît.

1. **Faites asseoir votre chien et caressez-le quelques secondes.**
2. **Refermez une main sur son museau comme pour le rapporter (voir chapitre 15).**
3. **Mettez-vous à genoux ou accroupi face au chien et gardez le dos bien droit.**

    Présentez une friandise dans l'autre main sous son museau et faites-le se concentrer sur elle.

4. **Libérez-le d'un « C'est bon » et donnez-lui la friandise.**

    Vous devez pouvoir poser un morceau de nourriture sur son museau tout en le recouvrant.

5. **Recommencez jusqu'à ce qu'il se concentre sur la friandise pendant que vous tenez son museau.**

Le but de la séquence 2 est de parvenir à lui mettre une friandise sur le museau.

1. **Maintenez gentiment son museau et posez une friandise dessus face à votre pouce.**
2. **Dites « Pas bouger » ou « Attends » puis libérez-le.**

   Le morceau tombera ou il rebondira en l'air.

Le but de la séquence 3 est de garder la friandise plus longtemps sur le museau.

1. **Posez une friandise sur son museau maintenu.**
2. **Dites « Pas bouger » et laissez la friandise 10 secondes en équilibre, puis libérez-le.**
3. **Recommencez et attendez 20 secondes.**

Dans la séquence 4, le chien doit pouvoir garder la friandise sur le museau sans que vous ne le mainteniez.

1. **Posez la friandise sur son museau et laissez-la doucement glisser en disant « Pas bouger ».**
2. **Attirez son attention sur votre index qui tient le morceau devant son museau.**
3. **Attendez quelques secondes et libérez-le.**

Augmentez petit à petit le temps d'attente et la distance qui sépare votre index de son museau avant de libérer le chien.

Que faire s'il laisse tomber la friandise ou qu'il la jette avant votre « C'est bon » ? Si vous ne parvenez pas à la récupérer avant qu'il l'attrape, réduisez le temps et la distance le temps que vous soyez sûr de lui.

Fais la révérence

À la fin d'un spectacle, les artistes font toujours la révérence pour remercier le public de les applaudir. Ce tour consiste à apprendre au chien à saluer son public après avoir fait l'un de ses numéros.

Pour ce tour, il doit connaître les ordres « Couché » et « Debout » (revoir les exercices de l'ordre « Couché » au chapitre 7 et de l'exercice « Debout » au chapitre 14).

Le but de la séquence 1 est de lui faire comprendre ce que vous attendez de lui.

1. **Demandez au chien de se mettre dans la position « Debout au pied ».**

    Si vous avez un petit chien, apprenez-lui sur une table si c'est plus commode pour vous (voir chapitre 8 pour plus d'informations).

2. **Posez la main gauche, paume vers le bas, sous le ventre d'Oscar en faisant légèrement pression sur ses pattes arrière.**

3. **Glissez la main droite sous son collier.**

4. **Dites « Fais la révérence » et exercez une légère pression vers le bas sur le collier.**

Oscar doit se pencher vers l'avant en gardant les pattes arrière droites. S'il ne comprend pas, utilisez une friandise pour lui faire allonger les pattes avant, en gardant la main gauche en place pour qu'il garde les pattes arrière droites. Une fois qu'il a compris, félicitez-le tout en lui donnant la friandise.

Recommencez jusqu'à ce qu'il allonge les pattes avant de lui-même sur commande avec un minimum de pression que le collier. Félicitez-le chaleureusement chaque fois qu'il s'exécute.

Le but de la séquence 2 est qu'il parvienne à allonger les pattes sans votre aide.

1. **Demandez à Oscar de se mettre debout en conservant la main gauche sous son ventre.**

2. **Dites « Fais la révérence » et tapotez le sol face à lui avec la main droite.**

    S'il allonge les pattes avant, dites-lui combien il est intelligent et récompensez-le. Recommencez plusieurs fois jusqu'à ce qu'il s'exécute sans que vous ne tapotiez le sol.

Le but de la séquence 3 est qu'Oscar sache faire la révérence sur commande.

1. **Dites « Debout », pointez le doigt vers le sol face à lui et dites « Fais la révérence ».**

    S'il s'exécute, flattez-le et donnez-lui une friandise. S'il tente de s'allonger, relevez son derrière avec la main gauche et recommencez jusqu'à ce qu'il se débrouille tout seul.

2. **Pour terminer, quand il fait la révérence sur commande, dites « Pas bouger » et libérez-le au bout de quelques secondes.**

    Oscar est maintenant prêt à saluer son public !

Annexe

Pour tout renseignement sur une race, une exposition, un concours...

Société centrale canine
155, avenue Jean-Jaurès
95535 Aubervilliers Cedex
Tél. : 01 49 37 54 00 (ou 01)
http://www.scc.asso.fr

Vous avez perdu ou trouvé un animal ?

Si l'animal est tatoué, pour le retrouver ou identifier son propriétaire,

Société centrale canine
155, avenue Jean-Jaurès
95535 Aubervilliers Cedex
Tél. : 01 49 37 54 54
http://www.scc.asso.fr

Service de recherche SPA
39, boulevard Berthier
75017 Paris
Tél. : 01 47 98 43 72
http://www.spa.asso.fr

Vous voulez adopter un chien ou vous êtes témoin d'une maltraitance ?

Contactez l'une de ces deux sociétés protectrices des animaux :

SPA
Tél. : 01.43.80.40.66
http://www.spa.asso.fr
e-mail : info@spa.asso.fr

Confédération nationale des SPA de France
25, quai Jean-Moulin
69002 Lyon
Tél. : 04 78 38 71 85
Fax : 04 78 38 71 78
http://www.spa-france.asso.fr/
e-mail : confspa@wanadoo.fr

Allergies, piqûres ou empoisonnement ?

Les centres anti-poisons des écoles vétérinaires ci-dessous répondent aux appels urgents, même pendant les congés d'été :

Lyon : Centre national d'informations toxicologiques vétérinaire (CNITV) :
Tél. : 04 78 87 10 40 (24 h/24, toute l'année)
e-mail : cnitv@vet-lyon.fr

Nantes : Centre anti-poison animal de l'Ouest (CAPA)
Tél. : 02 40 68 77 40 (24 h/24 toute l'année)
Fax : 02 40 68 77 42
e-mail : capaouest@vet-nantes.fr
Fermés pendant les congés scolaires, les centres anti-poisons des autres écoles recueillent néanmoins les appels durant l'année, les jours ouvrables :

Maisons-Alfort : 01 48 93 13 00 (de 9 h à 17 h, les jours ouvrables)

Toulouse : Centre anti-poison animal de Toulouse (CAPAT) : 05 61 19 39 40 (de 9 h à 17 h, les jours ouvrables)

Les écoles vétérinaires en France

Maisons-Alfort
7, avenue du Général-de-Gaulle
94704 Maisons-Alfort Cedex
Tél. : 01.43.96.71.00 (Standard)
Tél. : 01.43.96.23.23 (Urgences)
Tél. : 01.48.93.13.00 (Centre anti-poison)
Tél. : 01.43.76.48.52 (Consultations)
http://www.vet-alfort.fr

Lyon
1, avenue Bourgelot
BP 83
69280 Marcy-L'Étoile
Tél. : 04.78.87.25.25
http://www.vet-lyon.fr

Nantes
Route Gachet
44300 Nantes
Tél. : 02.40.68.77.77
http://www.vet-nantes.fr

Toulouse
23, chemin des Capelles
31300 Toulouse
Tél. : 05.61.19.38.00
www.envt.fr

Vous recherchez un vétérinaire comportementaliste ?

Association Zoopsy, regroupant des vétérinaires comportementalistes
http://www.zoopsy.com

Vous souhaitez en savoir plus sur l'intégration de l'animal en ville ?

Contactez l'AFIRAC (Association d'information et de recherche sur l'animal de compagnie)
Tél. : 01 56 03 12 00
http://www.afirac.org

Index alphabétique

4Pat'Cross, 309

A
à table, 102
âge, 17
agility, 296
agressivité, 150
alimentation « maison », 268
   de la chienne allaitante, 267
   de la chienne gestante, 266
   du chien âgé, 265
   du chien malade, 267
   du chiot, 262-264
   industrielle, 268
   du chien « à l'entretien », 265
assis !, 11, 313
assis, pas bouger !, 91
au panier !, 11, 97, 314
au pied !, 12

B
bain, 275
besoin d'aboyer, 141
   de creuser, 141
   de machouiller, 143
besoins affectifs, 121
bêtises, 17
bien nourrir, 121

C
cani-cross, 309
cani-rando, 309
castration, 46
centre anti-poison, 336
changer de cadence, 109
   de direction, 108
chef de meute, 31
chien d'assistance, 310
chien dangereux, 158
chien de détection, 310
chien d'utilité, 310
chiot, 37-47
clic, 23
clicker, 23
cloture électrique, 163
collier à la citronnelle, 84
   coulissant, 81
   électronique, 84
   étrangleur, 82
   halti, 85
   plat, 82
concours de campagne, 302
   de chien d'utilité, 237
   de déterrage, 302
   de field-trial, 302
   de pistage, 301
   d'obéissance, 177
   du bon citoyen canin, 159
   RCI, 304
confiance, 28
constance, 29
contact avec les autres, 120
couché !, 12, 96
cours d'éducation pour chiots, 289
   d'obéissance, 287
course de lévrier, 303
   de traîneau, 308

D
debout !, 238
debout, pas bouger !, 198
doggy dancing ou freestyle, 307
donne !, 315
doucement !, 12, 315

E
eau, 258
école vétérinaire, 337
éducation classique, 23
escalier, 99
exercice en groupe, 206

F
faire un 8, 188
flair, 243
flyball, 305
freestyle ou doggy dancing, 307
friandise, 88
friandises, 261

G
gamelle, 161
glucides, 258
griffe, 276

H
hiérarchie, 31
hygiène des dents, 278
   des oreilles, 277
   des yeux, 277

I

instinct, 61
- de chasse, 62
- de meute, 62
- de protection, 65

intoxication, 283
invités, 100

L

lactose, 259
laisse, pas toucher !, 114
loi, 159

M

médecines douces, 283
maîtriser l'agressivité, 153
mal de voiture, 147
marche sans laisse, 113
marcher au pied, 105
matières grasses, 258
minéraux, 259
morsure, 151
muselière, 157

N

non !, 30, 316
nutrition, 257

O

obésité, 272
os, 273

P

parc à chiot, 49
pas bouger !, 92, 198, 314
pas toucher !, 316
pelage, 275
persévérance, 30
peur, 41
phéromones, 145
position de contrôle, 179
poursuite à vue sur leurre, 303
prêt !, 180
profil psychologique, 67
promenade, 104
promenade en laisse, 90
propreté, 49-60
protéines, 258
puberté, 43
puces, 280

R

rallye, 191
rappel (le), 110
rapporter un objet, 209, 228
refuge animalier, 140
renforcement, 191
reproduction, 47
retenir son attention, 180
routine alimentaire, 260

S

saut dirigé, 249
- en longueur, 233

sensiblité olfactive, 126
sensiblité tactile, 126
seuvrage, 38
ski pulka, 308
ski-jorïng, 307
socialisation, 38
société centrale canine, 335
souillures, 146
SPA, 335
Stérilisation, 46
stimuli visuels, 125
stress, 127

T

tempérament, 122
tiques, 281
titre d'excellence du chien de compagnie, 223
troubles du comportement, 135

V

vaccins, 278
va-t-en !, 315
vélo-cross, 309
vers, 282
viens !, 242, 314
vitamines, 259

> Avec les Nuls, apprenez à mieux vivre au quotidien !

Dans la collection Pour les Nuls

Pour être informé en permanence sur notre catalogue et les dernières nouveautés publiées dans cette collection, consultez notre site Internet à www.efirst.com

Pour les Nuls **Pratique**

ISBN	Titre	Auteur
2-87691-644-4	CV pour les Nuls (Le)	J.-L. Kennedy, A. Dumesnil
2-87691-652-5	Lettres d'accompagnement pour les Nuls (Les)	J.-L. Kennedy, A. Dumesnil
2-87691-651-7	Entretiens de Recrutement pour les Nuls (Les)	J.-L. Kennedy, A. Dumesnil
2-87691-670-3	Vente pour les Nuls (La)	T. Hopkins
2-87691-712-2	Business Plans pour les Nuls (Les)	P. Tifany
2-87691-729-7	Management pour les Nuls (Le)	B. Nelson
2-87691-597-9	Astrologie pour les Nuls (L')	R. Orion
2-87691-610-X	Maigrir pour les Nuls	J. Kirby
2-87691-604-5	Asthme et allergies pour les Nuls	W. E. Berger
2-87691-615-0	Sexe pour les Nuls (Le)	Dr Ruth
2-87691-616-9	Relancez votre couple pour les Nuls	Dr Ruth
2-87691-617-7	Santé au féminin pour les Nuls (La)	Dr P. Maraldo
2-87691-618-5	Se soigner par les plantes pour les Nuls	C. Hobbs
2-87691-640-1	Français correct pour les Nuls (Le)	J.-J. Julaud
2-87691-634-7	Astronomie pour les Nuls (L')	S. Maran
2-87691-641-X	Rêves pour les Nuls (Les)	P. Pierce
2-87691-661-4	Gérez votre stress pour les Nuls	Dr A. Elking
2-87691-657-6	Zen ! La méditation pour les Nuls	S. Bodian
2-87691-646-0	Anglais correct pour les Nuls (L')	C. Raimond
2-87691-681-9	Jardinage pour les Nuls (Le)	M. MacCaskey
2-87691-683-5	Cuisine pour les Nuls (La)	B. Miller, A. Le Courtois
2-87691-687-8	Feng Shui pour les Nuls (Le)	D. Kennedy
2-87691-702-5	Bricolage pour les Nuls (Le)	G. Hamilton
2-87691-705-X	Tricot pour les Nuls (Le)	P. Allen
2-87691-769-6	Sagesse et Spiritualité pour les Nuls	S. Janis
2-87691-748-3	Cuisine Minceur pour les Nuls (La)	L. Fischer, C. Bach
2-87691-752-1	Yoga pour les Nuls (Le)	G. Feuerstein
2-87691-767-X	Méthode Pilates pour les Nuls (La)	H. Herman
2-87691-768-8	Chat pour les Nuls (Un)	G. Spadafori

Avec les Nuls, apprenez à mieux vivre au quotidien !

Dans la collection Pour les Nuls

Pour être informé en permanence sur notre catalogue et les dernières nouveautés publiées dans cette collection, consultez notre site Internet à www.efirst.com

Pour les Nuls **Pratique**

ISBN	Titre	Auteur
2-87691-801-3	Chien pour les Nuls (Un)	G. Spadafori
2-87691-824-2	Echecs pour les Nuls (Les)	J. Eade
2-87691-823-4	Guitare pour les Nuls (La)	M. Phillips, J. Chappell
2-87691-800-5	Bible pour les Nuls (La)	E. Denimal
2-87691-868-4	S'arrêter de fumer pour les Nuls	Dr Brizer, Pr Dautzenberg
2-87691-802-1	Psychologie pour les Nuls (La)	Dr A. Cash
2-87691-869-2	Diabète pour les Nuls (Le)	Dr A. Rubin, Dr M. André
2-87691-897-8	Bien s'alimenter pour les Nuls	C. A. Rinzler, C. Bach
2-87691-893-5	Guérir l'anxiété pour les Nuls	Dr Ch. Eliott, Dr M. André
2-87691-915-X	Grossesse pour les Nuls (La)	Dr J. Stone
2-87691-943-5	Vin pour les Nuls (Le)	Ed. Mcarthy, M. Ewing
2-87691-941-9	Histoire de France pour les Nuls (L')	J.-J. Julaud
2-87691-984-2	Généalogie pour les Nuls (La)	F. Christian
2-87691-983-4	Guitare électrique pour les Nuls (La)	J. Chappell
2-87691-973-7	Anglais pour les Nuls (L')	G. Brenner
2-87691-974-5	Espagnol pour les Nuls (L')	S. Wald
2-75400-025-9	Mythologie pour les Nuls (La)	Ch. et A. Blackwell
2-75400-037-2	Léonard de Vinci pour les Nuls	J. Teisch, T. Barr
2-75400-062-3	Bouddhisme pour les Nuls (Le)	J. Landaw, S. Bodian
2-75400-060-7	Massages pour les Nuls (Les)	S. Capellini, M. Van Welden
2-75400-059-3	Voile pour les Nuls (La)	J.-J. et Peter Isler
2-75400-062-3	Bouddhisme pour les Nuls (Le)	J. Landaw, S. Bodian
2-75400-061-5	Littérature pour les Nuls (La)	J.-J. Julaud
2-75400-078-X	Golf pour les Nuls (Le)	G. McCord
2-75400-093-3	Maths pour les Nuls (Les)	J.-L. Boursin
2-87691-110-7	Histoire de France illustrée pour les Nuls (L')	J.-J Julaud
2-75400-039-9	Italien pour les Nuls (L')	F. Onufri, S. Le Bras
2-75400-102-6	Piano pour les Nuls (Le)	B. Neely, M. Rozenbaum
2-75400-118-2	Claviers et synthétiseurs pour les Nuls	C. Martin de Montaigu

> Avec les Nuls, apprenez à mieux vivre au quotidien !

Dans la collection Pour les Nuls

Pour être informé en permanence sur notre catalogue et les dernières nouveautés publiées dans cette collection, consultez notre site Internet à www.efirst.com

Pour les Nuls **Pratique**

ISBN	Titre	Auteur
2-75400-124-7	Guitare pour les Nuls (La)	M. Philipps, J. Chappell
2-75400-123-9	Poker pour les Nuls (Le)	R. D. Harroch, L. Krieger, F. Montmirel
2-75400-152-2	Eduquer son chien pour les Nuls	J. et W. Volahrd
2-75400-137-9	Tai Chi pour les Nuls (Le)	T. Iknoian
2-75400-151-4	Musique classique pour les Nuls (La)	D. Pogue, C. Delamarche
2-75400-150-6	Franc-Maçonnerie pour les Nuls (La)	C. Hodapp, P. Benhamou
2-75400-169-7	PNL pour les Nuls (La)	R. Ready et K. Burton
2-75400-182-4	Catholicisme pour les Nuls (Le)	Révérend J. Trigilio
2-75400-184-0	Napoléon pour les Nuls	J. David Markham et B. Miquel
2-75400-185-9	Dessin pour les Nuls (Le)	B. Hoddinot
2-75400-193-X	Couture pour les Nuls (La)	J. Saunders Maresh
2-75400-212-X	Chinois pour les Nuls (Le)	W. Abraham
2-75400-246-4	Thérapies comportementales et cognitives pour les Nuls (Les)	R. Willson, R. Branch
2-75400-229-4	Histoire de l'art pour les Nuls (L')	J-J Breton, P. Cachau, D. Wialatte
2-75400-230-8	Climat et météo pour les Nuls	J.D. Cox
2-75400-245-6	Géographie française pour les Nuls (La)	J.-J. Julaud
2-75400-256-1	Égypte ancienne pour les Nuls (L')	F. Maruéjol
2-75400-244-8	Opéra pour les Nuls (L')	D. Pogue, C. Delamarche
2-75400-257-X	Mythologie pour les Nuls, nouvelle édition (La)	A. Blackwell, G. Van Heems
2-75400-287-1	Chanson française pour les Nuls (La)	B. Dicale
978-2-7540-0276-9	Bridge pour les Nuls (Le)	E. Kantar, D. Portal, P. Marmion
978-2-7540-0277-6	Culture générale pour les Nuls (La)	F. Braunstein, J.-F. Pépon
978-2-7540-0288-2	Guitare basse pour les Nuls (La)	P. Pfeiffer
978-2-7540-0300-1	Rugby pour les Nuls (Le)	F. Duboisset, F. Viard
978-2-7540-0313-1	Néerlandais pour les Nuls (Le)	M. Kwakernaak, M. Hofland, A. Christiaens
978-2-7540-0321-6	Europe pour les Nuls (L')	S. Goulard

Dans la collection Pour les Nuls

Pour être informé en permanence sur notre catalogue et les dernières nouveautés publiées dans cette collection, consultez notre site Internet à www.efirst.com

Pour les Nuls **Pratique**

ISBN	Titre	Auteur
978-2-7540-0312-4	Arabe pour les Nuls (L')	A. Bouchentouf, A. et S.Chraibi
978-2-7540-0322-3	Zen ! La méditation pour les Nuls	S. Bodian
978-2-7540-0323-0	Améliorer sa mémoire	J.B. Arden
978-2-7540-0335-5	Politique pour les Nuls (La)	P. Reinhard
978-2-7540-0351-3	Économie pour les Nuls (L')	M. Musolino
978-2-7540-0353-7	Coaching pour les Nuls (Le)	J. Mumford
978-2-7540-0352-0	Batterie pour les Nuls (La)	J. Strong, L. Bataille
978-2-7540-0462-6	Chant (Le)	P.S. Philips, M. Jost
978-2-7540-0492-3	Créer sa boîte	L. de Percin
978-2-7540-0460-2	Philosophie (la), nouvelle édition	Ch. Godin
978-2-7540-0461-9	Vin (le), nouvelle édition	Collectif
978-2-7540-0495-4	Japonais (Le),	E. Sato
978-2-7540-0494-7	Dessiner des mangas	K. Okabayashi
978-2-7540-0489-3	Histoire de la Suisse (L')	G. Audrey
978-2-7540-0586-9	Solfège (Le)	M. Pilhofer, J.-C. Jollet
978-2-7540-0553-1	Justice (La)	E. Pierrat
978-2-7540-0563-0	Moyen Âge (Le)	P. Langevin
978-2-7540-0564-7	Grammaire anglaise (La)	G. Woods
78-2-7540-0688-0	Marketing (Le), nouvelle édition	A. Hiam
978-2-7540-0647-7	Confiance en soi (La)	K. Burton
978-2-754-00621-7	Payer moins d'impôts	R. Matthieu
978-2-7540-0530-2	Immobilier (L'), nouvelle édition	L. Boccara, C. Sabbah
978-2-7540-0620-0	Ve République (La)	N. Charbonneau, L. Guimier
978-2-754-0531-9	Islam (L')	M. Clark, M. Chebel
978-2-7540-0732-0	Equitation (L')	A. Pavia, M. Martin
978-2-75400-596-8	Judaïsme (Le)	T. Falcon, J. Eisenberg
978-2-7540-0707-8	Vivre Ecolo	M. Grosvenor
978-2-7540-0707-8	Années 60 (Les)	S. Benhamou

Avec les Nuls, apprenez à mieux vivre au quotidien !

Avec les Nuls, apprenez à mieux vivre au quotidien !

Dans la collection Pour les Nuls

Pour être informé en permanence sur notre catalogue et les dernières nouveautés publiées dans cette collection, consultez notre site Internet à www.efirst.com

Pour les Nuls **Poche**

ISBN	Titre	Auteur
2-87691-873-0	Management (Le) – Poche pour les Nuls	Bob Nelson
2-87691-872-2	Cuisine (La) – Poche pour les Nuls	B. Miller, A. Le Courtois
2-87691-871-4	Feng Shui (Le) – Poche pour les Nuls	D. Kennedy
2-87691-870-6	Maigrir – Poche pour les Nuls	J. Kirby
2-87691-923-0	Anglais correct (L') – Poche pour les Nuls	C. Raimond
2-87691-924-9	Français correct (Le) – Poche pour les Nuls	J.-J. Julaud
2-87691-950-8	Vente (La) – Poche pour les Nuls	T. Hopkins
2-87691-949-4	Bureau Feng Shui (Un) – Poche pour les Nuls	H. Ziegler, J. Lawler
2-87691-956-7	Sexe (Le) – Poche pour les Nuls	Dr Ruth
2-75400-001-1	CV (Le) – Poche pour les Nuls	J.-L. Kennedy, A. Dumesnil
2-75400-000-3	Zen ! la méditation – Poche pour les Nuls	S. Bodian
2-87691-999-0	Astrologie (L') – Poche pour les Nuls	R. Orion
2-75400-015-1	Jardinage (Le) – Poche pour les Nuls	M. Mac Caskey
2-75400-014-3	Jardin Feng Shui (Le) – Poche pour les Nuls	M. Ziegler et J. Lawler
2-75400-064-X	Astronomie (L') – Poche pour les Nuls	S. Maran
2-75400-094-1	Business Plans – Poche pour les Nuls	P. Tifany
2-75400-086-0	Entretiens de recrutement (Les)	J.-L. Kennedy, A. Dumesnil
2-75400-082-8	Lettres d'accompagnement (Les)	J.-L. Kennedy, A. Dumesnil
2-75400-165-4	Su Doku tome 1 – Poche pour les Nuls	A. Heron, E. James
2-75400-167-0	Su Doku tome 2 – Poche pour les Nuls	A. Heron, E. James
2-75400-213-8	Su Doku tome 3 – Poche pour les Nuls	A. Heron, E. James
2-75400-223-5	La méthode Pilates	E. Herman
2-75400-180-8	Histoire de France des origines à 1789 pour les Nuls	J.-J. Julaud
2-75400-181-6	Histoire de France de 1789 à nos jours pour les Nuls	J.-J. Julaud
978-2-7540-0314-8	Bouddhisme pour les Nuls (Le)	J. Landraw, S. Bodian
978-2-7540-0496-1	Mythologie (La)	Collectif
978-2-7540-0565-4	Généalogie (La)	F. Christian
978-2-7540-0555-5	Code de la route (Le)	Permisecole
978-2-7540-0751-1	Tests du code de la route (Les)	Permisecole

1918